本书获得国家社科基金项目（14BJY087）及江西师范大学财政金融学院的资助

中国对外产业投资的效率问题研究

ON THE EFFICIENCY OF OUTWARD FOREIGN INDUSTRIAL INVESTMENT OF CHINA

尹小剑 ◎ 著

经济管理出版社
ECONOMY & MANAGEMENT PUBLISHING HOUSE

图书在版编目（CIP）数据

中国对外产业投资的效率问题研究/尹小剑著．—北京：经济管理出版社，2020.9
ISBN 978－7－5096－7533－5

Ⅰ.①中…　Ⅱ.①尹…　Ⅲ.①对外投资—研究—中国　Ⅳ.①F832.6

中国版本图书馆 CIP 数据核字（2020）第 164623 号

组稿编辑：杜　菲
责任编辑：杜　菲
责任印制：黄章平
责任校对：董杉珊

出版发行：经济管理出版社
（北京市海淀区北蜂窝 8 号中雅大厦 A 座 11 层　100038）
网　　址：www. E－mp. com. cn
电　　话：（010）51915602
印　　刷：北京晨旭印刷厂
经　　销：新华书店
开　　本：720mm×1000mm/16
印　　张：18
字　　数：325 千字
版　　次：2020 年 10 月第 1 版　　2020 年 10 月第 1 次印刷
书　　号：ISBN 978－7－5096－7533－5
定　　价：88.00 元

前言

党的十八大以后，中国提出了“一带一路”倡议，对外直接投资（OFDI）迎来了前所未有的历史机遇。据统计：2015年至今，中国OFDI的流量每年均超引进外商直接投资（FDI）的流量，成为净外资流出国。2018年中国OFDI流量1430.4亿美元（略低于日本的1431.6亿美元），成为全球第二大对外投资国。截至2018年末，中国OFDI存量达1.98万亿美元，位居全球第3位，仅次于美国和荷兰。然而，中国经济发展“新常态”下的GDP增长率下行压力增大，政学两界一致认为，中国经济发展到了拐点上，“转方式、调结构”已是迫在眉睫。为此，中央及时提出深化供给侧结构性改革，推行“三去一降一补”的政策（即去产能、去库存、去杠杆、降成本、补短板）。与此同时，中国对外投资的结构及效率问题也引起了研究者的广泛关注。

党的十八大报告明确指出要适应经济全球化新形势，必须实行更加积极主动的开放战略，加快转变对外经济发展方式，推动开放朝着优化结构、拓展深度、提高效益的方向转变。随着中国对外投资规模的迅速扩张（2012年对外直接投资流量已居世界前三），中国的对外投资已到了“量变进入质变”的阶段，往提高效益的方向转变已是迫在眉睫。而中观层面的产业正好是国家宏观与企业微观的接点。企业只有在遵循国家产业政策的客观要求下开展对外投资，才能在实现自身利润增长的同时，通过技术传递和市场扩展等途径带动国内产业素质的整体提高，并推动产业结构的升级。另外，产业全球化时代，一国必然应将其产业结构置于全球范围内布局。中国的产业梯度位居世界中等地位，对外投资的余地较宽，从产业效率角度研究中国对外投资的问题，对于优化对外产业投资的结构，进而产生更有效的母国经济效应（如就业效应、产业结构优化与技术升级等）都将具有重要的实践意义，本书研究正是发端于此。

围绕着这个主旨，本书从六个方面加以系统研究：一是理论与文献综述：对现有理论的梳理并在产业视角下探索中国对外投资结构调整的理论依据。二是客观条件分析：分析当前中国对外产业投资的客观条件与现实依据。三是动因与导向分析：阐述中国对外投资产业投资的主观需求（即动因与导向）。四是产业现状与问题分析：分析中国对外产业投资的现状与存在的问题。五是产业效率测算与评价：展开中国对外产业投资的母国就业、产业技术升级及结构优化等经济效应的实证研究。六是结论与对策：提出未来中国对外产业投资的基准与政策优化路径。这六方面的内容环环相扣，构成全书的基本框架。

对现有理论的梳理并探索中国对外产业投资的理论依据。本书以产业视角对国内外现有的相关理论进行梳理后发现，在 OFDI 的理论体系中对外产业投资问题研究一直是该体系中的薄弱环节。从 Hymer 的垄断优势理论到 Dunning 的国际生产折中理论，基本都是从微观或宏观层面展开研究并构建了一个个跨国投资的企业投资模型或区位投资模型，因此，本书只能从中寻找有关产业投资的相关理论线索。而边际产业扩张论、小规模技术理论及技术创新和产业升级理论才是对产业投资理论研究的先行者，当然也成为中国 OFDI 产业投资的理论源泉。针对当前国际环境以及中国实际情况，重点引入比较优势与后发优势的原理，形成的产业比较优势理论与产业后发优势理论才是当前中国 OFDI 产业投资结构调整的主要理论基础或依据。这些内容的具体论述构成了本书的第二章。

对中国 OFDI 产业投资的客观条件分析。从宏观、微观与中观三个维度对国内外环境分析后发现，国际贸易保护主义的新抬头、产业全球化布局及国际产业转移的新趋势为中国企业 OFDI 的产业投资提供了有利的外部条件。宏观上综合国力空前提高，而国内经济结构深层次矛盾又日益凸显；微观上企业的国际竞争优势日益增强，而许多企业又面临着“被”国际化；中观（产业）上在国际竞争中的地位居于世界中等水平等。这些构成了中国企业 OFDI 进行产业投资时有利的内在条件或必须面对的挑战。其详细分析构成本书的第三章。

对中国 OFDI 产业投资的主观需求（动因与导向）分析。无论从理论上分析，还是实际的调查结果发现，中国企业 OFDI 的主观需求（或动因）具有多元性。主要可归于四大类型：寻求市场型、寻求战略资源型、寻求自然资源型及寻求生产效率型。只是不同行业的企业，其动因类型各异，形成了产业投资的不同导向性。结合中国产业地位的划分，可分为以下四大产业投资导向：先导产业的战略资源型导向、主导产业的市场与效率型导向、支柱产业的市场与战略资源型导向及瓶颈产业的自然资源型导向。这些内容构成了本书的第四章。

对当前中国 OFDI 产业投资的现状与问题分析。利用历年政府发布的中国 OFDI 的相关数据展开统计分析后，发现中国 OFDI 的规模扩张迅速。据统计 2018 年，中国 OFDI 的流量规模位居全球第二、发展中国家第一。但是，进一步对其结构分析后发现，中国 OFDI 的结构失衡，并且出现部分产业投资与区位选择错位等问题。其中结构失衡表现为：一是投资区位结构失衡，即区位分布广，但集中度高；二是投资主体结构失衡，即主体虽呈现多元化，但国有企业仍占优势；三是产业或行业结构失衡，即产业或行业分布日趋广泛，但集中倾向明显。另外，作为中国主导产业的制造业，对外投资的产业与区位布局存在错位现象，结果难以发挥产业的区位优势或实现边际产业转移。其详细论述见本书的第五章。

对当前中国 OFDI 的产业投资效率测算与评价。利用 2003～2018 年中国对外产业投资数据，对中国制造业及服务业 OFDI 的母国就业效应展开实证分析。发现中国制造业的 OFDI 总体而言对优化国内就业结构是有效的，并且高技术制造行业的 OFDI 最有效，低技术制造行业次之，中等技术制造行业最弱。另外，制造业“顺梯度”比“逆梯度”的 OFDI 更有效；在服务业 OFDI 方面，中国服务业的 OFDI 总体上对促进国内的就业规模有效而对优化就业结构无效，说明服务业的“走出去”大部分仍停留在传统领域，而物流、投资管理、咨询等现代服务业占比重太小。利用2011~2018年中国OFDI的产业或行业数据对促进母国产业技术进步的效率进行测算，发现OFDI对国内产业技术进步基本无效，但信息传输计算机服务和软件业等战略资源获取型的高技术型行业稍有效一些。通过对2003~2018年中国OFDI的采矿业、制造业等六大行业数据与国内产业结构之间展开灰关联分析，得知信息传输计算机服务和软件业、采矿业、批发和零售业是对国内产业正效应作用最强的前三大行业。进一步利用GM（1，1）模型对未来5年进行动态预测发现，随着“一带一路”倡议的进一步实施，未来制造业“走出去”对国内产业结构优化效应的作用将日益显现。这些论证过程构成本书的第六和第七章。

提出未来中国对外产业投资的基准、策略及政策优化路径。通过分析中国对外投资结构调整的理论依据、客观条件及主观需求后，结合当前对外产业投资存在的问题及形成的产业效应，确立产业比较优势、产业后发优势、产业市场扩张、产业发展安全及产业结构调整五大基准及其构成的金字塔模型作为未来中国OFDI产业调整的基准及产业投资的约束框架。在这五大基准及约束框架下，企业应该实施投资主体多元化与投资方式创新，对外产业投资应与国内外产业地位及东道国区位相匹配等具体投资策略；政府应从构建组织、完善政策与法律保障体系及构建信息平台等路径进行政策优化。这些内容构成本书的第八和第九章。

本书研究紧跟学术前沿，聚焦新时代中国企业对外直接投资中的产业结构及效率问题，注重理论创新与实际运用，并体现国际投资、产业经济及企业管理等多学科交叉研究的特点，在研究视角、理论、观点与方法等多方面都具有一定的创新性。主要体现在以下方面：

第一，开辟新视角。从当前大多数的相关研究文献来看，对国际直接投资问题的研究主要集中在微观或宏观两个层面的研究，发达国家表现得尤为突出。之前，中国也有学者从产业层面展开过研究，并且形成了较多成果。本书在这些研究基础上，尝试对中国OFDI的产业效率问题展开系统性、全面性的研究。更重要的是，中国作为一个发展中国家，开展OFDI

并非是在具备各种绝对优势的条件下进行的，从产业层面切入研究更有利于实现中国 OFDI 的多重目标。

第二，探索新理论。除 Kiyoshi Kojima（1978）的边际产业扩张论以及 Cantwell（1990）提出的技术创新和产业升级等理论外，国际主流与非主流的国际直接投资理论都较少分析对外投资的产业效率问题。因此，从产业视角对以往国际投资理论进行梳理，针对中国的国情，尝试性提出中国 OFDI 产业投资的理论依据。

第三，提出新观点。在对中国企业 OFDI 产业投资的理论及主客观依据分析后，提出了基于当前 OFDI 四大动因的产业导向体系；在分析中国 OFDI 的产业分布变迁、现状、问题及其效应后，提出了今后中国 OFDI 产业投资的基准模型，即金字塔模型。并在该模型的约束下，提出了企业、产业与政府三个层面所需要的策略或政策创新。

第四，引入新方法。在进行实证研究时尝试引入统计学的标准离差法（SDM）对中国制造业及服务业做出国际竞争力比较分析，以充分认识中国相关产业在国际上的优势、劣势、机遇及挑战；引入 Malmquist - DEA 模型对产业效率测算与评估；引入 GRA 模型及 GM（1，1）模型较好地解决了中国 OFDI 的行业统计中有限的样本、少数据、贫信息的分析与预测问题。

目　录

第一章
导　论

第一节　研究背景与研究意义

一、研究背景

2007年下半年由美国的次贷危机引发了全球性的金融危机。2008年下半年持续多年的全球经济增长势头戛然而止，受美国、日本及欧盟等发达经济体的经济增长率大幅下滑的影响，全球经济增长进入下行通道。尤其进入2017年，由美国挑起的中美贸易战引发全球贸易争端加剧，导致全球金融压力和波动风险显现、地缘政治关系进一步紧张，致使世界经济增长本有的一线复苏迹象又出现了新拐点。联合国于2019年1月21日发布的《2019年世界经济形势与展望》中指出，2019年和2020年全球经济将以约3%的速率稳步增长，但较2018年回落0.1个百分点，创下2008年全球金融危机爆发以来的最低水平。同时该报告认为，造成全球经济增长减缓的主要原因是制造业活动和全球贸易急剧恶化、关税提高及持续不确定的贸易政策损害了投资和对资本品的需求。该报告进一步预测：美国经济增长将在2019年放缓至2.5%，在2020年减缓至2%；欧盟经济增长约2%；中国经济增长将从2018年的6.6%放缓至2019年的6.3%。[①] 报告还指出，近三十年来，发展中国家以外向型经济增长模式为主，对出口的依赖越来越强。而目前由于缺乏强有力的全球行动来解决世界面临的问题，特别是欧洲的问题，使得发达国家不具备复苏的基础，经济的减速会使发展中国家的出口机会进一步减少，因此发展中国家的情况可能也会进一步恶化。

在经济日益全球化的今天，中国也不可能独善其身。自2008年的国际金融危机以来，长期靠出口拉动中国经济增长的这驾“马车”突然受阻，为此，中国政府提出实施以“4万亿的投资拉动内需”为标志的积极财政政策及适度宽松的货币政策，才使中国GDP的增长率实现了“保8或保9”等目标，2008年为9.7%；2009年为9.4%，2010年暂时回升至两位数增长率10.6%，之后中国GDP增长率一直处于个位数并进入下行通道，直到2018年的6.6%[②]。2012年党的十八大后党中央提出了中国经济已进入新常态的经济大局势观。

2008年全球金融危机爆发后，中国改革开放以来主要依靠出口的外向型经济增长模式受到前所未有的挑战。危机后由于全球经济衰退而导致的需求下降、失业率上升，中国出口的商品成为众矢之的，连印度、巴西等发展中国家也加入了这一行列。仅2009年，中国遭受来自世界各国或地区“两反两保”的贸易调查约占同期全球案件总数的43%。截至2018年，中国已经连续23年成为全球遭受反倾销调查最多的国家，连续13年成为全球遭遇反补贴最多的国家，据世界银行统计，占同期全球案件总数的47%。[③] 尤其是2017年以来，由美国单方面挑起的中美贸易战，全球贸易保护主义重新抬头，全球下调经济预期。中国经济迎来千年未有之大变局，中国经济中的产能过剩、资源短缺、产业技术升级及结构调整等各种

① 资料来源：联合国经济与社会事务部，《2019年世界经济形势与展望》，2019年1月。

② 资料来源：国家统计局网站，http：//data. stats. gov. cn/easyquery. htm？cn = C01。

③ 资料来源：中国贸易救济信息网，http：//cacs. mofcom. gov. cn/。

矛盾进一步凸显，这预示着中国经济增长转型势在必行。

与出口贸易形势形成鲜明对比的是，2008 年金融危机后中国 OFDI 额逆势剧增（见图 1－1），而同时期全球国际直接投资总额却大幅下降。尤其是 2012 年党的十八大后中央提出“一带一路”倡议，使中国对外直接投资（OFDI）迎来了前所未有的历史机遇。根据联合国贸发会议（UNCTAD）发布的《2009～2011 年世界投资报告》，2008 年，全球国际直接投资流量骤降为 1.45 万亿美元，较 2007 年历史峰值的 1.83 万亿美元下降近 21%，2010 年进一步下降为 1.32 万亿美元；而同期中国 OFDI 的流量却从 2007 年的 265.1 亿美元剧增为 2008 年的 559.1 亿美元，增幅高达约 110.9%，2010 年进一步提高到 688.1 亿美元的历史新高，占当年全球流量的 5.2%。[①] 另据中国商务部统计，2015 年至今，中国 OFDI 的流量每年均超引进外商直接投资（FDI）的流量，成为净外资流出国。2018 年中国 OFDI 流量 1430.4 亿美元（略低于日本的 1431.6 亿美元），成为全球第二大对外投资国。截至 2018 年年末，中国 OFDI 存量达 1.98 万亿美元，位居全球第三，仅次于美国和荷兰。应该说，中国 OFDI 步伐加快的原动力还是来自 21 世纪后中央对开放战略不断做出的重大调整，即以过去的“引进来”为主调整为“引进来与走出去”并举，再到当前的“一带一路”倡议。因此，金融危机及中美贸易战等不但没有阻碍中国企业“走出去”的步伐，反而起到了催化剂的作用，为中国的 OFDI 提供了新的历史机遇。

自“十一五”中国开放战略调整以来，中国 OFDI 快速增长，其流量与每年引进外资差距的收敛速度逐年加快，直到 2015 年中国每年均成为净外资流出国（见图 1－1）。中国引进外资与对外投资的流量比，由 2006 年的 3.28∶1 上升为 2010 年的 1.54∶1 到 2015 年的 0.87∶1 再到 2016 年 0.64∶1。[②] 中国 OFDI 对国民经济的影响日渐增强，学者对中国的外向投资

① 数据来源：UNCTAD，*World Investment Report*（2009－2014），NewYork & Geneva。

② 资料来源：根据历年《中国统计年鉴》与《中国对外直接统计公报》计算得出。

问题也由过去只关注“量”的转向了“质”的提高。尤其是党的十八大后，针对中国经济步入新常态，中央提出了供给侧结构性改革，主攻“转方式、调结构”已成为政府与学界的共识，其中产业结构的调整又是重中之重。在此背景下，中国 OFDI 的结构问题再度成为研究的焦点。本书就是尝试从中国 OFDI 产业效率问题展开研究，进而提出调整 OFDI 的产业结构对策。

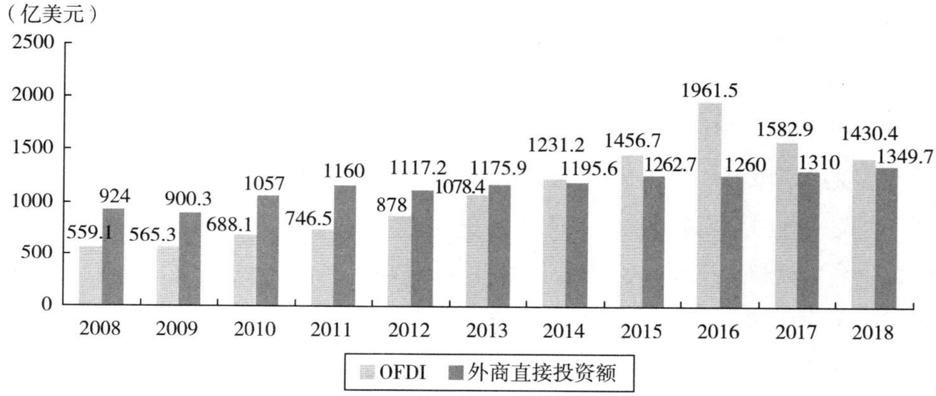

图 1－1　2008～2018 年中国 OFDI 流出量与 FDI 流入量的对比情况

资料来源：根据历年《中国统计年鉴》与《中国对外直接投资统计公报》及《2019 年国民经济和社会发展统计公报》整理。

众所周知，“二战”以来，美国、日本及“亚洲四小龙”等国家（或地区）先后借助四次大规模的国际产业转移成功实现了本国产业的升级换代。那么如何充分利用新一轮全球产业结构调整及产业链整合的机会，借鉴以往美国、日本等国家的成功经验，对当前中国企业 OFDI 的产业投资及效率问题展开研究，如“寻找当前中国 OFDI 产业投资的理论与现实依据”、“分析当前中国 OFDI 的产业投资存在的问题及已产生的效应”、“探索新形势下中国对外产业投资的基准及政策优化”，等等。这样的研究为寻找解决中国的资源短缺、经济转型、产业结构升级转型等问题的新路径，无疑具有十分重要的意义。

二、研究意义

（一）理论方面

众所周知主流国际直接投资理论基本上将中观层面的产业问题研究排除在其理论分析框架之外。起源于西方发达国家的国际直接投资活动，由于其投资主体都是技术发达、管理先进及资本雄厚等拥有各种绝对优势的跨国公司，因此，从 Hymer（1960）的垄断优势理论、RaymonVernon（1966）的产品生命周期理论，到 Buckley 和 Casson（1976）的内部化理论，再到 Dunning（1981）的国际生产折衷理论等主流的国际直接投资理论绝大部分以跨国公司为研究对象，内容以分析企业 OFDI 的动因与条件为主，构建了一个个 OFDI 的企业投资模型或区位投资模型，解释了应该由“谁去投资”（即企业选择）或者“到哪里投资”（即区位选择）等问题，而“投资什么”（即产业或行业）的问题却较少涉及。

这些理论之所以绕开产业问题，原因主要有二：一是西方经济学理论几乎将所有的经济问题只划入微观与宏观经济学的两大研究范畴之中，而作为中观层面的产业问题历来被排斥在分析框架之外，认为只要在市场这只“看不见的手”的指挥下，再加上具备了 OFDI 的内外条件的投资主体自然能完成在东道国的产业投资。二是这些发达国家本身处于产业技术水平世界领先、产业结构梯度高及资本大量过剩等的经济状况，因此，跨国公司的国际直接投资是国内经济高度发展的结果，企业的优势基本也反映了产业优势，因此，产业投资可以被企业投资替代。

然而，中国作为一个经济转型的发展中国家，不仅不具备发达国家的各种绝对优势，反过来，还想借助 OFDI 实现国内产业技术的进步、产业结构的调整及弥补资源的短缺等目标。因此，企业的对外投资往往受国家政策、法规的引导，企业投资什么应在产业框架下进行，最终既实现企业的经济利益，又实现国家的宏观效益。为此，从产业层面切入中国企业 OFDI 的问题研究，无论是国际直接投资理论探索，还是寻找中国开展 OF-

DI 的理论依据，都有十分重要的意义。

（二）实践方面

党的十八大报告已明确指出要适应经济全球化新形势，必须实行更加积极主动的开放战略，加快转变对外经济发展方式，推动开放朝着优化结构、拓展深度、提高效益的方向转变。

四十多年的改革开放使中国的综合国力得到极大提升，但近年来经济发展中的各种矛盾也日益凸显，产业结构、产能过剩、能源危机及高技术瓶颈等问题频繁出现。这些问题的解决仅靠国内的市场与资源难以解决，而以外贸为主的外援式发展又处于相当的被动地位，这一点也可以从 2008 年的金融危机爆发后中国经济所受的冲击得到证实。在产业全球化的今天，学者对中国仍然以传统的贸易参与国际分工的形式进一步展开反思，其结论是实施“引进来”和“走出去”并举的开放战略，以充分利用“两个市场”及“两种资源”为中国经济服务。尤其是在新时代中央提出“一带一路”倡议的部署下，中国“走出去”进入了快车道：非金融类 OFDI 流量从 2003 年的 28.5 亿美元增加到 2015 年的 1456.67 亿美元，增长了 51 倍，并首次超过当年中国引进的外资总额 1262.27 亿美元。至此，中国一直成为对外投资的净流出国。①

随着中国对外投资规模的迅速扩张（2018 年中国 OFDI 流量及存量分别位居全球第 2 及第 3），中国的对外投资已到了从量变进入质变的阶段。优化结构、拓展深度及朝提高效益的方向转变已是迫在眉睫。基于中国特定的宏观经济背景，决定了中国开展对外投资的目标是多重的，即既要实现企业主体自身经济收益的增长，也要通过参与国际生产体系的建立，反过来推动国内产业技术进步、产业结构升级及缓解资源供给矛盾等宏观经济发展总体目标的实现。中观层面的产业正好是国家宏观与企业微观的接点。企业只有在遵循国家产业政策的客观要求下优化 OFDI 产业结构的基础开展对外投资，才能在更好地实现自身利润增长的同时，通过技术传递

① 资料来源：根据历年《中国对外直接投资统计公报》整理。

和市场扩展等途径带动国内产业素质的整体提高，并推动产业结构的升级。另外，产业全球化的时代，必然应将一国的产业结构置于全球范围内布局。中国的产业梯度位居世界中等地位，对外投资的余地较宽，从产业效率角度研究中国对外投资的问题，对于优化对外产业投资的结构，产生更有效的母国经济效应（如经济增长、产业结构优化与技术升级等），进而实现宏观与微观的双重目标都将具重要的实践意义。

第二节 国内外研究动态与文献综述

一、国外研究文献综述

理论上西方经济学几乎将所有的经济问题划入微观经济学与宏观经济学两大研究范畴中，作为中观层面产业问题历来被排斥在该理论分析框架之外；而实践认为只要市场主体具备了 OFDI 的内外条件，在市场这只“看不见的手”的指挥下，就能自主完成在东道国的产业投资。在这种理论与实践的背景下，OFDI 针对产业投资问题的研究成果并不多。因此，本书只能从产业视角对西方学者关于 OFDI 的条件、动机及效应研究中寻找相关的文献。

（一）关于 OFDI 的条件、动机等影响因素的相关研究

Kogut（1991）、Neven 和 Siotis（1996）、Blonigen（1997）的研究发现：美国与欧洲、日本与美国之间选择技术型产业对外投资是出于技术获取，不是出自企业的内部化优势。David 和 Mody（1992）从东道国产业集聚因素来解释产业和区位的选择问题，Safarian（2003）、Hurst（2011）及 Cui 等（2014）将国际化条件融入跨国公司理论对成本、区位及所有权理论作了有益的补充。

Ryutaro 和 Wakasugi（1991）对日本20世纪50~90年代的对外投资情况展开了系统研究，发现日本对外投资的产业结构不断升级及其背后的原因。日本对外投资的产业逐渐以采矿业、制造业及商业为主转变为80年代末期的以金融保险、房地产及制造业为主。同时他们指出国内产业升级、劳动力成本上升及国外制造业对金融保险的需求上升等是导致上述对外投资产业结构变动的主要原因。

Makhija 等（1997）通过对美、日、英、法及德五个主要贸易伙伴国的化工业和制造业的相关数据分析，研究了产业的全球化问题。其结论是工业的全球化水平远不如制造业高，同时某产业的国际化水平是企业在进行 OFDI 产业投资策略时应予以充分考虑的重要因素之一。

Zukweon（2000）通过对20世纪70~90年代的日本与美国对欧洲制造业领域投资的五个部门的相关数据进行实证研究，发现日本和美国在这两个时期内的对外产业投资深受欧洲经济一体化的影响。随着欧洲经济一体化程度的提高，经济体内的经济发展及开放程度等不断改善，引起美日在欧洲制造业内部的投资行业结构从低级向高级的不断转变。

Pradhan（2004）通过对印度跨国公司 OFDI 研究发现，对外投资与公司成立时间与规模无关，技术研发能力、产品差异化程度及是否为出口导向是决定公司对外投资的重要因素，且这些因素作用强度随投资的不同行业而异。Sauvant（2006）通过比较“金砖四国”（巴西、俄罗斯、印度及中国）企业的 OFDI 情况，发现母国政府在推动各国企业 OFDI 时都发挥了重要作用。

Andrew 等（2004）认为选择何种产业（或行业）是大多数国家在开展对外投资时考虑的重要因素。他们对122个国家的投资营销中介（Investment Promotion Agencies，IPAs）进行调查研究后，发现超过70%国家会选择某些产业作为自身重点的投资目标。他们就对外投资产业的影响因素作了进一步分析后得出结论：随着经济发展水平和特征的不同，投资国在进行对外投资时产业布局也相异。一般而言，发达国家对外投资倾向于选择高科技产业，劳动力成本低的国家倾向于投资劳动密集型产业等。

Aristidis（2006）及 Kneller 和 Pisu（2007）等学者也做了类似的研究。

（二）关于 OFDI 的母国效应问题的相关研究

1. 产业结构效应研究

Dunning（1981）通过对英国行业层面的数据进行实证研究，发现英国的 OFDI 行业主要是本国的边际产业，而利用外资的产业主要是优势产业。因此，OFDI 不仅没有影响英国出口竞争力，反而促进了其国内产业结构的调整。Lecraw（1993）对印度尼西亚的 OFDI 情况进行了考察，发现其顺贸易型的 OFDI 极大地提高了企业的产品质量、降低了成本并使资本密集度得到了提高。Mark（1999）研究了日本纺织业的 OFDI 情况，发现日本大量已衰退的纺织业通过对外投资向国外转移后，促进了国内原纺织业中的生产要素向其他新的产业转移，进而改善了产业结构。Lipsey（2000）通过日本出口导向型对外投资的实证研究，发现这种投资对维护日本企业在境外市场份额及促进日本产业升级起到重要作用。Lipsey（2002）研究发现，通过对外投资，母国企业在国内可能会趋向于生产资本与技术密集型产品。但实证的结果显示这种情况在美国较为显著，而日本及瑞典却不明显。Lipsey 和 Weiss（1981）研究表明一国企业 OFDI 都会产生出口替代、进口引致及互补等效应，在这些效应作用下，投资国贸易及产业结构都将发生变化。Benjamin 和 Schwellnas（2010）及 Verbeke 和 Kano（2015）等学者也做了类似的研究。

2. 产业技术效应研究

Navaretti 和 Castellani（2004）对意大利的国内企业与境外生产企业进行比较研究后，发现 OFDI 显著地提高了境外企业的竞争力及全要素生产率。Griffith（2003）研究了 20 世纪 90 年代大量在美国投资的英国企业的技术进步情况，发现由于该时期美国研发经费大幅增长，使英国企业获得的技术进步超过了本土企业，说明确实存在东道国的技术外溢。Falzoni 和 Grasseni（2005）通过对意大利分别投资于发达国家与发展中国家的境外企业数据实证分析后，发现投资于发达国家的境外企业对母公司全要素生产率及劳动生产率的提高明显，而投资于发展中国家的企业几乎没有发生相应提高，Nuno 等（2007）、Ruhul 等（2009）及 Don（2011）也做了类似的研究。

3. 对外贸易、就业及投资等效应研究

Bayoumi 和 Lipworth（1998）通过对日本的 OFDI 与对外贸易之间的关系研究，发现出口与对外投资的流量显著相关，而与对外投资的存量关系不明显，但是进口与对外投资的存量有着长期的稳定关系。Jung Soo Seo 和 Chung – Sok Suh（2006）通过研究韩国对东盟四国的 OFDI 也得出类似的结论。Lipsey（2000）对美国、日本及瑞典三国的研究也得到类似的结论。Blonigen（2001）、Head 和 Ries（2001）及 Swenson（2005）分别采用企业或行业数据研究发现对外投资促进了投资国中间产品的出口，减少了最终产品的出口，Sizhong（2010）的研究也得出类似结论。有关 OFDI 与母国就业效应的研究表现较为复杂。Chen 和 Ku（2000）、Lipsey（2000）分别考察了台湾地区、美国、瑞典及日本的对外投资与就业关系发现结论各异，OFDI 结果使美国国内就业减少、瑞典与日本就业增加、台湾地区基本没有变化；Wagner（2008）的研究也表明母国对外直接投资而产生就业替代效应。有关 OFDI 与国内投资的替代与互补效应研究方面，Stevens（1992）对母公司与子公司之间的投资检验分析，发现母公司向子公司投资以及子公司自身的投资对国内的投资表现为既有替代又有互补效应。Feldstein（1994）的研究结论是 OFDI 对国内投资具有较强的替代效应。Braunerhjelm 等（2005）通过实证分析后发现，水平型国际分工的产业 OFDI 的替代效应强，垂直型分工的对外产业投资时产生的互补效应强。

（三）关于 OFDI 产业投资与进入方式之间的关系研究

Bouquet 等（2004）通过研究日本对外投资时发现选择不同行业就意味着不同的进入模式。例如，日本对外投资的制造业大多采用合资方式进入，金融业则绝大多数是采用独资的形式，导致这种现象发生的主要原因是行业的不同对于行业的机密性、专业技能依赖性及客户互动性也不同。Mudambi（2002）的研究也反映，随着投资国企业所选的产业目标定位的不同，对外投资的进入模式也相异。例如，投资的产业目标定位为多元化的企业大多通过收购的方式进入，而如果仅仅把投资国企业的生产线转移到东道国的相同产业内的投资，其最佳进入模式无疑是“绿地投资”。Elango和Sambharya（2004）的研究同样发现，当投资于东道国集中度高的产业时不宜采用收购方式，由于缺少合适代理人，收购方式进入风险较大，但如投资于正在成长的市场中时，“绿地投资”是最好的选择。

（四）国外学者关于中国OFDI产业投资的相关研究

随着中国改革开放的推进，特别是入世后中国OFDI的规模加大，中国对外投资问题逐渐受到许多国外学者的关注与研究。Kevin（1999）深入研究了改革开放以来中国的OFDI的发展状况，指出由于受计划经济时代所遗留的一些弊病的影响，使得中国在对外投资时缺乏对国际惯例、国际市场等的全面认识而受阻。研究还指出我国对外投资的产业结构上也存在问题，制造业是对外投资的重要产业部门，而高科技领域的投资严重滞后。Mark（2002）也以中国为分析对象，发现政府政策的驱动力在中国开展对外投资中作用较大，这种作用也影响OFDI对产业的选择。Morck等（2008）则认为中国企业对外直接投资可使企业跨国经营有效地克服资本限制并延长产业链。Boateng等（2008）则认为中国企业在2001年后对外直接投资的主要动机是寻求境外市场、促进市场多元化或获取国外先进的技术和其他资源。Dr Paz Estrella Tolentino（2007）研究中国企业对非洲的直接投资后，发现由于其投资主体仍以国有企业为主，因此其产业投资主要是集中于资源或建筑行业。Duanmu（2012）对中国32家跨国公司的直接投资情况展开研究，发现在成本、市场等方面具有优势的东道国主要选择制造业的对外投资，其他选择与贸易相关的服务业为投资导向。

二、国内研究文献综述

从党的十六大的“引进来”与“走出去”并举，到党的十八大提出的“一带一路”倡议，中国OFDI发展迅猛，对外投资对国内经济的影响度日益显著。因此，中国OFDI的问题越来越受到国内学者关注与研究。又因为到2003年中国政府才开始公布《中国对外直接投资统计公报》，对外直接投资的行业数据才可取得，因此当前关于中国对外直接投资的产业问题研究描述性与理论性的文献居多，而实证分析的文献较少。从现有的研究来看，主要可以归纳为以下几方面：

（一）关于OFDI的产业投资目标（方向）问题的研究

江小涓（2001）分析了中国OFDI的行业布局后发现，发展中国家以传统制造业的多种经营为主，而发达国家更集中于高附加值及高技术的产业。她指出了“十五”及以后一段时期内中国对外投资的方向应以中档加工组装型制造业、科研与高新技术产业、纺织与服装业、采矿业、贸易及运输六大行业为重点。

成思危（2001）指出，随着中国对外贸易量逐年上升，面临的贸易摩擦及壁垒也会逐渐增加，因此，中国的OFDI应以避开贸易壁垒、避免贸易摩擦为主导，产业投资应以金融为后盾，以生产为基础的出口替代型为主要路径，实施综合性、多功能的国际化经营战略。

赵伟（2004）从国内产业结构调整与产业技术升级的角度分析，指出当前中国OFDI应该从自然资源的开发向制造业转移，其中又应将产能过剩且具有一定比较优势的边际产业作为重点。与此同时，在未来要将服务业与高技术产业作为OFDI的重点投资方向。

康伊明（2004）从中国企业OFDI的动机出发，分析了产业投资的方向问题。他认为，与发达国家对外投资相比，中国企业的OFDI起步晚、规模偏小，因此在选择产业、区位及进入模式等方面都有很大的差异。同时他指出，中国对外投资应该在寻求市场、资源与技术三者之间找到适合自身的产业切入点。

宋伟良（2005）及赵乃康（2005）通过对中国当前对外产业投资分析，发现具有以下特点：对外投资的行业日益多样化，但行业高度集中于初级加工制造业和采矿业，技术密集型行业比重偏低等。同时，他们提出了调整中国OFDI产业布局的思路：沿着资源开发→制造业→服务业的路径进行产业投资。

张宗斌（2006）通过对中日两国对外直接投资进行比较研究后，认为中国对欧美发达国家和地区的投资太少，而且主要侧重第二产业，其中又偏重劳动密集型的初级加工制造业，纺织、服装、家电产业约占全部海外投资的50%左右，而技术知识密集型产业投资明显不足，因此，今后应加大对发达国家的前瞻性高科技产业的学习型投资，利用我们的相对比较优势，巩固和加强对发展中国家劳动密集型产业的直接投资。

詹小颖（2010）认为当前中国对外直接投资的产业目标应定位于满足国内产业发展的内在需求，促进国内产业结构的优化与升级。并据此提出以比较优势产业、关联效应强的产业、高新技术产业与服务业作为未来产业投资的重点。刘海云和聂飞（2015）及黄宪和张羽（2018）等学者对新时代背景下的产业投资目标（方向）问题做了新研究。

（二）关于OFDI的产业投资基准（依据）问题研究

邢建国（1997）认为，发展中国家OFDI的产业投资应遵循以下两个层次基准：第一层次产业区位比较优势基准，即投资国与东道国同类产业相比较所具有的优势。某种产业是否具备区位比较优势，是该产业能否形成跨国生产体系的前提条件；第二层次产业内贸易量基准，即某一产业内部各生产阶段，生产环节的商品交换的规模，也即产业内部初级产品、中间产品以及最终产品之间的交易频度和交易数量。因此，发展中国家OFDI的产业投资，应在区位比较优势的前提下，优先选择那些产品供求链长、产业内贸易量大的产业展开投资。邢建国（1998）在探讨中国对外产业投资问题时，除了上述两大基准外，还增加了产业结构高度化同质性基准。其意是指OFDI的产业投资的方向应与国内产业结构高度化发展趋势相耦合，这样才能推动国内产业结构优化升级。赵春明和何艳（2002）认为中国对外产业投资的基准还应增加边际产业转移基准及产业辐射基准，这两大基准也属于邢建国（1998）提出的三大基准之内。

杨希燕和李祥永（2004）提出了从宏观上推动国内产业结构调整与微观上实现企业利润最大化为目标的五大OFDI的产业投资基准：产业相对优势基准、产业波及效应基准、产业结构高度同质化基准、资源保证基准和技术与管理学习基准。杨继红等（2007）与黄顺武（2008）等学者也提出了类似上述的基准来确定中国 OFDI 的产业投资目标。

陈漓高和张燕（2007）从提升中国产业竞争力和优化产业结构的角度出发，运用产业地位划分法，通过产业发展潜力系数、产业产出份额、感应度系数和影响力系数四个指标的定量测算后，将中国的行业分成先导产业、主导产业、支柱产业和瓶颈产业四个产业群，然后在此基础上分析并提出了四个产业群对外投资的作用与基准，为政府“走出去”制定产业政策提供一个分析框架。

周新生（2009）就中国的边际产业对外投资问题提出了比较优势、贸易导向、区位优势及国内外产业关联度四大基准。

（三）关于 OFDI 的产业投资效应研究

藏新等（2006）通过对日本和韩国的产业结构调整与 OFDI 的产业投资关系的实证研究，得出了国内产业结构的不断优化促进了两国的对外投资增长这一结论，由于两国经济发展水平不同，日本和韩国 OFDI 的产业投资分别以服务业和制造业为重点。范欢欢和王相宁（2006）利用自回归分布滞后模型对中国 OFDI 进行研究，发现中国 OFDI 比例变化与第一产业、第三产业结构比例的变动基本无关，仅与第二产业结构有正的弹性系数比关系。徐松等（2007）利用中国 OFDI 的行业数据与中国的出口贸易数据进行格兰杰因果检验，发现中国的产品平均出口额是影响 OFDI 产业投资的原因，换言之，中国 OFDI 的产业投资具有显著的贸易导向性，外向企业如果想以世界市场为目标，那么可以事先通过出口战略，掌握东道国的市场规模、市场需求、竞争状况和投资软硬环境等，进而再通过 OFDI 的方式，拓展境外市场。王英等（2007）通过对中国 1985 ~ 2005 年的数据进行实证研究，结果显示中国 OFDI 对国内产业结构调整具有正面效应，同时他找出了国际贸易、技术进步及就业等传导路径。邹玉娟和陈漓（2008）及刘明霞和王学军（2009）等众多的研究证实了中国 OFDI 存在逆向技术溢出效应。潘颖和刘辉煌（2010）根据中国 1990 ~ 2007 年的数据，运用协整理论、格兰杰因果关系检验等实证研究。结果表明中国 OFDI 短期内不能促进产业结构升级而从长期来看可以促进产业结构升级等。张燕（2010）认为境外合理的产业投资是推进国内产业结构调整与升级的重要路径。贾妮莎等（2014）、卜伟和易倩（2015）及姚战琪（2018）在新时代下对中国 OFDI 的产业投资效应做了论述。

（四）关于 OFDI 的产业投资策略问题研究

周新生（2007）认为一国产业的比较优势必然是相对某个区域而言的，因此中国在 OFDI 时的产业投资应该结合区位选择策略同时进行，根据不同的区位特征采取不同产业投资策略。吉粉华（2007）借助区位矩阵模型针对不同产业和区位特点，通过资本纽带将东道国与投资国的各种优势要素加以整合，建立一条跨国性的产业链，组成不同的产业—区位矩阵。该模型说明了产业扩张是区位优势重要的表现形式，强调了产业投资对于区位选择的依赖性。宋维佳（2008）的研究同样强调了区位选择对于产业投资的重要性。并指出合理的区位选择是对外投资时发挥产业比较优势的重要条件。如要转移我国的劳动密集型制造业应该选择比我国经济落后且劳动力资源丰富的发展中国家；高新技术产业的对外投资中，美国、日本及欧洲等发达国家是最佳选择之地。王玉宝（2009）针对当前国内外环境现状，结合亚洲、美洲与欧洲等不同的区位市场特性提出了相应的产业投资策略。蓝庆新（2011）、张建刚（2011）对后危机背景下中国资源类行业的“走出去”从企业与政府层面分别提出了新的策略。戴翔（2016）及王晓红（2017）等学者在“一带一路”倡议背景下提出了当前中国 OFDI 产业布局的新策略。

三、文献简评与本书研究的切入点

从现有的国外研究文献可以看出，由于受以邓宁为代表的西方主流国际直接投资理论的研究范式（即以企业投资为中心的理论范式）影响，并且所研究的投资国大多具有工业发达、资本过剩、产业结构高度化及市场体系成熟的背景。因此，西方学界对外投资的研究视角主要集中于微观层面，并主要集中于微观企业对外投资的动因、条件、绩效、母国效应等方面的研究。

在国内文献方面，由于中国属于发展中国家，而发展中国家对外投资的动因往往存在多元性，这就必然要求研究视角从微观转向宏观或中观层面。由于中国对外投资的历史短，又缺乏统计数据，所以，大多数文献从中观或宏观层面展开了定性研究，提出了中国对外投资产业投资的动机、基准及策略等各种理论观点，为中国对外产业投资指明了方向及重点等。在定量研究方面，学者主要利用对外投资的总量数据对母国已产生的各种经济效应（经济增长、出口及就业等）进行实证检验，这样研究必然会影响中国 OFDI 进行产业结构调整的科学性与准确性。例如，一些文献在对中国当前 OFDI 的产业分布现状进行描述后，仅仅依据当今世界国际直接投资中的服务业日益增长的大趋势，就提出中国应该减少 OFDI 中的制造业比重，而应加大服务业对外投资的思路，这显得有失偏颇。

本书在前人研究的基础上，尝试从中观（产业）维度利用中国对外投资的产业统计数据，研究当前对外投资中各产业的规模、布局、关联等特点，及其在促进国内经济增长、出口、就业、产业结构调整及技术进步等各方面所发挥的作用与产生的效率，并试图使本书提出的优化中国对外产业投资结构的政策建议更具科学性及针对性。

第三节　结构安排与研究思路

一、本书结构与主要内容

围绕着中国 OFDI 的产业效率问题，沿着提出问题→分析问题→解决问题的基本逻辑，本书由三部分九章构成。

第一部分，即“提出问题”或“基础研究”部分，由第一章和第二章组成。第一章导论部分：重点阐述选题的缘由，以及对国内外研究动态与文献进行综述，寻找切入点与研究空间。然后，构思全书的研究思路及框架，对研究中所涉及的相关概念、研究方法加以说明。最后，对研究结果的可能创新与不足之处进行预测。第二章理论依据分析：该部分的研究主要为全书提供理论基础或框架。首先在产业视角下对国内外现有的相关理论进行梳理从中寻找中国 OFDI 产业投资及结构调整的理论依据。然后通过分析提出产业比较优势理论与“产业后发优势理论”，作为中国 OFDI 产业投资的理论基础或依据。

第二部分，即“分析问题”部分，是本书的主体部分。该部分从两方面展开：

一是定性分析方面，其目的是为 OFDI 的产业投资及结构调整时提供主客观依据，由第三章及第四章组成。第三章是客观条件分析：从国际上进入后危机时代、产业全球化的布局及国际产业转移的新趋势等方面说明国际新环境为中国企业 OFDI 的产业投资及结构调整提供了有利的外部条件；从宏观、微观与中观三个层面分析中国企业 OFDI 进行产业投资时所具备的有利内在优势或面对的内在挑战。第四章是主观需求分析：既要从理论上分析，还要从实际的调查中去发现当前中国企业 OFDI 的主观需求（或动因），如寻求市场、寻求战略资源、寻求自然资源及寻求生产效率等动因类型，并基于不同的动因形成不同产业投资导向。第五章产业现状及问题分析：通过当前 OFDI 的总体概况、特征及产业分布，找出当前对外产业投资存在的问题，如结构问题、区位问题等。

二是定量分析方面，通过对当前已经形成的对外产业投资现状展开统计与实证分析，找出存在问题及其与前文定性分析时客观条件或主观需求存在的差距，进而更有针对性地提出调整中国对外产业投资结构的相关政策建议。这些分析形成第五章、第六章及第七章。第五章产业现状及问题分析：通过当前 OFDI 的总体概况、特征及产业分布等大量数据的统计分析，找出当前对外产业投资存在的问题，如结构问题、区位问题等。第六章和第七章是产业效率测算与评价。先是对 OFDI 形成的母国就业效率展开实证研究，从产业层面观察究竟形成了就业的创造效应还是替代效应；

接着对 OFDI 产业投资母国的产业技术进步及结构优化的效率进行测算与评价。观察当前对外产业投资是否带来了母国的产业技术进步与结构优化的正效应，还是由于产业转移产生了空心化效应。

第三部分，即“解决问题”部分，也是本书的结论与对策部分。通过前文对产业投资的理论依据、客观条件及主观需求分析后，结合当前对产业投资所存在的各种问题分析及产业效率的测算，至此，本书有针对性地提出了对策建议。产业投资的基准分析是确立提出对策建议的原则与框架。这些基准包括产业比较优势、产业后发优势、产业市场扩张、产业发展安全及产业结构调整。在这五大基准及约束框架下从企业、产业、政府三个维度提出中国对外产业投资的策略与政策优化路径，这些内容构成第八和第九章。最后，对全书进行归纳概括形成本书结论部分。

二、研究思路及方法

本书研究的基本思路是：提出问题→理论依据分析→客观条件分析→主观需求（动因与导向）分析→产业现状及问题分析→产业效率的测算与评价→结论与对策。基本研究逻辑框架如图 1 - 2 所示。

本书采用实证与规范分析相结合、定性与定量分析相结合的方法。定量研究部分采用标准离差法（SDM），利用 IMD（瑞士洛桑国际管理发展学院）发布的《世界竞争力年鉴》的指标与数据，对中国制造业及服务业作出国际竞争力比较分析，以认识相关产业在国际上的优势、劣势、机遇及挑战；用聚类分析法将中国产业进行先导、主导、支柱及瓶颈等产业地位划分，以提高 OFDI 产业布局的有效性；用 DEA - CCR 模型、GRA（灰关联分析）及 GM（1，1）模型，借鉴杨晓猛构建的产业结构优化指标作为参考序列，采用采矿业、制造业、交通运输仓储邮政业、信息传输计算机服务和软件业、批发和零售业、租赁和商务服务业六大行业的存量数据作为比较序列，分析当前中国 OFDI 的各行业与国内产业结构优化的关联程度，并预测这种关联程度有何变化，这样使本书提出的中国企业 OFDI 的产业投资方向及政策更具针对性及有效性。

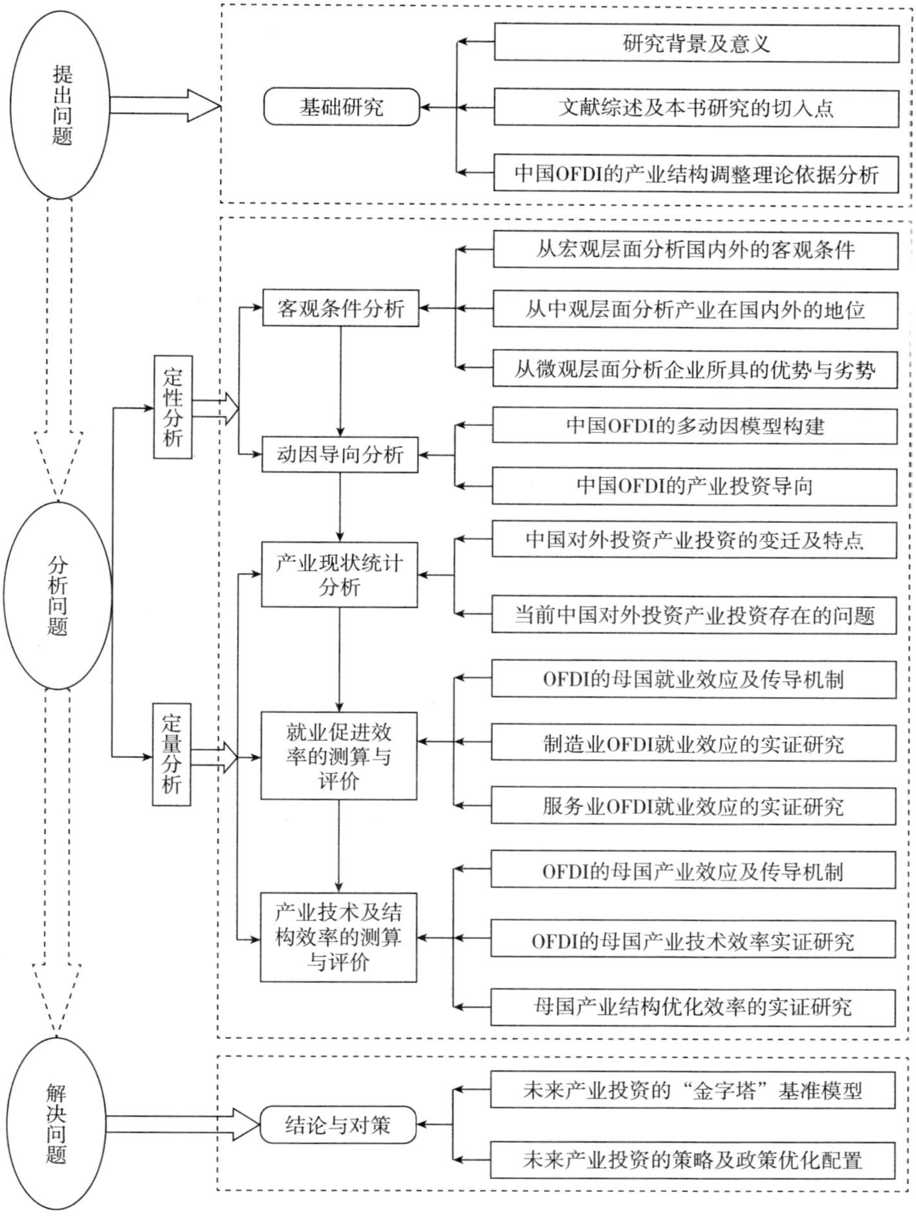

图1-2 中国对外产业投资的效率问题研究框架

第四节 研究相关说明

一、相关说明

（一）对外直接投资概念的界定

对外直接投资实际上就是国际直接投资，只是基于不同视角的定义。如果站在东道国角度，国际直接投资一般称为外商直接投资或外国直接投资（Foreign Direct Investment，FDI）。从投资国角度看，则称为对外直接投资或外向直接投资（有些文献中仍简称为FDI），中国研究者有时又称为海外或境外直接投资等，本书使用境外直接投资。为了区别于东道国利用FDI情况，本书的研究中将对外（或境外）直接投资简称为OFDI（Outward Foreign Direct Investment），以示概念的清晰。

对于OFDI概念的理解与定义，各种国际组织、各国政府部门及国内外学者虽有不同的解释，但核心意义基本一致。《新帕尔格雷夫经济学大辞典》中关于OFDI的解释是："国外投资是指从本国之外取得资产的经济行为。这些资产可以是涉及工厂与土地等生产资料所有权的所谓直接投资；如果因股东拥有的股票所有权而控制了厂商的经营活动，则股票投资也是直接投资。"① 国际货币基金组织（IMF）的定义是："在其所在国以外的另一个国家所经营的企业中拥有持久利益的一种投资，其目的在于掌握该企业经营管理的有效发言权。"② 日本学者小岛清（1987）指出："所谓'直接投资'，不仅仅是资产的经营，而且还伴有经营权（即企业经营

① 约翰·伊特韦尔等：《新帕尔格雷夫经济学大辞典》（第2卷），经济科学出版社，1996年，第432页。

② IMF，1977，Balance of Payments Manual，Washington D. C.，p. 408.

上的控制权）的资本流动。为了获取经营权，必须握有全部股份或部分股份的所有权。”国内学者郭铁民（2003）认为：“国际直接投资是指一国投资者以控制企业经营管理为核心、获取利润为目的，在国外创立或合资经营一个企业的投资行为。其典型方式：一是在国外创立分公司或子公司；二是在东道国取得对一家现存企业的控制权。”

中国商务部的定义：OFDI 是指中国企业、团体等（以下简称境内投资主体）在国外及港澳台地区以现金、实物、无形资产等方式投资，并以控制国（境）外企业的经营管理权为核心的经济活动。OFDI 的内涵主要体现在一经济体通过投资于另一经济体而实现其持久利益的目标。[①] 我们认为该定义基本概括了 OFDI 的各个方面，因此，以此作为本书的定义。

（二）OFDI 与对外间接投资的区别

对外间接投资是指在国际金融领域内进行的投资活动，如购买外国公司的股票、国际债券等。国际信贷包括政府贷款、出口信贷、银行贷款及国际金融组织贷款等。这些对外间接投资活动与 OFDI 的主要区别表现在以下几方面：

1. 投资主体的权限不同

OFDI 通过在东道国新建或并购等方式直接参与被投资企业的经营管理，并拥有其有效的控制权；而对外间接投资者主要通过国际金融市场完成，投资者并不在东道国新建或并购企业，也不参与对被投资企业的经营管理，即使通过股权收购方式进行投资，也往往只占有被投资企业的小部分股份而没有形成有效的控制权。

2. 对外投资的直接目标不同

OFDI 的直接目标主要是控制被投资企业的经营管理权；而对外间接投资的直接目标就是获得较高股息或利息等资本收益。

3. 资本转移的形式不一样

OFDI 过程包括货币资本、原材料及中间产品等有形资产，以及专利、

① 中国商务部、国家统计局：《中国对外直接投资统计制度》，2004 年 12 月。

商标、技术、管理等无形资产的一揽子资本的转移；而对外间接投资主要就是单纯货币形式的资本转移。

4. 投资产生的结果不同

OFDI 的主体在东道国通过创建、合资或合作等公司的经营与管理形成实实在在的实体经济，有利于提高东道国的就业及财政收入水平等；而对外间接投资只通过购买外国公司的股票、债券等虚拟资产，获取股息、利息或资本利得等收益，其结果更多地体现出虚拟经济的特征。

5. 投资的周期与风险不同

由于 OFDI 的回报与投资项目的生命周期或投资企业的经营状况相关，一般具有投资周期较长、投资风险大的特点；而对外间接投资由于能取得较稳定的利息或股息收益，因此，具有流动性强、投资风险相对可控的特点（李东阳，2002）。

（三）本书中有关数据的总体说明

对于中国 OFDI 的统计数据，由于国际与国内的统计口径不同而使公布的数据有所差异。国际货币基金组织（IMF）的统计口径是根据中国的国家外汇管理局所统计的实际资本流动、公司间贷款及再投资收益等项目加总得到，联合国贸发会议（UNCTAD）历年所发布的世界投资报告就是采用的 IMF 的统计结果。因此，本书在对中国 OFDI 的国际比较时也采用 IMF 的统计结果，以增加可比性。中国商务部（MOFTEC）的统计口径是指境内投资主体在报告期内直接向其境外企业实现的投资，包括股本投资、利润再投资以及与公司之间债务交易有关的其他投资，自 2003 年以来商务部历年公布的《中国对外直接投资统计公报》就是以该口径统计得到。本书对中国对外直接投资研究的大部分数据就是来自商务部，尤其是实证研究时选取了 2003 ~ 2018 年中国 OFDI 的行业统计值。

二、本书的创新与不足

本书的创新之处主要有以下四点：

第一，开辟新视角。从当前大多数的相关研究文献来看，对国际直接投资问题的研究主要集中在微观或宏观两个层面的研究，发达国家表现得尤为突出。之前，中国也有学者从产业层面展开过研究，并且形成了较多成果。本书在这些研究基础上，尝试对中国 OFDI 的产业效率问题展开系统性、全面性的研究。更为重要的是，中国作为一个发展中国家，开展 OFDI 并非是在具备各种绝对优势的条件下进行的，从产业层面切入研究更有利于实现 OFDI 的多重目标。

第二，探索新理论。除 Kojima Kiyoshi（1978）的边际产业扩张论 以及 Cantwell（1990）提出的技术创新和产业升级等理论外，国际主流与非主流的国际直接投资理论都较少分析对外投资的产业效率问题。因此，从产业视角对以往国际投资理论进行梳理，并针对中国的国情，尝试性提出中国 OFDI 产业结构调整的理论依据。

第三，提出新观点。本书在对中国企业 OFDI 产业投资的理论及主客观依据分析后，提出了基于当前 OFDI 四大动因的产业导向体系；在分析中国 OFDI 的产业分布现状、问题及已产生的母国产业效应后，提出了今后中国 OFDI 产业投资基准的“金字塔”模型，并在该模型的约束下提出了企业、产业、政府等各个层面所需要的策略或政策创新。

第四，引入新方法。本书在进行实证研究时，尝试引入统计学、灰色系统理论等领域的方法展开研究。例如，采用标准离差法（SDM）对中国制造业及服务业作出国际竞争力比较分析，以充分认识相关产业在国际上的优势、劣势、机遇及挑战；再如，由于中国 2003 年起才开始发布 OFDI 统计公报，中国 OFDI 的行业统计数据至今只有 2003～2018 年共 15 年的数据，样本容量有限，如采用基于大样本的数理统计模型（如回归模型、协整理论）进行研究，得出的结论难免有失偏颇。因此，在对中国 OFDI 的产业结构优化效应的实证分析时，引入灰色系统理论中灰色关联分析及 GM（1，1）模型，较好地解决了这种“小样本、少数据、贫信息”的数据分析与预测问题。

本书的研究仍存在诸多不足之处。首先，由于主流与非主流国际直接投资理论中涉及产业投资方面的理论较少，而对于中国的 OFDI 理论更是处于探索之中，因此，本书研究的理论性方面显得不足。其次，由于国际直接投资涉及主体、方式、区位、产业、效应及风险等方方面面的内容，它们的每一方面都足以单独展开研究，而本书为了突出主线，只是选取其中与主题密切相关的几个方面加以研究，因此，今后还有许多内容需要补充与加强。以上不足是我们继续从事相关研究的动力与方向，并希望今后努力加以补充与完善。

第二章

中国 OFDI 产业投资的相关理论依据

西方国家有关 OFDI 理论体系名目繁多，但针对 OFDI 中的产业投资问题展开研究却一直是该体系中的薄弱环节。产业作为介于宏观与微观之间的层面，在 OFDI 理论的领域中被大部分西方学者忽略。因此，本书只能在这些理论中寻找有关产业投资问题研究的相关理论线索，为探索中国 OFDI 产业投资的理论依据提供必要的基础。

第一节 国际直接投资理论述评：基于产业视角①

一、发达国家 OFDI 的主要理论述评

（一）垄断优势理论

美国经济学家 Hymer（1960）从产业组织理论分析入手，在其博士学位论文《国内企业的国际经营：关于 OFDI 的研究》中，首次提出了垄断

① 尹小剑：《国际 FDI 理论比较研究综述——兼论对我国 FDI 的启示》，《前沿》2010 年第 17 期；尹小剑：《发展中国家的 FDI 理论比较研究》，《北方经济》2009 年第 14 期。

优势理论。后来在 Kindleberger（1969）、Caves（1971）等学者的发展下形成国际直接投资领域中最早及最具影响的理论。该理论突破了传统完全竞争市场的研究前提，提出了企业只有在规模、技术、管理等各方面具备垄断优势下开展对外投资，才能抵消跨国经营中各项额外成本和由此产生的劣势，以此开创了 OFDI 理论的研究先河。虽然，该理论并没有涉及投资主体具体投资产业问题，但为后来研究者奠定了理论基础。沿着该理论的思路，英国经济学家 Dunning（1973）综合运用产业组织理论、区位理论等通过行业集中度等指标对美英两国企业在境外投资的产业分布进行比较分析后，发现美国境外公司相对英国而言，更倾向于技术先进与资本密集型行业，并指出这正是美国企业凭借其优于英国的垄断优势而对外投资的结果。Pugel（1981）也以美国跨国公司为研究对象，结论是市场开发能力、技术研发能力等优势是这些公司顺利开展 OFDI 的原因。

垄断优势理论的不足及局限性表现在：一是由于该理论主要是对“二战”后美国拥有知识、技术及管理等垄断优势的跨国企业进行经验描述与总结，缺乏普遍的指导意义，并难以解释后来发展中国家的企业 OFDI 的行为；二是无法解释拥有垄断技术优势的企业为什么不能通过在国内扩散或技术贸易方式获得潜在收益，而一定要以开展 OFDI 的方式实现技术的价值。

（二）产品生命周期理论

Vernon（1966）提出了产品生命周期理论。该理论将产品的生命周期划分为产品创新、成熟和标准化生产三个阶段。在创新阶段，创新国凭借较高的进入门槛，使得该产品在本国内的生产和销售具有垄断地位；当进入成熟阶段时，生产技术已成熟并且国内市场也已达到饱和状态，此时，母国减少生产和出口，产品的生产逐渐转移到较发达国家进行生产；进入标准化阶段以后，产品生产就转移到相对落后的发展中国家进行，母国停止生产改为进口。整个过程揭示了一国产业的动态变化规律，指出了产业发展的不同阶段对外投资的动机与区位选择。

产品生命周期理论通过一种产品的国际生产三阶段论，反映了一国进行产业投资的路径。它将时间变量引入直接投资的动态分析中，较好地解释了第二次世界大战后一段时期美国企业在西欧和其他国家直接投资，特别是进攻性直接投资的行为。该理论的局限性主要表现在：一是没有很好地解释发达国家之间的双向直接投资；二是主要涉及最终产品市场，而资源开发型投资和技术开发型投资与产品的生命周期无关；三是不能很好地解释发展中国家的对外直接投资；四是认为母国垄断优势的丧失导致对外直接投资，实际上许多跨国公司在保有垄断优势的同时还进行大量对外直接投资。

（三）内部化理论

Buckley 和 Casson（1976）的合著《跨国公司的未来》一书对传统的国际直接投资理论提出批评，并提出了新的 OFDI 理论——内部化理论。内部化理论从寡占市场结构的角度转向了研究各国企业之间的产品交换形式、企业国际分工与生产的组织形式，它能够解释大部分的国际直接投资的动机和跨国公司的许多经营现象，因此被视为跨国公司长期性的一般理论。内部化理论指出了导致市场内部化的三大原因：一是由于中间产品（包括原材料、半成品等有形产品及知识、技术与管理等无形产品）交易困难而产生内部化；二是由于外部市场失效产生内部化；三是由于外部交易成本太高导致内部化。

内部化理论的思想源于 20 世纪 30 年代 Coase 的产权理论。Coase（1937）在《企业的性质》一文中指出，市场的不完善或缺乏效率导致企业的交易成本增加，如果企业通过一定的组织形式，将各种交易纳入企业内部进行，即以内部市场替代外部市场，则可以减少许多市场交易成本。Buckley 和 Casson（1976）将市场内部化引入 OFDI 的理论研究，较好地解释了第二次世界大战后包括服务业在内的各种形式的 OFDI。但是，这一理论只强调了市场的不完全性对于国际直接投资的影响，而忽视了市场的积极方面对国际直接投资的促进作用。

（四）边际产业扩张论

Kojima Kiyoshi（1978）在其代表作《对外直接投资论》中提出边际产

业扩张论。应该说这是真正从产业层面研究对外直接投资问题，开创了国际直接投资的产业投资理论先河。该理论将边际产业定义为在本国国内已经或即将丧失比较优势，而在东道国仍具有显在或潜在比较优势的产业。他认为从边际产业进行投资，一是由于东道国在该产业的技术、资本及管理等优势仍未充分显现，这样便可以充分发挥投资国的比较优势，进而扩大两国间的比较成本，为促进贸易创造条件；二是通过这些边际产业的转移为国内尚处在发展阶段且充满潜力的优势产业留出空间，推动投资国产业结构的升级。

边际产业扩张论是真正意义上的产业投资理论模型。该理论较好地解释了20世纪六七十年代日本的OFDI的特点，即以资源导向型、劳动力成本导向型和市场导向型直接投资占主导；也说明了在亚洲出现的以日本→"亚洲四小龙"→东盟→中国→越南等为顺序的直接投资与产业结构调整，即所谓的雁行模式。但对日本70年代以来出现大量的进口替代型对外投资无从给予合理解释。其局限性主要表现为：一是以投资国为主体而不是以跨国公司为主体，实际上假定了所有跨国公司都有相同的动机并且也是投资国的动机，难以解释复杂的国际环境下的各种OFDI的行为；二是只能解释以垂直分工为基础的发达国家与发展中国家之间的投资，难以解释以水平分工为基础的发达国家之间的双向投资；三是低估了发展中国家接受高新技术的能力，按照该理论，发展中国家只能接受发达国家的边际产业，永远处于产业梯度的下层，永远落后于发达国家。

（五）国际生产折衷理论

Dunning（1981，1995，2001）继承与吸收垄断优势与内部化理论的内核，引入区位优势理论提出并完善了称为国际直接投资理论的通论——国际生产折衷理论。其中的三优势模式（Ownership - Internalization - Location，OIL）至今仍然是分析企业OFDI时所采用国际范式（见表2-1）。Markusen（1995）将国际化生产和国际贸易理论融入OIL框架，同时加入企业层面的产品差异化、不完全竞争及规模经济等因素进行考察，重在解释发达国家知识密集型行业的OFDI活动。与之前的理论相比，折衷理论最突出的贡献之处在于不仅解决了 OFDI 过程中的企业投资问题，而且还解决了到哪里投资的问题，即区位选择问题，但是没有涉及产业布局问题。

表 2-1　企业跨国经营方式的选择

优势 经营方式	所有权优势	内部化优势	区位优势
对外直接投资	+	+	+
出口贸易	+	+	0
技术转让	+	0	0

注：其中“+”代表具备该优势；“0”代表不具备该优势。

资料来源：Dunning J. H.，1981，*International Production and the Multinational Enterprises*，Allen & Unwin，London，p. 111.

折衷理论不仅讨论了跨国公司国际生产的决定因素，而且力图解释跨国公司的整个国际经济活动，并想创建一个关于国际贸易、OFDI 和国际协议安排三者统一的理论体系。折衷理论中区位优势因素的加入，对“二战”后外国对美国的大量直接投资现象起到很好的解释作用。但是该理论仍然无法解释部分国家在未同时具备以上三种优势的情况下开展 OFDI，没有涉及社会经济关系和战后国际政治经济环境的重大变化。OIL 范式虽然没将产业布局的因素置于其中，但区位优势的引入对一国的产业布局不能忽视区位因素具有很强的指导意义。

二、发展中国家 OFDI 的主要理论述评

针对 20 世纪 70 年代兴起的发展中国家 OFDI 现象，尤其新兴工业化国家在国际直接投资领域的异军突起，引起了诸多学者的关注与研究。按主流的国际直接投资理论分析，在发展中国家普遍存在资本缺口、企业不具备垄断优势的条件下，理应不存在对外投资。显然传统的各种理论已不能充分地给出解释，于是许多学者另辟蹊径，针对发展中国家的现实和特

点纷纷对主流理论进行完善或提出自己关于发展中国家对外投资的理论。我们认为对这些理论进行梳理与分析能为中国 OFDI 的理论依据提供更有益的参考。

（一）投资发展周期理论

投资发展周期理论是 Dunning（1981）首次提出的，欲从动态角度解释发展中国家 OFDI 的现象，可以说是对其国际折衷理论的发展与完善。其中心观点是发展中国家的 OFDI 倾向，除了取决于该国的所有权、内部化和区位三大优势外，还取决于其经济发展阶段（见表 2－2）。

表 2－2　直接投资流量与经济发展阶段的关系

经济发展阶段	FDI 流入	FDI 流出	FDI 的变动
第一阶段 人均 GNP 低于 400 美元	Of 充足 If 充足 Ld 较少	Od 缺乏 Id 不适应 Lf 不适应	FDI 流入少量 没有 FDI 流出
第二阶段 人均 GNP 位于 400～1500 美元	Of 充足 If 可能减弱 Ld 增强	Od 较少 Id 较少 Lf 开始出现	FDI 流入增加 FDI 流出少量
第三阶段 人均 GNP 位于 2000～4750 美元	Of 减弱 If 降低 Ld 减弱	Od 增加 Id 增加 Lfd 增加	FDI 流入减少 FDI 流出增加
第四阶段 人均 GNP 高于 4750 美元	Of 更为减少 If 降低 Ld 降低	Od 增加 Id 充足 Lf 增加	FDI 流出大于流入 且差额不断扩大

注：O 表示所有权优势；I 表示内部化优势；L 表示区位优势；f 表示外国；d 表示本国。

在表 2－2 中，Dunning 认为一国 OFDI 的动力与能力大小直接取决于经济发展水平的高低，并根据人均国民生产总值（GNP）的大小把一国的国际直接投资地位分成四个阶段：

第一阶段（人均 GNP 低于 400 美元）：处于这一阶段的国家，是世界最贫穷的发展中国家，这些国家的企业既缺乏所有权优势又无内部化优势，OFDI 几乎处于空白状态。同时，这些国家也缺乏区位优势，引进外资规模也处于很低的水平。因此，该国 OFDI 净额为负值。

第二阶段（人均 GNP 处于 400～2000 美元）：当一国进入该阶段后，随着经济发展水平的提高、国内市场的扩大、投资环境的改善，显现出较强的国内区位优势，此时，国外直接投资的流入迅速增加，但由于这些国家的企业仍然缺乏所有权优势和内部化优势，因此，虽有少量 OFDI 但只是维持在一个较低的水平上。

第三阶段（人均 GNP 处于 2000～4750 美元）：进入该阶段后，国家的经济实力有了较大的提高，部分企业的所有权优势和内部化优势明显增强，OFDI 迅速增长，此时，OFDI 的增速可能超过引进外资的速度，此阶段国际直接投资的流入量和流出量都达到较大的规模。大多数新兴工业化国家处于这一阶段。

第四阶段（人均 GNP 超过 4750 美元）：当一国进入该阶段后，企业往往拥有强大的所有权优势和内部化优势，并善于利用东道国的区位优势，在全球范围内布局其产业链，因此国际直接投资的流出量远超流入量，OFDI 净额为正值，且正值日益增长。

投资发展周期理论以人均 GNP 来衡量一国 OFDI 的能力，揭示了国际投资活动中一定的规律性。即一国的经济发展水平越高，生产力越发达，其资本的输出也越多。但是，该理论仅以人均 GNP 这一个指标来判断一国 OFDI 的能力与水平，难免也带有一定的片面性与局限性。以致对 20 世纪 60 年代初的印度、80 年代初的中国等发展中国家的 OFDI 难以作出合理解释。

（二）资本相对过度积累理论

苏联学者阿勃利兹若伊利运用产业经济学与发展经济学原理提出了资本相对过度积累理论。该理论辩证地揭示了发展中国家资本绝对短缺与相对过度积累的二元格局，论证了发展中国家 OFDI 的可能性。他提出了二元经济结构即发展中国家往往同时存在传统落后的农业部门与采用较新技术的现代工业部门现象。由于传统农业部门在供给和需求上的低弹性使其无法对现代工业部门提供的经济发展机会作出及时有效的反应，使产业间的差距进一步扩大。这样，发展中国家的现代工业部门在远远未到规模效益要求的情况下出现了结构性供给过剩乃至个别行业或企业的相对过度资本积累或相对资金富余，于是对外投资就成为可能。而西方发达国家的OFDI是资本过剩的产物，或者说是资本输出的一种形式，可称为资本过剩型跨国投资。

资本相对过度积累理论为发展中国家的非资本过剩型跨国投资提出了较好的解释。尽管该理论存在仅停留于静态分析、缺乏严密的理论演绎与论证等一些缺陷，但该理论提出的二元经济结构论符合大多数发展中国家特别是一些大国的实际，对这些国家的对外产业投资具有相当的启发性。

（三）小规模技术及技术地方化理论

Wells（1977）提出的小规模技术理论认为，国际市场是多元化、多层次的，即使对于那些技术不够先进、经营范围和生产规模不够庞大的企业来说，参与OFDI仍有很强的经济动力和较大的市场空间。他认为发展中国家跨国企业的比较优势在于：拥有为小市场需要提供服务的小规模生产技术；发展中国家在民族产品的境外生产上具有优势；低价产品营销战略。之后，Lall（1983）提出的技术地方化理论认为，发展中国家跨国公司的技术特征尽管表现为规模小、使用标准化技术和劳动密集型技术，但这种技术的形成却包含着企业内在的创新活动，能够形成和发展自己独特比较优势。

这两种理论的最大特点就是摒弃了只能依赖垄断的技术优势打入国际市场的传统观点，将发展中国家OFDI竞争优势的产生与这些国家自身的市场特征有机结合起来，从微观层次证明了发展中国家能以比较优势参与国际生产和经营活动。应该说，近年来中国许多民营企业的对外投资在一定程度上对此做出了证明。当然，它们也有某些局限性和片面性。例如，将发展中国家跨国公司的竞争优势局限于小规模生产技术的使用，长此以往，可能会导致这些国家在国际生产体系中的位置永远处于边缘地带和产品生命周期的最后阶段。同时，它们很难解释一些发展中国家的高新技术企业的对外投资行为，忽视了发展中国家政府在企业国际化进程中的作用。

（四）技术创新和产业升级理论

Cantwell 和 Tolentino（1990）从产业角度对发展中国家或地区的 OFDI 进行研究后，提出了技术创新和产业升级理论，认为发展中国家跨国公司 OFDI 受其国内产业结构和内生技术创新能力的影响，OFDI 的产业和地理分布随时间的推移而逐渐变化且是可以预测的。在产业分布上，首先是以自然资源开发为主的纵向一体化生产活动，然后是以进口替代和出口导向为主的一体化生产活动；在对外投资方面，随着本国产业结构的升级及获取发达国家先进技术的需要，它们已经不再局限于投资传统产业，开始投资于发达国家的高科技产业；在地理分布上，发展中国家企业在很大程度上受心理距离的影响，其投资方向遵循周边国家→发展中国家→发达国家的渐进发展轨道。

该理论较好地解释了 20 世纪 80 年代中期后发展中国家，尤其是新兴工业化国家和地区对外投资的区域结构由发展中国家向发达国家、产业结构由传统产业向高技术产业递进的轨迹。这对于发展中国家通过对外投资来加强技术创新与积累，进而提升产业结构和加强国际竞争力具有普遍的指导意义。

（五）投资诱发要素组合理论

20 世纪 90 年代初，西方学者为了克服以往 OFDI 理论的局限性提出了投资诱发要素组合理论，认为任何形式的 OFDI 都是在直接与间接诱发要素的组合作用力下发生的（张志元，1998）。其中直接诱发要素主要包括劳动、资本、自然资源、技术及管理等各类生产要素，无论这些要素存在投资国还是东道国，都可能诱使投资国通过 OFDI 以发挥自身的要素优势或利用东道的要素，一国 OFDI 的主要诱发要素是直接诱发要素。

而间接诱发要素是指除直接诱发要素外的其他要素因素。主要分为：一是投资国的间接诱发因素，如投资国的政策与法规、政局的稳定、与东道国合作关系等；二是东道国的诱发因素，如东道国的投资环境，包括交通、通信及水电供应等基础设施硬环境以及市场、贸易、引资融资政策、外汇管制、政局、法律和教育状况等软环境；三是世界性的诱发因素，如国际金融市场、国际化程度、经济全球化或一体化的进展、科技水平、国际协议及法规的完善、战争、天然灾害等。

同时，由于发达国家往往拥有资本、技术及管理等生产要素的绝对优势，因此大都会在直接诱发要素的作用力下完成 OFDI；而发展中国家不同，它们还是基于利用东道国的间接诱发要素开展对外直接投资。

该理论的创新之处在于引入间接诱发要素对国际直接投资的动因与条件做出了解释，而以往诸多理论只以直接诱发要素来解释 OFDI 的形成原因。从此而言，投资诱发要素组合理论为发展中国家开展 OFDI 提供了新的理论依据。

三、国际直接投资理论的新发展

随着 20 世纪 70 年代发展中国家兴起的 OFDI 现象，尤其是进入 90 年代以后，新兴经济体在国际直接投资领域的异军突起，进一步推动了研究者们对主流或传统的国际直接投资理论进行完善或创新。其中影响最大的要数国际直接投资领域中引入了新的战略管理理论，并从资源观、产业观及制度观三大理论视角进行积极探索与创新。

（一）国际直接投资的资源观理论

资源观理论（Resource – based View）作为战略管理领域的主流理论之一，现已成为较为成熟的理论体系。该理论由 Penrose（1959）首次提出，经过 Wernerfelt（1984）、Barney（1991）、Peteraf（1993）等学者的拓展和延伸形成了一个较完善的理论体系，并推进了该理论在其他研究领域的应用。20 世纪 90 年代后，资源观理论的核心论点即企业所拥有的资源、能力与知识等是获取市场竞争优势的关键因素，逐渐被国际商务研究领域的学者接受与采纳，并广泛应用到国际直接投资的相关理论研究中。

经典的国际直接投资理论中所描述的发达国家跨国公司所具有的资本、技术、管理与规模等各种绝对优势，以及发展中国家的跨国企业所拥有的小规模技术、适用管理经验、对成熟技术的改进等相对优势，资源观理论都将其视为企业的资源，并强调跨国公司正是凭借这些特有优势资源（尤其是无形资产）进入境外市场经营并最终获取利润。资源观理论中的能力观和知识观对于跨国企业所拥有无形资源的识别及如何影响企业跨国直接投资展开了系统化研究，并且认为国际知识和经验是决定企业能否在全球竞争中获胜的独特的、最有价值的且难以模仿的资源（Dunning，1993）。

国际直接投资的资源观理论还认为，企业跨国直接投资不仅仅为了有效地利用自身现有的资源和能力，还为了探索境外资源和发展能力（Madhok，1997）。Dunning（1993）指出，从探索资源或者获取资源的角度可以更好地理解跨国直接投资的战略资产寻求动机，即企业希望通过跨国直接投资获取新的资源优势，或者希望将从东道国得到的某些资源转移到国内，以消除母国的竞争劣势。该观点较好地解释了发展中国家（尤其是新兴经济体）的跨国企业纷纷在发达国家开展直接投资的现象。例如，亚洲新兴经济体国家的企业为获取技术、品牌、分销网络等资源，在发达国家开展直接投资，以增强它们的非价格竞争优势（Kumar & Subramanian，1998；Chen & Chen，1998）。

Mathews（2006）针对亚太地区的龙头跨国公司（Dragon Multinationals）通过战略创新加速国际化的现象，从全球化背景下资源观理论的视角出发，提出了国际直接投资的 LLL（Linkage - Leverage - Learning）新理论分析框架。该模型认为亚太地区的龙头跨国公司利用与发达国家跨国公司成立合资公司或战略联盟等方式，通过与外部资源的联系（Linkage）、对资源的杠杆利用（Leverage）及学习（Learning）等途径增强企业的竞争优势，进而最终实现企业对外直接投资的目标。LLL 框架动态分析跨国公司的形成，更符合全球化条件下企业战略行为特点，与 Dunning 的 OLI 范式相比，它在解释新兴经济体中那些缺乏资源（包括技术与知识等）和国际化经验的跨国公司进行 OFDI 时更具有说服力（见表 2 - 3）。

表 2-3 LLL 与 OLI 分析框架比较

比较标准	LLL 分析框架	OLI 分析框架
所利用的资源	通过建立外部联系接近并使用资源	已有的资源
地理区位	区位作为国际网络的一部分	区位作为垂直整合的一部分
内部化形式	倾向于通过外部联系来生产	倾向于跨国界内部化生产
学习	通过重复联系和杠杆效应学习	未涉及
国际化过程	通过联系并逐渐推进的过程	未涉及
优势形式	全球整合形成的后发优势	先发优势
时间框架	动态发展过程	比较静态分析

资料来源：Mathews, J. A., 2006, Dragon multinationals: New Players in 21st Century Globalization, *Asia Pacific Journal of Management*, Vol. 23, No. 1, pp. 5-27.

当然，国际直接投资的资源观理论也有其局限性。LLL 模型不能独立地解释跨国企业对外直接投资的形成过程，如果说 OLI 模型侧重企业对外直接投资时自身所拥有的优势资源的利用和评估，则 LLL 模型更强调跨国企业对外部资源的利用及学习。另外，资源观理论虽强调通过获取外部资源转化为企业的竞争优势，却忽略了竞争优势所具有的潜在性、动态性、替代性以及政府在发展中国家企业的 OFDI 中所发挥的重要引导作用。

（二）国际直接投资的产业观理论

Porter（1980）将产业观（Industry-Based View）引入战略管理理论，并将研究对象从只局限于企业个体的行为延伸到与企业相关的整体产业分析中，其目的是告诉企业如何依据所处的产业环境获得经营成功。Porter 认为，产业作为国家与企业的连接点，向上影响国家竞争力的提升，向下影响企业竞争优势的发挥。对外直接投资虽然直接表现为一国企业的个体行为，但是该行为离不开一定的市场结构或产业环境，还会受到国家宏观政策导向的影响。产业观理论的核心观点：一是企业需要根据外部的产业环境来选择或调整自身的战略行为；二是企业应发挥内部优势进行资源配置，并与前者一起构成企业竞争优势的来源。

产业观理论的提出与兴起引起国际直接投资研究者的广泛关注，并且依据该思路对经典的国际直接投资理论进行重新解释或探索新理论。例如，Hymer 的垄断优势理论 Buckley 和 Casson 提出的内部化理论都属于产业组织理论的范畴，且都强调了外部市场与产业环境对于企业开展对外投资的条件与动机的影响。Kojima 的边际产业扩张论 Cantwell 和 Tolentino 提出的技术创新和产业升级理论更属于典型的产业观理论范畴。国际直接投资的产业观理论对 20 世纪 90 年代后新兴经济体企业对外直接投资的区域由发展中国家转向发达国家、产业投资由传统产业向高技术产业递进的现象具有更好的解释力。

产业观理论当然也存在一些缺陷。首先，由于企业的产品往往具有多样性、战略目标具有多元性，因此用单一的产业分析框架来指导企业开展对外直接投资显然有失偏颇；其次，以产业观视角对企业所在的行业作为一个整体展开研究，往往会忽略企业或区域所特有的一些特征，可能导致企业自身优势或区位优势难以得到充分发挥；最后，产业观分析更强调企业在组织内部获得并转移资源优势的能力，而不是拥有的专有优势本身。

（三）国际直接投资的制度观理论

早先研究者在国际直接投资领域中引入资源观与产业观时，都将企业 OFDI 所面临的正式与非正式的制度环境当作外生变量，而忽略了它们在形成跨国企业或行业竞争优势中的作用（Kogut，2003），因此，不能更好地对后来发展中国家（尤其是一些新兴经济体）企业兴起的 OFDI 现象做出解释。由于发展中国家大多数企业不具备开展跨国投资的优势前提，这些国家的政府往往通过制度（包括政治、经济、法律等各种制度）影响企业的发展方向、产业环境的形成，甚至使企业获得更多的资源，进而影响其国际化动机、组织形式和决策的制定，制度作为企业参与国际竞争的因素变得越来越重要。North（1990）、Scott（1995）甚至认为除企业的所有权优势和内部化优势外，制度应视为企业开展对外投资活动时的一种外在优势，它可以弥补企业其他优势的不足。Hoskisson 等（2000）认为由于新兴经济体政府的社会影响力远比发达国家强，制度因素对跨国企业的战略影响更大。

随着制度观理论成为研究发展中国家企业 OFDI 的重要视角，Dunning

和 Lundan（2008）也将制度因素融入 OLI 范式，并将其进行拓展成为一个新的理论分析框架（见表 2－4）。他们认为制度的设计与实施对 OLI 范式的三个要素都会产生影响。从宏观层面来看，制度对一国经济增长和区位优势的重要性不言而喻，尽管人们通常将注意力集中在不同组织形式交易的静态效率上，但内部化因素也是在宏观层面上进行制度化；从微观层面来看，除资产优势（Oa）和交易优势（Ot）外，所有权优势还包括企业制度所产生的优势（Oi）。制度因素融入折衷理论拓展了 OLI 范式的适用范围。

表 2－4　正式与非正式制度对企业 OLI 的影响

		O 组织与治理	L 社会资本	I 关系
制度	正式	法律、规章制度、协定、市场规则	法律、规章制度、协定、政治规则	企业内外部合同
	非正式	行为规范、规则、国家/企业文化、个人道德水准	信仰、社会习俗、传统、社会知名	协议、行为规范、企业内外部基于信任的关系、通过网络或企业集群所进行的制度构建
强化机制	正式	制裁、惩罚、税收、激励、利益相关者（消费者、投资者和工会）行为	制裁、惩罚、公共组织的质量、教育（形成和完善制度）	违约赔偿、罢工、高级员工的流动性、教育、培训
	非正式	道德劝告、地位/认可的获得或失去、报复、信任的建立或削弱、秘密反对	个人愧疚感、非正式的示威、积极参与组织决策（由下而上的影响）、道德劝告（由上而下对制度、组织和个人的影响）	个人愧疚感、非重复交易、业主停工、因网络/联盟导致的外部经济/不经济（如学习收益）、秘密反对

资料来源：Dunning J. H. & Lundan S. M.，2008，Institutions and the OLI Paradigm of the Multinational Enterprise，Asia Pacific Journal of Management，Vol. 25，No. 4，pp. 573－593.

（四）整合资源、产业与制度观的“战略三支柱”模型

Peng（2002）指出，之前用以解释企业对外直接投资的产业观与资源

观理论不仅忽略了制度因素的作用，而且大部分的研究是以单一的理论视角进行考察。忽视制度因素的作用，主要因为传统的国际直接投资理论是以发达国家（如美国、英国等）的跨国公司为研究对象的，而制度在这些国家已处于相对完善与稳定的状态，因此具有一定的合理性。但当研究视角转向发展中国家时，制度因素则会产生极大影响，其宏观调控、政策支持、规制等因素会直接影响甚至决定企业对外投资的行为。这其中的原因有：一是制度对于来自企业资源的竞争优势（即所有权优势）的形成、方向和水平产生影响；二是制度还能通过产业影响企业的内部化优势，即它决定企业能否将外部市场内部化并降低交易成本等。

为此，Peng（2002）提出产业观、资源观的分析必须加上制度观并形成一个完整的模式后才能够更全面地考察一个企业成长为跨国公司的条件。他在研究中国及东欧等社会主义转型国家变革的基础上，结合对亚洲企业对外直接投资现象的深入研究，借鉴新制度经济学派的理论将战略管理研究领域中的产业观与资源观加以创造性地整合，并融入制度观的研究，实现三种观点的相互补充，最后形成被大多数学者称为企业国际化的战略三支柱模型，这成为后来分析国际投资战略的新范式（见图 2-1）。

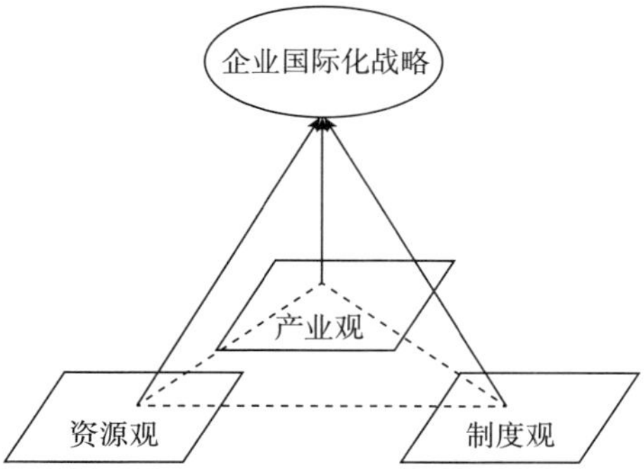

图 2-1 整合资源、产业与制度观的战略三支柱模型

资料来源：Peng M. W.，2002，Towards an Institution-Based View of Business Strategy，Asia Pacific Journal of Management，Vol. 19，No. 2-3，pp. 251-267.

第二节　中国OFDI产业调整的理论依据

一、国内学者对中国 OFDI 的相关理论探索

进入 20 世纪 90 年代后，随着中国 OFDI 步伐的加快，尤其是进入 21 世纪后，中国 OFDI 迅猛增长，中国 OFDI 理论问题研究也引起了国内许多学者的关注，他们立足中国实际，从不同的角度与层面出发，在借鉴国际直接投资理论的基础上，试图突破西方传统理论的分析框架，并在建立适合中国国情的 OFDI 理论方面进行了大胆的探索，取得了很多富有价值的研究成果。其中，优势互补理论（曾道先，1992）、非内部化理论（袁钢明，1994）、比较优势理论（程惠芳，1998；聂名华，2001）、大国综合优势理论（孙建中，2000；欧阳峣，2006）、四维分析模型（毛蕴诗，2002）、有效资本型 FDI 理论模型（邢建国，2003）、跨国投资门槛论（楚建波等，2003）等是具有代表性的理论成果。

总体来说，这些理论仍处于探索之中，至今未形成完整的分析框架。它们大多数还是在主流或非主流国际直接投资理论的范式下展开论述，并从某个方面或领域为中国的对外直接投资实践提供理论指导。另外，这些理论或者从微观层面展开分析，即考虑企业本身 OFDI 的条件与动因，或者侧重宏观分析，即寻找企业开展境外投资的外部条件及影响因素，而从中观（即产业）层面展开理论探讨的较少。为了改进这种状况，本书从中国 OFDI 的产业问题出发，结合国际国内的 OFDI 理论的启示，提出产业比较优势理论与产业后发优势理论两大理论作为中国 OFDI 产业投资的主要理论基础或依据。

二、中国 OFDI 产业调整的理论依据探析

（一）产业比较优势理论的渊源与启示

1. 比较优势理论的渊源与发展

Ricardo（1817）最早提出的比较成本贸易理论（后来称为比较优势贸易理论）。该理论指出，生产技术的相对差别（而非绝对差别）是产生两国贸易的基础。如果每个国家都按照“两利相权取其重，两弊相权取其轻”的原则，进行生产并出口其具有相对优势的产品，进口其具有相对劣势的产品，则各国的福利会因此得到改善。比较优势贸易理论大大发展了（1776）于《国富论》中提出的绝对优势贸易理论。但该理论的假设条件过于严格，如两国间贸易自由、生产要素不能流动及交易双方无规模收益等，进而导致它在指导实践时具有一定的局限性。

20 世纪初，Heckscher（1919）和俄林（Ohlin B.，1933）两位经济学家在 Ricardo 贸易模型的基础上提出了要素禀赋比率理论。该理论突破了比较成本理论的某些局限性，认为比较成本的差异不仅来自生产技术的相对差异，而且还与各国生产要素的储备比例和资源禀赋有关。应该说 Heckscher 和 Ohlin 较好地解释了国际贸易产生的条件与基础，补充与发展了 Ricarclo 的比较成本理论，并发展为后来主流的国际贸易理论，产生了深远影响。但是，无论是 Smith、Ricardo 还是 H－O 模型，他们都以国家的先天禀赋差异作为贸易基础，因此，后来学者们都将他们的比较优势理论称为外生比较优势理论。

随着 20 世纪 60 年代以来经济全球化速度加快，各种新的贸易形态层出不穷，传统的外生比较优势理论已难以做出合理的解释。为此，以 Helpman 和 Krugman（1985）、Grossman 和 Helpman（1990）、Yang 和 Borland（1991）等为代表的经济学家通过引入产品差异、规模经济等概念，从专业化、技术差异、制度、博弈以及演化等不同角度对传统的外生比较优势理论进行了完善和拓展，形成了与之相对的内生比较优势理论。整个比较优势理论的渊源与发展脉络可以用图 2－2 表示。

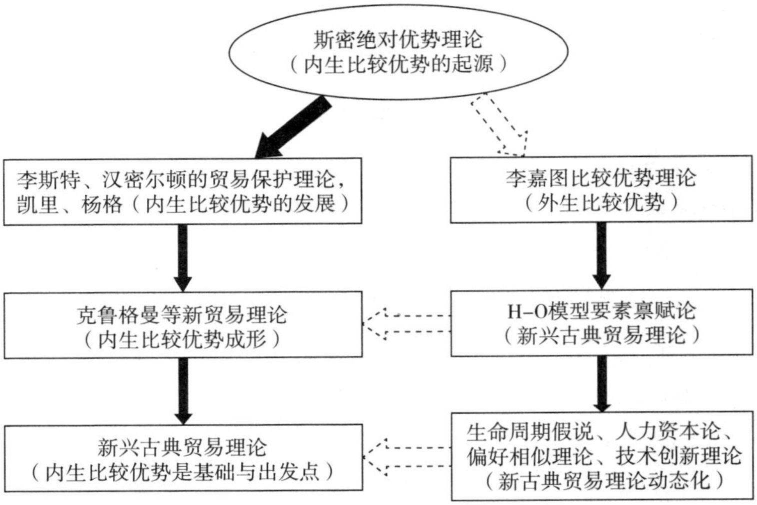

图 2-2　比较优势理论的渊源与发展脉络

随着国际经济交往的深入及生产要素的跨国流动，国际直接投资逐渐成为一国对外经济活动的又一重要方式。人们已认识到对外贸易与对外投资只是国际化经营的不同形式，而当一种形式的国际活动（如国际贸易）存在障碍时，另一种国际活动（如国际投资）就会出现。在 20 世纪 70 年代后各种新贸易保护主义重新抬头，促使国际直接投资迅猛增长，同时，国际贸易的相关理论（如比较优势理论）也被借鉴用于解释与指导国际直接投资的实践活动。同样，本书认为，利用比较优势的原理，寻找中国的产业比较优势，进而指导中国 OFDI 的产业布局符合当前经济发展的水平与要求。

2. 产业比较优势理论的启示

产业比较优势理论的核心观点是指一国应充分利用在国际产业梯度中的相对级差优势，将国内已失去或即将失去优势的产业转移到比本国产业梯度更低的国家进行直接投资，以腾出更多的资源与市场空间发展其他具有比较优势的产业或急需培育的新兴产业，从而实现国内产业结构的优化与升级。

应该说 Kojima Kiyoshi、Balassa 及 Ozawa 等学者是将比较优势引入到国际直接投资产业投资理论的代表。Kojima Kiyoshi（1978）提出的边际产业扩张论概括了日本 OFDI 的产业转移模式，即本国 OFDI 的产业投资应从边际产业开始，在本国集中力量发展优势产业，进而大大促进了日本的经济增长与产业结构调整。该理论也解释了在亚洲出现的以日本→“亚洲四小龙”→中国→东盟各国（地区）为序的产业调整递进的过程。Balassa（1981）依据新古典贸易理论的外贸优势转移假说提出了阶梯比较优势论，其核心观点是在当前世界经济发展呈现明显的阶梯式格局的时期，处于高阶梯的国家将失去优势的产业转移给较低发展阶段的国家。Ozawa（1992）提出了动态比较优势投资理论，发展与完善了 Kaname Akamatsu（1932）的雁行模式。但是，后两者从实质上来说，并没有离开边际产业扩张论的范式。

边际产业扩张论仍然为当前中国 OFDI 的产业投资提供了理论源泉。中国现阶段与当年日本的情况有很多相似之处，如都存在借助 OFDI 转移过剩产能、缓解国内资源供给矛盾、促进国内产业结构转型等客观需求。虽然，中国许多产业仍然位于产业价值链的低端环节，并在国内也不能完全归于边际产业，并且有些产业相对于发展中国家而言所具有的比较优势仍然相当有限，但是这种在国际经济中长期依靠拼劳力、拼资源，以牺牲环境与劳动者的福利为代价的竞争方式面临越来越严峻的挑战，同时，国内又急需集中有限的资源发展高新技术产业促进产业结构的优化升级，进而实现经济发展的转型。因此而言，Kojima Kiyoshi 的理论仍值得我们借鉴与吸收。

另外，产业比较优势还具有以下四个特性：

第一，组合性。由于产业本身是由无数企业组合而成的，因此，产业优势本质上是一种组合性优势。这种优势不同于单个企业的优势，更多来自产业内各企业优势的组合状况，通过将各个企业分散的优势转化为产业的整体优势，就能扩大投资国 OFDI 的经济空间。由于中国企业规模普遍偏小，单个投资者的实力较弱，因此，政府一方面要积极培养一批实力雄厚的企业，提高其竞争优势；另一方面，可以通过一定的途径将小规模企业的分散优势集中起来形成产业的组合优势，进而提高产业的比较优势。

第二，区位性。由于OFDI总是在一定的区域内完成，因此，产业的比较优势并不需要所谓的全球优势，只需要相对于投资地具有的区位比较优势。这一点说明，一国进行对外产业投资时必须与目标区位结合起来。若世界各国的经济发展水平相同，即使同是发展中国家，其优势产业也各不相同，因此，中国在进行对外产业投资时要围绕充分发挥产业比较优势的区位特性展开。例如，中国的制造业水平同发达国家相比仍有较大差距，但与一些发展中国家相比，中国的家电、轻纺、化工、机械及冶炼等行业具有一定的比较优势，积累了大量成熟的适用技术并且已达到了标准化，易于被这些国家所接受。与此同时，这些产业面临产能过剩、出口贸易环境恶化的局面，在国内的产业优势已逐渐递减，通过OFDI将这些产业的部分产能转移到国外，其不仅延长了产业自身生命周期，而且为国内产业结构调整创造了有利条件。

第三，潜在性。这里的“潜在性”是指一国某产业的比较优势不会自动转变为经济效益，而只有在OFDI过程中转变为国际竞争优势，才可能发挥其比较优势，进而实现比较利益。换言之，某产业具有比较优势并非一定能转化为竞争优势，只是具有获得竞争优势的潜力。一般而言，具有比较优势的产业往往比无比较优势的产业更易获得竞争优势，顺着产业比较优势的方向开展OFDI，有利于提高一国产业的国际竞争力，并顺利实现产业的演进与经济发展。例如，中国依靠廉价的劳动力资源使劳动密集型产业具有一定的比较优势，但从国际竞争的情况分析，这种靠工资成本低与管理水平差生产的劳动密集型产品并不具有真正的竞争优势。只有提高该产业的人力资本与技术水平，使这些简单劳动密集型产品转变技术密集型，这种比较优势才能转变为国际竞争优势，进而实现预期的投资效益。

第四，动态性。任何一国的产业比较优势并非一成不变，随着时间推移及客观情况的变化，该比较优势也会发生消长变化或者自然消失。由于生产要素的积累、流动、技术的变革、产业结构的调整及各种政策因素的影响，原来的比较优势可能逐渐丧失，而新的比较优势又应运而生。这种产业比较优势的动态性说明了开展 OFDI 时应及时抓住投资机会，以适时利用比较优势并使之转化为国际竞争优势，进而实现对外投资的目标。另外，这种动态性还表现在一国如果采取适当的战略与产业政策措施，可能创造与培育出 OFDI 中所需要的某些比较优势，进而参与国际直接投资，使其转变为现实的国际竞争力。

（二）产业后发优势理论的渊源与启示

1. 后发优势理论的渊源与发展

后发优势理论最早是由 Gerschenkron（1962）在其《经济落后的历史透视》一书中提出。他在对 19 世纪德国、俄国及意大利等欧洲较为落后国家的工业化进程的研究中发现，各国工业化起点存在差异，工业化水平越低的国家，其后来的增长速度越快，并将形成该现象的原因归结为国家的后发优势（Advantage of Backwardness），或被称为落后的优势、落后的有利性等。同时指出，先进国家不具有这种后发优势，它也不是后发国家自身努力创造的，而是与后发国家的经济相对落后性共生的。Gerschenkron 提出了一个后发国家追赶先进国家的增长模型，该模型的假设条件：一是经济的相对落后性会产生一定积极作用，并可以系统地替代先进国家工业化的一些先决条件；二是后发国家可以引进或借鉴先进国家已经开发出来的技术，并发挥这种所谓后发优势。

后发优势理论概括起来有以下几个层次的含义：

第一，由于国家的相对落后会造成一种社会紧张状态，以致形成一种社会压力，进而激发国民要求迅速实现工业化的强烈愿望。这一方面是出于后发国家自身经济的相对落后性及对维护和增进本国利益的考虑，另一方面也是先进国家的经验刺激和歧视的结果。

第二，替代性的广泛存在。Gerschenkron 指出，后发国家由于缺乏某些工业化的前提条件，因此，可以或只能创造性地寻求相应的替代物，以达到与先进国家相同的或相近的工业化结果。替代性的意义不仅在于资源条件上的可选择性和时间上的节约，更重要在于后起国家能够根据自身的情况，选择有别于先进国家的发展路径。

第三，后发国家可以享用先进国家的技术、设备和资金，缩短发展时间。后发国家通过引进先进国家的技术和设备达到节约成本和研发时间，快速培养本国人才的目的，并在一个较高的起点上推进工业化进程；引进资金可以解决后发国家工业化过程中的资本短缺问题。

第四，后发国家通过学习和借鉴先进国家的经验和教训，避免或少走弯路。在这方面，后发优势主要表现为后起国家在推进工业化进程模式上的多样性、可选择性及创造性。后发国家可以借鉴先进国家的成功经验，吸取其失败教训，采取优化赶超战略，从而有可能缩短初级工业化时间，较快进入较高级的工业化阶段。

后发优势理论的提出开拓了研究后发国家赶超先进国家的新视角，得到很多经济学家的认同，并对该理论进行了完善或具体化研究，如后发国技术水平的进步速度与其同先进国家的技术差距成正比例的线性关系。Levy（1966）将后发优势具体概括为五点：一是后发国对现代化的认识要比先发国在开始现代化时丰富得多；二是后发国可以借鉴先发国的成熟计划、技术、设备以及与其相适应的组织结构；三是后发国家可以跨越先发国家的某些发展阶段（尤其是在技术方面）；四是后发国家对自己现代化前景具有较确定的预测性；五是可以取得先发国家在资本和技术上提供的帮助。

继 Levy 之后，Abramovitz（1989）提出了追赶假说，指出后发国家具有追赶先发国家的潜能，如果要将该潜能转变为现实受三大因素的制约：即技术差距、社会能力及历史、现实与国际环境的变化情况。日本经济学家南亮进（1992）提出了后进利益论，以此解释 20 世纪 50 年代以来日本的从后发优势的发挥到消失的原因。

之后，Brezis（1993）在总结发展中国家成功经验的基础上，从后发优势的角度提出了技术发展的蛙跳（Leap－frogging）模型。该模型的要义是后发国可以直接选择和采用发达国家某些处于技术生命周期成熟前阶段的技术，以高新技术为起点，在某些领域或产业实现技术赶超。Barro 和

Sala – I – Martin（1995）及 Van Elkan（1996）分别通过建立开放经济条件下的技术转移、模仿和创新的一般均衡模型佐证并完善了蛙跳理论。

总之，后发优势理论表明：发达与不发达、先进与后进并非一成不变的，历史既有积累性、连续性，又有更替性、跳跃性，整个世界经济的发展就是一部先发国与后发国之间兴衰交替的历史。当前中国就是属于后发国家，后发优势理论的提出和发展，为中国发挥后发优势而加速发展提供了理论依据和现实途径。2008 年国际金融危机爆发后，国际环境的变化更有利于中国后发优势的发挥，用后发优势理论指导中国企业 OFDI 的产业投资，既有利于实现企业的目标，也有利于发挥产业的后发优势，实现产业技术的进步与升级。

2. 产业后发优势理论的启示

中国作为发展中国家，与发达国家相比较而言经济发展仍处于相对落后状态，在国际产业技术与结构中处于较低的梯级水平，但由此形成了一定的有利条件而给发展带来了一定的机遇，这里的有利条件正是后发优势理论中所称的落后的优势或后发优势。中国应充分利用这种优势，到产业技术先进的发达国家开展 OFDI，将获取的先进技术和管理经验通过转移到国内或逆向技术外溢效应提高国内产业技术水平，并在更高的起点上进行技术自主创新，实现产业的跨越式发展。

当前，国家之间经济竞争更主要表现为技术尤其是核心技术的竞争，产业技术进步成为一国产业结构升级的根本动力，这也是目前制约中国产业升级的关键因素。因此，无论从目前还是长远来看，中国经济的持续增长与产业结构的优化升级都存在巨大的技术需求。而纵观中国四十多年的改革开放历程后发现，仅仅依靠国内研发、引进外资、技术许可及国际贸易等是难以满足需求的。为此，中国应将高新产业或产业链向发达国家延伸，利用产业的后发优势进行技术的学习与创新，反过来促进中国的产业技术进步和升级，这可能是中国主动获取先进技术有效的途径之一。

为了充分发挥中国的产业后发优势，中国的 OFDI 可以沿着四条路径展开：一是通过与东道国合作的方式直接获取国外的先进技术成果（如专利、品牌等)，再反过来支持国内高新技术产业或需要培植的其他产业；二是跨国企业可以充分利用发达国家的人力资源，雇佣当地的高级人才直接参与研发或管理，最终获取先进的技术或管理经验；三是直接靠近新技术发源地投资，对最新国际科技进行跟踪，以获取前沿技术发展国内高新技术产业或进行传统产业的技术改造；四是通过建立技术密集型的国际生产体系，从国际生产的供给和需求两个方面推动国内产业结构的升级，并形成对国内产业结构高度化的直接牵引。

第三章

中国 OFDI 产业投资的客观条件分析

如果说上一章试图从理论层面探索并构建一个 OFDI 产业投资的理论模型，以找到中国 OFDI 产业结构调整的理论依据，那么围绕着中国 OFDI 产业投资面临的客观条件或现实依据展开分析正是构成本章的主要内容。具体论述从宏观、中观与微观三个维度出发，分析中国 OFDI 所面临的国内外客观环境、各产业在国内外所处的地位、具有哪些优势与面临哪些挑战。

第一节　OFDI产业调整面临的外在条件

一、后危机时代：OFDI 的历史机遇与挑战

2008 年的金融危机引发了全球经济的衰退，2010 年世界经济本出现复苏迹象，但因希腊债务危机蔓延引起的欧债危机使全球经济又陷入二次衰退的悬崖边缘。各国为应对金融危机、气候变化等国际性问题，纷纷调整发展战略，大力发展新能源、低碳经济、节能环保等新兴绿色产业，以求在未来抢占技术和产业发展的制高点，全球产业结构正在酝酿新一轮的

转型与升级。

因此，各国及各个国家集团的利益诉求呈现多元化的新格局，世界多极化的各种矛盾与日俱增，碳排放标准、温室气体、绿色环保等新型贸易保护主义重新抬头。当前正是在世界经济发展的多极化、各国利益诉求多元化的背景下，为中国加快实施“走出去”战略提供了回旋余地，为中国通过扩大 OFDI 开拓国际市场带来了历史性的新机遇与新动力。

（一）危机后，部分跨国公司陷入困局为中国企业乘虚而入提供了有利条件

金融危机及其引发的全球经济衰退，导致西方发达国家部分跨国公司的经营陷入困境。利润下降、融资困难等问题使它们被迫收缩境外投资阵地，甚至还因濒临破产不得不出售企业或知名品牌，这给中国企业扩大 OFDI 腾出了较多空间；并且为中国企业通过境外并购、参股控股等方式取得一些境外优质企业、知名品牌及先进技术与设备带来了新机遇。

例如，危机后北汽收购“萨博”、吉利收购“沃尔沃”、中国铝业参股力拓、中联重科并购意大利 CIFA 公司及中国海油收购美国马拉松安哥拉油田 20% 权益等。[①] 这充分表明中国企业利用金融危机所带来的新机遇，通过跨国并购等方式整合技术、品牌及管理等各种资源，不断提升在国际市场上的竞争力。

1. 危机后，为中国采矿业“走出去”提供了新机遇

危机后随着全球经济的衰退，国际市场需求出现极大的萎缩，矿产、天然气及石油等自然资源类产品价格大幅回落，部分国际跨国公司被迫收缩境外投资，这为中国采矿企业通过并购、共同开发及合作建设等方式进入石油、天然气勘探与开发、铁、铝、铜等矿石的采选业等领域带来了难得的机遇。中国采矿企业应抓住这些有利时机，争取在境外增建一批能源或采矿等大型项目，增强国际市场的话语权，建立长期稳定的境外矿石、能源等资源供应基地或渠道，以确保国内经济持续、稳定增长的需要。

---

① 案例来源：中国并购公会，http：//www. ma－china. com//。

2. 危机后为中国金融业的境外扩张带来了机遇

（1）发达国家部分金融机构在危机中受挫。金融危机发生后受创最深的首当金融体系，发达国家大批金融机构的资产遭受巨大损失，业务量严重萎缩，经营陷入困境甚至出现破产或处于破产的边缘。

而中国的银行、证券及保险等机构在本轮金融危机中受到的损失却相对有限，尤其是已经上市的大型商业银行、证券及保险公司的市值损失较小，实力相对而言有所提高，在国际市场上具有相当的规模和竞争力。因此，中国金融机构正好利用金融危机的时机加快“走出去”的步伐，大力开拓境外业务、加快国际化进程，使其成长为具有国际竞争力的跨国金融机构，为中国其他行业“走出去”提供更好的金融服务准备条件。

（2）美元、日元与欧元的国际地位有所动摇，人民币因保持坚挺使得其国际地位空前提高。

发端于美国的金融危机使美元的国际地位受到严重挑战，日元、欧元与英镑也受到不同程度的冲击，国际地位有所动摇，两次金融危机中人民币表现出的坚挺受到世界各国的关注与认同，人民币国际地位空前提高。

因此，中国金融机构应该利用该契机在国际市场上积极开拓人民币的国际业务，如人民币的对外投资、信贷融资、国际支付与结算等，进而不断扩大人民币在国际上各种经济活动支付与结算范围，甚至争取人民币资产进入国外尤其是美国等发达国家的中央银行、商业银行及主权投资机构的资产负债表，最终成为世界主要经济体的储备货币。

（二）危机后给“走出去”的中国企业带来了新风险

国际金融危机导致全球经济的衰退后，世界主要经济体为刺激经济增长纷纷采取扩张性的财政政策及货币政策，但最终经济的增长动力仍然不足，出现了失业率居高不下、主权债务危机蔓延、新兴经济体的通货膨胀压力大等经济问题，甚至由此引发了政局变格、社会动荡等不安全因素的增加，预示着国际金融危机还在发展，世界经济复苏进程艰难曲折。这一切给“走出去”的中国企业带来了各种新风险。主要包括以下几方面：

1. 新的政治风险，包括地缘政治风险与中国因素特有政治风险

（1）新的地缘政治风险。巴基斯坦、缅甸、阿富汗、西亚与中亚等周

边国家或地区的民族矛盾激增，恐怖活动频发；索马里的海盗猖獗横行；伊朗、委内瑞拉、古巴与朝鲜等一些长期与美国等西方国家对抗的国家面临着被制裁和打压；中东、北非政局的动荡，如利比亚战争造成中国3.6万人的被迫撤回和中国工人在苏丹遭遇绑架等。这一切清楚地表明，新的地缘政治风险是中国企业OFDI在短期内遭遇风险事件激增的主要因素。例如，2011年，利比亚战争就给包括中铁、中建、中兴与华为等公司造成的损失总额达数百亿元。①

第二，中国因素特有政治风险。改革开放40多年来，中国成为全球经济的“一枝独秀”，经济总量及综合国力空前提高。中国的迅速崛起对现有国际政治经济格局带来巨大冲击，西方国家为维持现有格局及其既得利益，遏制中国进一步发展，甚至在国际上不断臆造并散布“中国威胁论”。为此，发达国家或一些发展中国家对中国企业的对外投资活动，总是以国家安全为由加以阻止，或以更多的限制性措施实行投资保护主义。从2005年的中海油并购美国尤尼科失败、2009年的中国西色国际收购美国金矿受阻、到2011年的美国海外投资委员会要求中国华为撤回对美国三叶公司的资产收购等案例都是中国企业所遭遇中国因素特有的政治风险的表现。

2. 新的经济风险

（1）欧债危机进一步扩大，世界经济复苏进程艰难曲折。在国际金融危机和经济衰退期间，各经济体采取了扩张性的财政政策和货币政策。反危机措施虽然阻止了经济自由落体式的下滑，但使发达经济体和一些新兴经济体的公共债务大为膨胀。希腊主权债务危机只是“冰山一角”。令人担忧的问题是，迄今主要经济体的主权债务还在不断增长，主权债务危机还在继续蔓延。据国际金融协会（Institute of International Finance，IIF）最新数据显示，2018年全球主权债务总额超过65万亿美元，10年前为37万亿美元，其中美国22万亿美元，美国、欧元区和日本都被认为是债务

① 资料来源：凤凰网财经频道，http：//finance. ifeng. com/money/roll/20120207/5543042. shtml。

风险较高的地区。2018 年全球债务升至 244 万亿美元，为全球 GDP 的 318%，只略微低于 2016 年中期创下的历史高点 320%。部分新兴经济体的债务比率也达到令人担忧的水平，主权信用风险与危机将持续较长一段时间，世界经济的复苏之路变幻莫测。这些数据加剧了投资者对全球经济周期后期债务膨胀的担忧。①

（2）新兴经济体面临通货膨胀和经济增速回落的双重压力。进入 21 世纪以来，除中国外的其他所有的主要新兴市场经济体，经济增长在很大程度上仍然是由初级产业或产品的增长所驱动。各政府为应对这种增长模式在全球经济进入"熊市"后面临的重大转折，纷纷采用扩张性的财政政策和货币政策，在收效甚微后各新兴经济体又进入通货膨胀和经济增速回落的双重压力的通道中。与此同时，经济环境的恶化进一步引发了当前发展中国家和地区的战乱风险。

（3）国际贸易投资保护主义进一步强化、汇率的剧烈波动、通胀压力加大等风险。首先，由于金融危机所引发的全球经济衰退，各国出于对本国的政治、经济与社会等安全方面的考虑，不仅以一些传统形式排斥中国的贸易与投资，还以碳排放、温室气体、绿色环保等新标准为由实施针对中国贸易与投资的保护主义。其次，企业 OFDI 必然带来资本的跨国流动，汇率是影响对外投资目标实现的重要因素之一。国际金融危机爆发加剧了国际汇率的波动，使中国的对外投资企业所面临的汇率风险加大。例如，2009 年中国的很多跨国企业遭受了一定的汇兑损失，探其原因：一方面错误地使用远期结售汇。2009 年国际市场在年初高估了人民币升值的幅度，而在远期结汇的时候定价却普遍偏低。另一方面错误地使用欧元作为计价结算货币。很多企业由于不熟悉国际外汇市场，居然根据上半年的美元贬值，主观地推断下半年的贬值趋势不变，便使用欧元作为计价结算货币。但事实上，2009 年 8 ~ 11 月，美元汇率反弹，对欧元升值了 20%，计价结算货币的改变使相关中国企业的损失超过了 20%。

① 资料来源：国际金融协会网站，http：//www. ifita. org/。

另外，与发达国家相比，一些发展中国家的政局和货币币值更不稳定。这种不稳定性主要表现在两个方面：一是通货膨胀高；二是货币经常面临贬值。例如，2011 年 2 月 11 日，越南单方面宣布本币一次性贬值 8.5%①②。加之人民币当前处于强势时代，因此，中国企业投资于发展中国家所面临的汇率风险要比发达国家更为突出。

3. 新的社会风险

（1）由经济、政治及宗教等问题所致的社会环境进一步恶化。由于全球经济的下滑，中东、西亚、北非等区域的政局动荡因素增多，致使这些地区的社会环境进一步恶化，不安全风险加大，偷盗、抢劫、绑架、恐怖组织或极端分子的活动等时有发生。使中国投资于这些国家或地区的企业的生产经营活动受到严重影响甚至威胁到财产与工作人员的安全。这样的案例不胜枚举。

（2）与东道国社会或企业的融合过程中所引发的各种社会风险增加。中国企业与东道国的社会或企业融合包括文化融合和利益融合。由于社会、法律、文化、语言、风俗习惯、价值观、宗教信仰等各方面的差异，跨国企业与东道国社会在文化融合方面面临不同程度的障碍。同时中国企业大规模“走出去”，挤占了他们的市场，打破了当地利益集团的原有格局，由此引发一些利益冲突。一些国家的反对党和工会组织出于国内政治需要，利用中国企业出现的问题向政府发难，指责和干扰中国企业的正常经营活动。2008 年底，上海汽车因并购韩国双龙以累计近 42 亿元的巨额亏损告终，给了中国企业海外投资的一个惨痛教训。2005 年 1 月 27 日，上海汽车在首尔正式宣布，以 5900 亿韩元（约 5 亿美元）完成收购双龙 48.92% 的股份。这起曾经使国内外汽车业产生轰动效应的并购，被认为是中国汽车工业走出去、具有国际竞争力的标志性事件。在接下来的企业整合过程中，由于政治、社会性质、文化、工会及复杂的法律关系等各方

---

① 案例来源：人民网外汇频道，http：//finance. people. com. cn/forex/GB/11399913. html。

② 案例来源：中国新闻网财经频道，http：//www. chinanews. com/cj/。

面的差异，最终陷入无尽的劳资纠纷中，上汽最后被迫放弃该项境外投资，意味着当初的这笔投资基本上打了水漂儿。①

二、产业全球化布局：OFDI 产业调整的新视野

（一）产业全球化已成为经济全球化的核心

全球化（Globalization）概念最早由 Levt（1985）在其《市场的全球化》一文中提出。② 他指出，全球化就是指“商品、资本、技术及服务在世界性范围内生产、投资及消费领域中扩散，并使未来全球经济产生巨大的影响与变化”。后来，经合组织（OECD）的经济学家 Ostry（1990）提出经济全球化一词，指出生产要素正快速地在全球范围内流动，未来世界经济以全球市场为载体、以商品及劳务贸易为手段，将各国产业连接在一起并形成相互依存的经济体系。

美国学者 D. F. 西蒙认为，在一定意义上来说，经济全球化就是产业全球化。他认为，如果将经济全球化看成一种微观经济现象，那就是指产业与市场的一体化联合趋势。彼得·狄肯（1991）在《全球变动——经济活动的全球化》一书中提到，当前产业发展不仅变得越来越国际化，更重要的是变得越来越全球化。他还举例指出，一件商品所标注的产地，仅仅指出了该产品的最终装配地而已，实际上该产品是全球各地生产的零部件的集合。在 20 世纪 90 年代初的信息科技革命助推下，跨国公司成为经济全球化的“引擎”，产业全球化浪潮才真正袭来，各国产业相互渗透、相互依存，每个国家都不可避免地置于这张全球产业网中。

（二）全球产业网为拓展中国产业或提升产业价值链提供了新路径

中国经过 40 多年的改革开放早已融入了产业全球化大潮中。21 世纪以前，中国受制于自身的各种有限条件，只能以承接国际产业转移的方式加入产业全球化，并且由此享受了产业全球化所带来的巨大利益。但是，

---

① 陈宇峰：《双龙留给车企海外并购的教训》，《上海证券报》2009 年 8 月 21 日。

② 坎特罗：《日出日落：向工业废弃的神话发起挑战》，John Wiley & Sons，1985 年，第 53 - 68 页。

随着改革开放向纵深推进，我们发现这种被动式参与国际分工体系的模式使中国经济的进一步发展面临巨大的挑战。国内方面出现产能过剩、能源瓶颈、环境压力大及产业结构调整与升级受阻等问题；国际方面深受贸易摩擦频发、人民币升值等问题的困扰。

因此，在“十五”时期后，政府把“走出去”正式确定为对外开放的国家战略。那就是说中国企业应该主动“走出去”融入全球化，在承接国际产业转移的同时，可以将一些有比较优势的产业或产业链中的优势环节转移出去，用产业全球化的思维促进产业升级及结构调整，使中国在国际竞争和发展中处于主导与主动地位，保证国民经济持续、健康及稳定地发展。

三、国际产业转移的新趋势：OFDI 产业调整的新契机

（一）国际产业大规模转移的前四次浪潮回顾与启示

“二战”以来，产业全球化进程中出现过四次大规模国际产业转移的浪潮。前三次国际产业转移的突出特征表现为产业的整体转移，每一次产业的转移后母国都完成了产业的升级换代。

第一次国际产业转移，美国率先进行了产业结构的调整与升级，确立了在全球经济与产业技术的领先地位；第二次国际产业转移，美、德及日等发达国家占领了化工、钢铁、汽车等重工业及航空航天、电子及生物医疗等技术产业的制高点；第三次国际产业转移，将钢铁、化工及造船等重化工业及汽车、家电等制造业外向转移，美、日等发达国家又将重点置于发展微电子、新材料、新能源等高新技术产业。

总之，通过前三次大规模的产业转移，世界经济发展水平基本形成了发达→发展中→落后的阶梯状经济体系格局（见表 3－1）。并且在此过程中前二类经济体先后完成了产业结构的升级与调整，这在“亚洲四小龙”表现得尤为明显。借助三次国际产业转移的契机，“亚洲四小龙”不仅通过承接发达国家转来的纺织、钢铁、化工、汽车及家电等劳动或资本密集型产业成功实现了经济起飞，而且通过向其他东南亚国家转出已经失去竞

争优势的一些轻纺工业，成功实现了产业的升级换代。这为发展中国家在产业全球化背景下的产业调整树立了典范。

表 3－1　国际产业的五次转移情况

次序	发生年代	转出国或地区	承接国或地区	转移产业
第一次	20 世纪 50 年代	美国	日本	纺织业等传统产业
第二次	20 世纪六七十年代	美、德、日等发达国家	亚洲新兴国	纺织业等劳动密集型产业
第三次	20 世纪 70 年代后期	发达国家	“亚洲四小龙”	钢铁、化工、汽车、家电等部分资本密集型产业
		“亚洲四小龙”	东盟等国家	轻纺工业等劳动密集型产业
第四次	20 世纪 90 年代	美、德、日等发达国家、亚洲“四小龙”	东南亚等发展中国家	纺织业等劳动密集型产业、家电等部分资本密集型产业和电子信息等知识密集型产业的部分生产环节

资料来源：根据潘悦：《国际产业转移的四次浪潮及其影响》，《现代国际关系》2006 年第 4 期整理。

时寒冰（2014）认为，2012 年是中国经济的重要转折点，从产业视角而言，人类将迎来世界的第五次产业转移，而且是从中国转出进入美国、欧洲、日本及东南亚等发展中国家。这个过程将持续 20 年到 30 年甚至更长的时间。这无疑是中国“走出去”进行产业投资的最大机遇。

（二）国际产业转移出现新趋势

20 世纪 90 年代以来，世界范围内的第四次国际产业转移延续了前几次产业梯度转移的特征。但是，进入 21 世纪后国际产业转移更突出以下新趋势：

1. 产业以价值链的方式在全球范围内转移并重新布局

（1）产业链以微笑曲线的形式出现。进入 21 世纪后，国际产业转移已不再是某产业的整体转移，而更多的是将产业分割成研发设计→原料采购→订单处理→制造加工→仓储运输→营销渠道→售后服务等一条完整的产业价值链（被有些学者称为“非常6+1”的产业链），然后将产业链的各个环节在全球范围内重新安排。

如果以产业链的附加值为纵轴，以产业层次为横轴，把产业的各环节置于二维坐标图中将得到一条U形的产业价值链，这便是施振荣所称的微笑曲线（见图3-1）。处于微笑曲线底部的制造加工环节附加值最低，利润空间仅有5%左右，而在左右两端产业环节的附加值高，其利润一般在20%~25%。[①] 微笑曲线现象反映了当今国际产业转移的一种新趋势，那就是国际跨国公司在国际直接投资中根据各国产业的比较优势，一般将各产业中的制造加工环节（一般称之为“硬”环节，也指非常“6+1”中的“1”）转移到具有劳动力比较优势的国家或地区。将技术或管理密集型的其他“软”环节分布在具有技术优势的国家或地区。

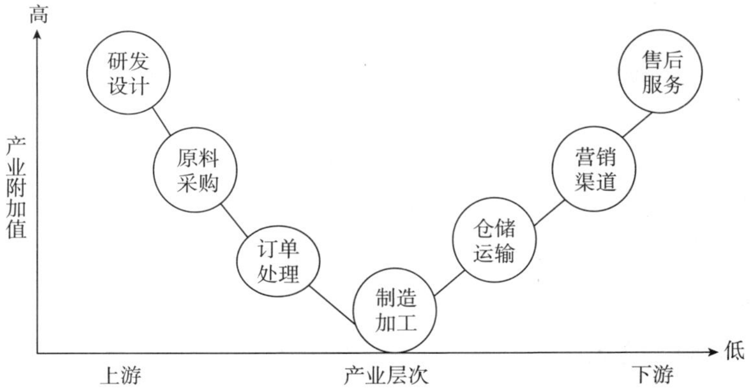

图3-1　产业价值链微笑曲线

资料来源：根据施振荣（1992）的施氏产业微笑曲线加以修正得到。

① 资料来源：中国网易财经频道，http：//www. 163. com。

这种国际分工方式在20世纪90年代的IT产业及家电行业表现得尤为突出。进入21世纪后，这种分工已经渗透到汽车、通信、制药等各行业内。例如，中国为计算机的全球最大生产国，但是计算机中的CPU来自美国INTEL公司、主板和显示器来自我国台湾、内存与硬盘来自韩国等，最后组装加工在中国，形成产品后还需贴上跨国公司的品牌出口。发达国家始终占据着产业价值链中附加值高的两端，尽管近年产业链的高端环节也出现向外转移的趋向，但是它们控制产业的核心技术与营销渠道的趋势并没有改变，这使它们总是处于国际产业转移的主导地位及产业层次上游水平。

（2）产业价值链"微笑曲线"为中国企业"走出去"指明了方向。中国作为发展中的大国，长期处于产业价值链的低端环节。这些环节技术含量低、易模仿、门槛低，在发展中国家的竞争日趋激烈，利润进一步下降。为此，中国要在新一轮国际产业转移中占有优势地位，一个方向是向微笑曲线两端升级，通过OFDI主动到发达国家或地区寻找技术或营销渠道，提升在产业价值链中的地位。特别是在高新技术产业，发达国家或地区为了占据该行业的领导地位，每年投入大量的资金进行研发，并形成了各种高科技产业集群，具有很强的技术外溢效应。因此，通过OFDI主动靠近这些先进的技术源，可以最大限度地获取技术溢出，进而提升产业的技术水平。

另一个方向是将已经或即将失去优势的产业链低端环节转移出去。当前，虽然中国处于产业链的低端，但不是最低，在东盟、非洲等地区的国家中仍然具有一定的竞争优势，而且经过几十年的制造加工业的发展所积累的管理经验及成熟技术，非常适合这些国家的生产力水平低及小规模生产等国情，通过将过剩产业或劳动密集型产业环节的转移出去，以便腾出更多资源发展产业链的高附加值环节。

2. 服务业日益成为当前国际产业转移的热点

通过四次大规模国际产业的转移，发达国家或地区的产业已经完成了升级与换代。其服务业在GDP中的比重已远超第一、第二产业，高达

70%以上，占据了世界产业梯度的最高层。20世纪90年代以来，在信息技术革命的推动下，服务业的国际直接投资逐渐兴起并迅速发展，进入21世纪后，服务业已成为国际转移的重点产业。20世纪90年代初全世界服务业的外向投资存量占总存量的比重不到50%，到2002年这一比例已经上升到60%，2015年达65%。并且金融、保险及咨询等现代服务业又成为OFDI的重要领域；同期制造业占比已从42%下降到34%，当前已降至10%左右，说明制造业的大规模国际转移已近尾声。①

服务业成为国际产业转移热点，这对中国的产业升级与结构调整带来前所未有的机遇。服务业涉及的行业门类最多，对扩大就业、提高人们生活质量及推动一国的经济发展具有重要影响。中国服务业的发展长期滞后，在国民经济中所占比重较低，不仅远远落后于发达国家，也低于发展中国家。当前美国的服务业占GDP的比重已超过80%，2018年中国这一数据为59.7%，远低于世界72%的平均水平。② 除此之外，中国服务业的市场化、产业化程度不高，尤其是技术与知识型的现代服务业发展不足，严重制约了国民经济的协调发展，影响了国家在国际上的整体竞争力。因此，国家在“十一五”规划中就已经将发展服务业作为扩大就业、增加消费、提高效率、转变经济增长方式及优化经济结构的重大举措。

3. 国际外包及离岸化转移成为当今服务业国际转移的新亮点

跨国公司为了最大限度地降低经营成本，实现资源在全球范围内的优化配置，将产业链中的各种服务环节，如研究开发、物流配送、售后服务、计算机编程和电话咨询等通过项目外包或业务离岸化等方式转移到成本更低且具有专业能力的服务公司完成。全球服务业外包市场以每年20%的速度递增。美国成为最主要的服务业外包转出国，约占全球外包服务业的2/3，欧盟与日本次之，约占1/3；亚洲成为外包服务业的最主要承接地，约占45%。③ 印度、墨西哥、东欧成为全球外包服务业的承接中心。

① 资料来源：UNCTAD，2015，World Investment Report，New York and Geneva。

② 资料来源：根据国研网宏观数据库整理。

③ 资料来源：UNCTAD，2014，World Investment Report，New York and Geneva。

为此，中国企业要抓住本轮国际服务业转移的契机，从国内产业升级的需要及提升产业链的价值目标出发，有选择地承接研发设计、技术服务、物流配送及管理营运等服务外包项目，在实施的外包项目中通过学习、借鉴与再创新不断提升产业技术及服务业的水平。这为日后中国“走出去”开展对外投资和跨国经营奠定基础，为提升中国在产业全球化中的地位创造条件。另外，中国服务业应积极主动地“走出去”，既要加快建筑业、运输业、批发零售业、旅游业及住宿餐饮业等传统服务业对其他发展中国家的投资，以发挥已具有的行业优势，又要加大计算机服务与信息传输业、科学研究与技术服务业、金融保险等现代服务业对发达国家或地区的投资，充分利用当地的技术、人才及管理优势，以提升中国服务业的水平。

第二节　OFDI产业调整具有的内在条件

一、OFDI 产业调整的宏观条件

（一）国家经济实力、管理、科技创新等能力空前提高

1. 经济规模跃居世界第二，大国地位进一步巩固

2011 年 7 月，世界银行（IMF）发布 2010 年全球各国和地区 GDP 数据显示，2010 年中国 GDP 为 5. 88 万亿美元，约占当年全球 GDP（61. 96 万亿美元）的 9. 5% 及美国 GDP 的 40%，超过自 1968 年以来一直稳居“世界第二经济大国”日本的 5. 46 万亿美元，跃居全球第二。[①] 因此，就经济规模而言，中国已经成为一个名副其实的经济大国。

① 资料来源：世界银行网，http：//www. worldbank. org. cn/chinese/mainpage. htm。

回顾改革开放40多年，中国经济增长速度位居世界之首，GDP年均增长率超过9%。特别是进入21世纪，中国加入WTO以后，2004～2007年经济连续以两位数速度增长，成为继日本与“四小龙”之后“亚洲奇迹”的领跑者。尤其在2008年全球经济危机爆发后，2008～2010年的国民经济仍然保持9.0%、8.7%及10.3%的增长率，成为世界经济复苏与增长的新引擎，为世界经济的发展做出了积极贡献，经济大国地位得到进一步巩固。

进入新时代后，中国经济总量迅猛增长，截至2018年中国GDP总量突破90万亿元（约13.6万亿美元），约占全球GDP的1/6，人均GDP为9630美元。北、上、广及深等15座城市的人均GDP已突破2万美元。这些为中国OFDI奠定了坚实的经济基础。① 按照Duning的投资发展周期理论，中国已完全具备OFDI能力，并早已全面地进入对外投资的第四阶段。

2. 综合国力空前提高，国际竞争力大幅提升

根据瑞士洛桑国际管理学院（International Institute for Management Development－IMD）2019年5月24日发布的《2018年全球经济体竞争力报告》（*IMD World Competitiveness Rankings* 2018 *Results*）显示，前5名依次为：美国、中国香港、新加坡、荷兰、瑞士，中国排名13位（相对2000年的第33位提升了20位。②

国际竞争力指数是由瑞士洛桑国际管理学院根据各国经济表现、政府效率、企业效率、基础设施四大竞争力要素共314项指标综合测算得出，被认为是最具权威、最接近世界竞争力的实际排名。国际竞争力不是一国企业竞争力的简单加总，而是从一国或地区的总体水平与发展潜力出发，兼顾国际竞争中的资产条件与竞争过程、引进吸收与输出扩张、全球与国内经济、经济增长与科技进步等综合因素，充分反映了一个国家或地区能给企业提供持续竞争环境的能力。因此，中国国际竞争力排名不断上升，

① 数据来源：根据历年《中国统计年鉴》及《国民经济和社会发展统计公报》整理。

② 资料来源：IMD，*World Competitiveness Rankings* 2018 *Results*。

既反映了中国经济实力的增强，也为中国开展 OFDI 创造了有利条件。

3. 科技实力增强，技术进步加快

（1）科研投入提高，科研人力资源总量居世界第一。科技实力与经济发展是相互促进，相辅相成的。改革开放以来，中国经济长期持续快速的增长为科学技术的发展提供了坚实的物质条件。2019 年 8 月 30 日国家统计局发布的《2018 年全国科技经费投入统计公报》显示，2018 年中国 R&D 经费投入总量为 19677.9 亿元，自 2013 年 R&D 经费总量超过日本以来，中国的 R&D 经费投入一直稳居世界第二，增速连续 5 年超过 2%，并再创历史新高。①

（2）自主创新能力提高，部分领域位居世界第一或比肩国际前沿。随着科研投入逐步提高，中国同时注重技术的引进、消化吸收，并加强自主创新，使近年来各领域科技实力不断提高，部分领域位居世界第一或比肩国际前沿。

基础研究领域，中国在世界上首次实现了具有存储和读出功能的量子纠缠交换。首次获得完全由诱导多功能干细胞（IPS 细胞）制备的活体小鼠，为克隆成年哺乳动物开辟了一条全新道路。新型铁基超导材料的研制成功将中国凝聚态物理学研究推向了世界最前沿。

前沿技术研究领域，载人航天和探月工程取得重大进展，神舟系列飞船发射成功，使中国成为世界上第三个掌握空间出舱活动技术的国家；嫦娥一号、嫦娥二号相继发射成功，让中国成为世界上第五个发射月球探测器的国家。中国成功开发千万亿次高效能计算机“天河一号”，运算性能达到世界第一。“蛟龙号”深海载人潜水器首次突破 3700 米水深纪录，使中国成为世界上第五个具备 3500 米水深载人深潜能力的国家。②

（3）技术产业化速度加快，为发展战略性新兴产业及提高产业的国际竞争力打下了基础。截至 2019 年 4 月，经国务院批复建设的国家高新产

① 资料来源：国家统计局《2018 年全国科技经费投入统计公报》。

② 资料来源：中国新闻网，http：//www. chinanews. com/gn/2010/08 －26/2492930. shtml。

业园区数量已达168+1家[①]，2018年所有国家级高新产业园区生产总值（GDP）达10.6万亿元，占全国国内生产总值的11.8%，而在2001年仅有2855.4亿元，占当年中国GDP的2.6%。这些高新技术园区已成为中国战略新兴产业的主导基地。[②]

（4）新一代可循环钢铁流程工艺、油气田安全高效开采技术、京沪高速轨道列车等技术的研发和推广为钢铁、石化、交通等重点产业提供了技术支撑。发光二极管照明、光伏发电等一批关键核心技术取得突破，为培育和发展战略性新兴产业提供技术支撑。应该说，尽管与发达国家相比还有不小的差距，但从很多方面来看，中国已经具备了比较坚实的科研基础与科研转化能力。

4. 国内流动性充足，国际融资能力增强

（1）国内资金由双“缺口”转为双“盈余”。改革开放初期，中国在经济发展中遇到的最大瓶颈就是存在储蓄及外汇双“缺口”。因此，当时政府的开放战略是以引进外资和引进技术的“双引进”为主的外资政策目标，而事实上是通过对外资放宽条件、提供各种优惠政策等以引进外资为核心。应该说外资的大量利用在弥补国内资金缺口、扩大进出口贸易、扩大政府税收、增加就业以及促进经济体制改革等方面有着不可替代的积极作用。

国家统计局历年发布的数据表明，进入2000年后中国金融机构各项存款余额远远超过全社会完成的各项固定资产总投资（见表3-2）。2018年末全国金融机构各项存款余额182.5万万亿元，其中企业存款及居民存款分别为58.9万亿元和72.4万亿元。[③] 近年来大量企业资金与居民存款流入房地产市场、证券市场所引发的“泡沫”现象，足以说明国内流动性的充足。

---

① 其中的一家指苏州工业园区。

② 资料来源：中国科技网，http：//www.stdaily.com/kjrb/content/2018-2/18/。

③ 资料来源：国家统计局《2018年国民经济和社会发展统计公报》。

表 3-2 2000~2018 年中国金融机构各项存款余额及全社会完成固定资产投资情况

单位：亿元

指标 年份	各项存款	全社会固定资产投资	存款与投资差额
2000	123804.40	32917.70	90886.70
2002	170917.40	43499.90	127417.50
2004	241424.30	70477.40	170946.90
2006	335459.80	109998.20	225461.60
2008	466203.00	172828.40	293374.60
2010	733382.00	278140.00	455242.00
2012	917554.77	374694.74	542860.03
2014	1138644.64	512020.65	626623.99
2016	1505863.83	606465.66	899398.17
2018	1775226.00	645675.00	1129551.00

资料来源：2000~2017 年各年度数据来自国研网宏观数据库，2018 年数据来自《2018 年国民经济和社会发展统计公报》。

另外，对外贸易进入 20 世纪 90 年代以来，除 1993 年出现逆差外，其余年份均为顺差，特别是 2001 年中国加入 WTO 以后，这种顺差越来越大。即使受 2008 年全球金融危机的影响，2009 年的出口仍然达 12017 亿美元，进口为 10056 亿美元，顺差 1961 亿美元。2018 年即使在中美贸易战的状况下，中国进出口仍然保持顺差 3510 亿美（见表 3-3）。与此同时，中国外汇储备大幅增长，特别是加入 WTO 后，增长速度加快，2006 年外汇储备首次突破万亿美元达到 1.07 万亿美元，并首次超过日本居世界第一，进入 2012 年后，中国外汇储备始终保持在 3 万亿美元之上，位居世界首位（见表 3-4）。① 由此可知，中国在资金方面已经由传统的双“缺口”转变成了双“溢出”，这为中国顺利开展对外投资提供了资金上的前提条件。

① 资料来源：国研网宏观数据库，2018 年数据来自《2018 年国民经济和社会发展统计公报》。

表 3－3　2000～2018 年中国外贸进出口情况　　单位：亿美元

年份＼指标	出口总额	进口总额	进出口差额
2000	2492	2251	241
2002	3256	2952	304
2004	5933	5612	321
2006	9689	7915	1775
2008	14307	11326	2981
2010	15779	13948	1831
2012	20487	18184	2303
2014	23423	19592	3831
2016	20976	15879	5097
2018	24867	21357	3510

资料来源：2000～2016 年各年度数据来自国研网宏观数据库，2018 年数据来自《国民经济和社会发展统计公报》。

表 3－4　2004～2018 年世界一些主要国家和地区外汇储备情况

单位：亿美元

区域＼年份	2004	2006	2008	2010	2012	2014	2016	2018
中国	6145.00	10684.93	19460.30	28660.79	33311.20	38591.68	30297.75	30918.81
日本	8338.91	8796.82	10093.65	10699.85	12271.47	12310.10	11883.27	12389.35
中国香港	1235.40	1331.68	1824.69	2687.00	3172.51	3284.36	3862.17	4245.34
新加坡	1125.79	1362.60	1741.93	2255.03	2590.94	2566.43	2463.65	2874.66
美国	758.90	548.54	666.07	1213.92	1391.34	1190.48	1062.91	1147.57
德国	488.23	416.87	431.37	622.95	674.22	622.66	595.82	591.73

资料来源：由国研网世界银行数据库整理。

（2）国家信誉提高，国际融资能力增强。在现代的 OFDI 中，自身拥有充裕的资金固然重要，但更重要的是要拥有较强的国际融资能力。从当前国际投资的实践活动中发现，许多国家在对外投资中，并非完全靠从本国输出大量的资金，而是充分利用国际信贷、发行国际证券等方式，在国际金融市场上大量融资进行的。能否在国际金融市场上筹集到更多资金，充分反映一国或地区的发展能力及国家信誉程度的高低。

改革开放以来，中国政治社会稳定、经济持续快速增长、国际责任感越来越强、国际地位空前提高等，这无疑树立了良好的国际形象，为中国企业开展对外投资融资时提供了良好信誉保证。据中国证监会最新数据显示，截至 2018 年底，有 255 家境内企业在境外上市并发行外资股，25 年来“中国概念”股在境外资本市场累计筹资额达 3468 亿美元，A 股也纳入 MSCI 新兴市场指数。[①]

另外，活跃在国际金融市场上的中国跨国银行，其分支机构几乎遍布世界主要的国家与地区。据美国《财富》杂志发布的 2018 年世界 500 强企业的名单中，工商银行、建设银行等 9 家中国的银行机构名列其中，“工、农、中、建”四大国有银行排名进入前 50 强，它们具有雄厚资金及良好的信誉，在中国开展境外融资中发挥了重要作用。例如，在 1997 年亚洲金融危机后，国际上许多银行为了规避风险纷纷降低对亚洲国家的放债比例及授信额度，保持谨慎与观望的态度。但是就在这种市场条件下，1998 年 10 月中国银行还成功地获得了一笔由美、英等国的 9 家国际知名银行组成的银团贷款 7200 万美元，比最初计划筹措的 5000 万美元超额了 2200 万美元（聂名华，2001），而且融资的成本还低于当时市场的平均水平，得到国际金融界的广泛好评。这次成功的境外融资充分证明了中国在国际金融市场上的良好声誉，而且也显示了中国在境外融资方面的比较优势。

5. 国家的宏观调控能力增强、对外投资配套政策与体制日趋完善

（1）国家的宏观调控能力增强。中国改革开放 40 多年来，政局稳定，经济持续快速的增长成为世界经济发展史上的奇迹。该过程并非一帆风顺，从“摸着石头过河”、建立与完善社会主义市场经济体制到中国加入

① 资料来源：中国证监会网站，http：//www. csrc. gov. cn。

WTO，无不体现政府执政能力的提高。从90年代中期实现中国经济软着陆到顺利渡过1997年亚洲金融危机，特别是在2008年的全球经济危机后仍然成为世界经济复苏的“引擎”，充分体现了中国政府的宏观调控能力不断增强。这展现了一个经济大国良好的国际形象，为中国企业开展OFDI创造了良好的条件。

（2）对外投资配套政策与体制日趋完善。进入21世纪后，中央面对国内经济的矛盾，结合当前的国际环境，将“走出去”战略正式确定为国家战略。为此，2004年7月国务院颁布了《关于投资体制改革的决定》，政府重新制定并完善了中国OFDI的政策法规体系，其中主要包括OFDI的核准政策、鼓励政策、监督与服务政策三大部分。与此同时，政府为积极促进、引导中国企业的OFDI，颁发了《关于对国家鼓励的境外投资重点项目给予信贷支持政策的通知》及《对外投资国别产业目录》。

此外，中国OFDI的保障机制也逐渐建立。2005年中国出口信用保险公司向国家鼓励的境外投资重点项目提供风险评估、风险控制和投资保险等保障服务。中国人民保险公司与世界银行的多边投资担保机构（MIGA）签署协议，以增强中国在发展中国家的直接投资的政治风险规避与防范能力。

据商务部数据，截止到2018年，中国已与世界188个国家和地区建立了双边经贸混委会机制，签订了131个双边投资保护协定，数量仅次于德国，占我国所有投资国的69.7%，并且与一些国家商签自由贸易区协定。[①]这些政策法规、机制和协定的制定，为中国顺利实施“走出去”战略，为企业积极开展OFDI起到了保驾护航的作用。

（二）经济结构深层次矛盾日益凸显，成为中国OFDI产业投资的客观依据

随着中国经济总量迅速增长，经济结构也在不断地调整与优化，但是经济结构中长期积累的一些的矛盾，如不平衡、不协调及不可持续发展等问题日益凸显。2008年的全球经济危机爆发后，由于中国的外部环境发生

① 资料来源：中国商务部网站，http://www.mofcom.gov.cn/。

了重大改变，致使中国经济发展中的各种结构问题更充分地显现出来。进入 2010 年以后，产能过剩问题成为影响中国经济持续稳定增长的突出问题。国家统计局公布的数据显示，产能过剩的行业由 2005 年的 11 个增加到 2012 年的 21 个。因此，政学两界一致认为“转方式”、“调结构”应成新时代中国经济发展的重中之重；并且这次全球经济危机既使中国经济结构调整面临严峻的挑战，同时又带来了一次新的战略性调整机遇。

1. 对外投资是绕开贸易壁垒、改善外贸结构及应对人民币升值的有效方式

改革开放以来，我国经济的对外依存度逐年上升，经济增长在很大程度上依赖于国际市场。特别是中国加入 WTO 以后，外需拉动中国经济增长的作用更加明显。2004 ~ 2008 年中国出口总额每年占 GDP 比重均在三成以上，2010 年，尽管受全球经济危机的冲击，但是中国出口总额、进口总额仍然高达 1.58 万亿与 1.39 万亿美元，为世界第一出口大国与第二大进口国，出口总额占国内 GDP 比重仍然达到 26.8%（见表 3 – 5）。2004 年的贸易顺差为 321 亿美元，2005 年突破千亿美元大关达到 1020 亿美元，2006 ~ 2008 年分别达到 1775 亿美元、2618 亿美元及 2981 亿美元，尽管受全球经济危机的影响，2010 年仍然达到 1831 亿美元。

表 3 – 5　2004 ~ 2018 年中国消费、投资及出口总额占 GDP 比重情况

单位：%

比重 \ 年份	2004	2006	2008	2010	2012	2014	2016	2018
消费占 GDP	54.3	49.9	48.6	39.4	41.3	42.4	46.1	46.1
投资占 GDP	43.2	42.6	43.5	69.9	38.9	39.1	37.9	38.1
出口占 GDP	30.6	35.0	32.7	26.8	24.0	22.5	18.5	17.8

数据来源：根据历年《中国统计年鉴》及《2018 年国民经济和社会发展统计公报》计算整理。

与此同时，中国外汇储备持续增高，2006 年中国外汇储备突破 1 万亿美元大关，达到 10663.4 亿美元，首超日本居世界第一。进入 2012 年后，

外汇储备始终在3万亿美元之上，居世界之首，2014年更是创下历史新高的38430.1亿美元（见表3－6）。①

表3－6　2008～2018年中国净出口、外汇储备及人民币汇率升值情况

年份＼指标	贸易顺差（亿美元）	外汇储备（亿美元）	年平均汇率	人民币升值率（%）
2008	2981.30	19460.30	6.95	8.67
2009	1961.00	23991.50	6.83	1.64
2010	1831.00	28473.00	6.77	0.89
2011	1549.00	31811.48	6.46	4.80
2012	2303.00	33115.89	6.31	2.38
2013	2590.00	38213.15	6.19	1.94
2014	3831.00	38430.18	6.14	0.81
2015	5939.00	33303.62	6.23	－1.44
2016	5097.00	30105.17	6.64	－6.17
2017	4195.00	31399.49	6.75	－1.63
2018	3510.00	30727.12	6.62	1.96

资料来源：根据历年《中国统计年鉴》及《2018年国民经济和社会发展统计公报》计算整理。

外贸顺差与外汇储备的激增所引发的各种矛盾正成为影响中国经济运行和困扰政府实施宏观调控的棘手问题。主要表现在以下方面：

（1）外贸顺差所带来的贸易形势更加严峻，严重影响国内一些行业的发展。据商务部统计，自1995年以来，中国连续15年成为全球反倾销最大受害国。1981～1990年每年平均立案6.5起，1991～1995年每年平均立案上升到31.8起，1996～2000年每年平均立案数进一步上升到37.6起。当进入21世纪中国加入WTO以后，根据WTO每半年公布一次的

① 资料来源：国研网宏观数据库、2018年数据来自《2018年国民经济和社会发展统计公报》。

《全球反倾销情况调查报告》显示，世界各国针对进口商品所采取的反倾销措施的案件数量，自 2001 年达到最高峰的 364 起以后开始逐年下降。但是与此相反，近年来全球涉及中国有关出口商品的贸易摩擦案件反而增加。2003 年、2005 年、2006 年、2008 年中国企业遭遇出口的反倾销案件分别为 47 起、57 起、65 起与 73 起。

特别是 2008 年的国际金融危机爆发所引起的全球经济衰退，使中国出口的商品成为众矢之的，连印度、巴西等发展中国家也加入了这一行列。2009 年世界共有 22 个国家和地区对中国发起反倾销、反补贴，保障措施和特保调查案件达 116 起，直接涉及出口金额 127 亿美元，同比分别增长 23% 和 102%。

截至 2018 年，中国已经连续 23 年成为全球遭受反倾销调查最多的国家，连续 13 年成为全球遭遇反补贴最多的国家，据世界银行数据统计，占同期全球案件总数的 47%。2017 年中国共遭遇 21 个国家（地区）发起贸易救济调查 75 起，涉案金额 110 亿美元。其中调查涉及纺织、轻工、冶金、机械、化工等 12 个行业，调查重点不仅包括鞋帽、纺织等传统产品，而且向附加值较高的 SDH 光传输设备、货物扫描系统、各种板线管材等机电产品和冶金产品延伸。因此，中国企业“走出去”到境外东道国或第三国直接投资办厂，实现当地生产与境外销售，这样既能带动国内相关技术、设备与半成品的出口，又可以避免更多的贸易摩擦。①

（2）外汇储备的激增，人民币升值压力极大。进入 21 世纪以来，中美贸易顺差额急剧扩大，自 2000 年中国首次取代日本成为对美贸易第一大顺差国以来，由此引发了来自以美国为首的北美、欧盟等国家对中国进行贸易制裁并要求人民币升值的威胁。当这一压力持续四年之久后，2005 年 7 月 21 日，中国人民银行宣布放弃固定汇率机制，当年人民币对美元升值 1.93%。随后人民币汇率基本呈现单边升值趋势，且升值压力逐年加大，2008 年一年升值率就达 8.67%，2008 ~ 2018 年中国人民币的持续升

① 资料来源：根据中国贸易救济信息网数据库整理。

值给中国的出口带来了极大的冲击，由此引发了国内一系列经济矛盾的升温。例如，对外资吸引力下降、部分产品严重过剩、就业压力增大及巨额外汇储备面临缩水等。但是，人民币的升值为中国企业“走出去”OFDI创造了机遇。因为，美元疲软意味着境外资产、原材料等价格下降，这有助于境外投资者在并购或建厂过程中降低成本，提高利润，同时，也可以缓解日益加剧的贸易摩擦问题。

2. 加大农业、能源等行业的对外投资力度，缓解国内自然资源的供求矛盾

进入21世纪以后，中国经济增长再次步入快车道，GDP每年以高于8%的增幅上升，到2010年中国经济总量超过日本位居世界第二。但是经济规模快速扩大与人均自然资源的减少成为中国经济进一步发展的突出矛盾。近年来，国内在一些工业生产能力出现相对过剩的同时，又出现严重的资源短缺问题。中国资源种类分布虽然比较齐全，但人均资源占有量相对贫乏，如石油、橡胶、铜铁矿等重要自然资源的人均占有量远低于世界水平，大量自然资源需从国外进口。

仅就石油而言，中国人均占有的石油量还不到世界人均占有量的1/8，而且由于长期与过度开发，现有陆地上的油田主体基本进入开采后期，大庆、新疆等油区的开采率已达86%，辽河、胜利等油区已超过90%。因此，自1993年中国首次成为石油净进口国以来，原油对外依存度逐年提高，由当年的6%一路攀升，到2006年突破45%，之后2007年为47%、2008年为49%。时隔17年后，2010年中国石油的对外依存度超过50%的国际警戒线，达到55%。[①] APERC（Asia Pacific Energy Research Centre，亚太能源研究中心）研究认为，2020年中国石油进口依存度将达到70%左右（唐衍伟等，2007）。此外，2017年铁矿石对外依存度已达80%和精铜矿进口也在70%以上，每年为铁矿石、精铜矿的进口谈判付出极大的代价。[②]

① 数据来源：中国节能监察信息网，http：//www. cecs. gov. cn/index. php。

② 资料来源：中国工信部网，http：//www. miit. gov. cn. 。

因此，为了能够获得稳定的资源供给，保证中国经济发展的长期安全性，国家应该从战略高度鼓励有条件的企业到境外去投资采矿、能源业。当前中海油、中石油、五矿、宝钢、沙钢、中钢、华能及中铝等企业已经走在前面，其中有些取得了较好的效益，虽有些项目还在亏损，但是从战略高度、从长远利益考虑还是值得的。没有这些资源的保证，不要说国内产业结构调整，恐怕经济发展都会受到阻碍，国家安全都会受到威胁（尹小剑，2010）。

二、OFDI 产业调整的微观条件

（一）中国企业 OFDI 的竞争优势日益凸显

由于企业是 OFDI 产业投资的主体，企业是否具有资金、技术、管理或品牌等方面的优势是决定其能否开展境外投资的关键因素。这种优势要么表现为经济学家强调的所有权、内部化等绝对垄断优势；要么是学者所倡导的小规模技术、适用技术等比较优势。中国经过 40 多年的改革开放，宏观上国家综合实力空前提高，微观上企业的竞争力大幅提升，企业 OFDI 的竞争优势日益凸显。主要体现在企业的技术、管理、规模与资本四方面的比较优势。

1. 中国企业的技术优势主要体现于成熟的适用技术与民族的传统技术

（1）中国传统制造业领域内成熟的适用技术具有相当的比较优势。技术优势作为 OFDI 的关键性因素，是跨国企业参与国际竞争的主要手段。改革开放以来，通过“市场换技术”的引资战略，尽管没有引来核心与关键技术，更没有形成西方学者所强调的垄断技术，但在很大程度上填补了中国当时发展的“技术缺口”。这些技术通过消化、改造、吸收及创新已发展成一系列相当成熟的适用技术与小规模技术。

例如，在轻工纺织、家用电器、机械制造、仪器仪表及金属冶炼等行业中形成了自己的技术优势，这些成熟的适用技术在对发展水平类似中国或更低的国家进行直接投资时具有相当强的比较优势。与此同时，中国企业通过与跨国公司的技术合作或加大自主研发，如今在计算机与通信技术、生命科学技术、电子技术、航空航天技术、光电技术、生物技术和材料技术八大高科技领域中取得的成果甚至已经达到世界领先的水平，这些技术成为中国投资于发展中国家或发达国家的比较优势。

（2）大量具有民族传统特色的技术也是中国跨国企业对外投资的一大优势。当今，散居在世界各地的华人达几千万之多，由于民族文化的潜移默化，他们对具有民族特色的产品（如中国的服装、餐饮、中药及一些特殊用品等）仍然是情有独钟，甚至还能带动生活在他们周边的国外消费者，这是一个巨大的市场与无限商机，而且这些民族产品的最大特点是难以复制。因为，一是制造这些民族产品的特殊工艺技术具有很强的民族传统性，是在长期的民族文化演进中逐渐发展并形成的；二是就算能模仿到同样的技术，由于缺乏对相关民族文化的了解与认识，也很难掌握产品制造工艺的精髓，进而使这些民族产品失去本来的效用。因此，这对中国跨国企业投资境外而言，无疑是独占的优势。

2. 经营管理已与国际接轨或拥有与小规模制造相匹配的管理优势

（1）不少跨国企业管理已与国际接轨，管理优势日益凸显。

改革开放以来，中国从计划经济体制向市场经济体制转变的过程中，通过对外引进、合作、学习及借鉴等各种途径，中国企业逐步建立了现代企业管理制度，从此企业才具有真正意义上的现代管理。现在大部分企业建立了精干高效的管理组织、适应市场变化的决策体制、管理模式及现代化的管理手段，同时也形成了一大批跨国经营的企业集团。

尤其是进入2000年以后，加入世贸组织给中国企业创造了融入世界经济体系的机遇。同时，也对企业的经营能力和管理水平提出了新挑战。许多跨国企业不仅按照国际规则调整内部管理机构和管理制度建立了与国际接轨的经营管理模式。而且还从中国的本土历史文化中寻找管理智慧和灵感，认真思考、总结企业过去的成功经验与失败教训，大胆进行管理创新，发挥具有中国特色的企业管理优势。近年来，海尔、联想、华为、中兴、宝钢、中石油及万向等跨国企业在国际舞台上的表现，充分展示了中国企业所具有的经营能力及管理水平。

另外，企业的管理绩效是管理能力的总体反映。通过选取《世界竞争力年鉴》（每年由瑞士洛桑管理学院（IMD）发布）中的“企业管理人员的信誉”、“公司董事会的作用”、“会计制度的严格性”、“股东价值的创造”、“企业的市场适应性”五项体现企业管理能力的重要指标，从2005～2007年对中国、美国、日本及印度四国的企业管理绩效进行比较（见表3－7），发现2005年中国企业的五项指标均处于最低的水平。但是，随后各项指标的增长速度在四国中最快，到2007年“公司董事会的作用”、“股东价值的创造”等部分指标的竞争力甚至还超过了日本。这充分说明中国企业的管理能力成长迅速，管理优势日益凸显。

（2）许多中小企业更具备与适应技术、小规模制造相匹配的管理优势。它们在进行跨国投资中，由于具备规模较小、管理人员较少、项目容易上与转产灵活等特点，因此，很适合在发展中国家进行小批量与低成本生产。这类企业所采用的技术大多是成熟的适用技术，因此，不必向发达国家的跨国公司一样，需要派专门的技术管理人员对核心技术进行控制，以防技术扩散或外漏，这无形中又节约了成本，提高了企业的竞争优势。近年来中国的轻工纺织、家用电器及机械制造等企业迅速在东南亚、非洲等发展中国家或地区开展的境外投资足以说明这种企业管理的优势所在。

表3－7　2005～2007年中国和世界主要国家的企业管理绩效比较

国家	美国			日本			中国			印度		
年份	2005	2006	2007	2005	2006	2007	2005	2006	2007	2005	2006	2007
管理人员信誉	6.71	6.93	6.72	6.38	6.72	6.52	4.40	5.49	5.90	6.49	6.82	6.73
严格会计制度	6.69	7.17	7.40	5.63	5.82	6.13	4.38	6.25	6.12	6.44	7.36	7.37
董事会的作用	6.00	5.71	5.90	4.86	5.47	5.66	4.83	5.86	6.56	5.56	6.39	6.27
股东价值创造	6.78	7.07	7.00	4.48	5.25	5.57	3.70	5.67	5.63	5.73	6.89	6.10
市场的适应性	7.54	7.41	7.42	5.93	6.54	6.11	4.15	5.00	5.77	6.27	6.61	6.80

资料来源：根据瑞士洛桑管理学院（IMD）历年《世界竞争力年鉴》整理。

3. 中国企业在规模与资本方面也具备一定的比较优势

（1）依托国内巨大的市场，许多企业已成长为具有相当规模的跨国企业。随着中国经济高速发展，人们消费结构的不断升级。作为拥有13亿人口的大国本身就使中国企业具有得天独厚的市场规模优势。正是依托国内这个巨大市场，许多企业从起步、发展、壮大最后成长为具有国际竞争优势的跨国企业。

例如，家电行业就是由于国内居民生活水平的提高对家用电器的需求不断增长，进而促进了该行业的兴旺和发展，成为日后率先走出国门从事境外制造业投资的佼佼者（如海尔、TCL及格兰士等）。

手机及计算机等信息产业也是由于国内城镇居民需求的快速增长发生了跨越式发展（如联想、华为及中国移动等）；汽车制造业即将随着国内巨大的市场需求，造就出拥有现代化生产规模的汽车制造企业（中华、奇瑞及比亚迪等），逐渐成为开展境外投资时具有一定的国际竞争优势企业。

长城研究所的《科技创新与中国制造》研究报告分析，借助国内巨大市场规模成长起来的行业包括纺织、轻工、煤炭及建材等10多个行业。其中，家电、电子、机电产品、日用机械、服装、丝绸、羽绒、皮革制品、鞋类及玩具等行业内80余种产品产量位居世界第一。中国纺织品、服装、鞋类、箱包、玩具、一般机电与塑料制品等产品的出口占总出口的72%。自行车、丝绸产品分别占国际市场的63%及70%以上。[①] 这些行业中已经产生了一大批具有国际竞争优势的企业及品牌，它们在境外投资中凭借已有的市场规模优势开始多元化经营，并进一步拓展市场或提升产业价值链。

（2）进入世界500强的中国企业日益增多，逐渐成为OFDI的主力军。根据美国《财富》杂志以企业每年的营业收入为标准评出的世界500强公司，中国入围企业1995年3家；2010年54家，进入前10位的有3家；2018年120家，对接美国有126家。这些企业凭借大规模、资本雄厚的优

① 资料来源：长城企业战略研究所：《科技创新与中国制造》，2016年7月。

势，在境外的投资总额占据了国内企业 OFDI 额的 60% 以上，在国际市场上具有相当的竞争力与影响力。①

尤其在电力、电信、能源、钢铁及金融等事关民生的基础行业中的大型企业或企业集团。其中大部分属于国有控股的企业，它们聚集了大量垄断优势、资源优势与政策优势，在 OFDI 时往往反映国家战略意图（如对外资源开发等）。因此，在关系国家的政治地位及重大战略的对外投资时，整个国家的优势就成为这些企业在国际市场上可以凭借的竞争优势。

例如，石油行业，自 1998 年以来国家对该行业进行产业重组后，就剩下三大石油“巨头”，即中石化、中石油及中海油。这样重组的结果虽然会带来某些负面的垄断影响，但是这种资源的集中也极大增强了企业的国际竞争力。如今，中石油不仅在国内石油开采方面具有绝对优势，同时在复式油气勘探、大型砂岩及特低渗透油田开发等配套技术方面也处于世界领先水平。在 2018 年美国《财富》排名世界 500 强企业名单中，中石化、中石油分别居第 3 位、第 4 位，超越排名第 5 位的荷兰皇家壳牌公司及第 9 位的埃克森美孚。

（二）经济全球化背景下中国企业面临着“被”国际化

随着经济全球化、一体化进一步向纵深发展，世界上任何企业都不可避免地直接或间接地参与国际竞争中。改革开放以来中国一贯采取积极“引进来”的方式，主动融入全球化经济中，21 世纪加入 WTO 以后，中国经济全面开放，之前许多国际投资的政策性壁垒随之消除，国际跨国公司加速对中国投资的步伐。据统计，当前世界 500 强企业基本都有在华投资，几乎所有的工业项目跨国公司都已进入中国，而大部分中国企业因缺乏“准备”而面临着前所未有的竞争压力，甚至被动走上境外寻找市场、资源或技术的国际化之路。由此看来，OFDI 是全球化背景下企业由被动应对转为主动出击的必然选择。

1. 经济信息全球化为企业跨国经营降低了成本

主流的国际投资理论始终强调企业对外投资的必要条件是具备某种竞

---

① 资料来源：中国新浪网财经频道，http：//www.sina.com.cn。

争者所缺的绝对优势。例如，Dunning 的国际生产折衷理论所强调的三优势论、Verno 的产品生命周期理论以美国产业处在全球产业链的最高端为前提得出的结论等。这些被称为优势前提论其实隐含了一个重要的前提条件，即 20 世纪 80 年以前的非全球化条件。在此背景下，绝大多数企业在本国内都可以正常的生存与发展，国际投资仍然存在许多壁垒，跨国经营是企业成长的特殊方式，而并非必要条件。

但是，随着经济全球化与信息化到来，许多条件已发生变化。经济全球化使得生产要素跨国流动的障碍越来越小，信息技术特别是互联网技术的发展给企业跨国经营带来了极大的便利，极大降低了企业间各种经济活动的交易成本，这使得企业在国内与国外发展的交易成本上几乎没有区别。全球化市场与要素资源的自由流动改变了以往企业必须在具备优势前提论的条件下才能对外投资的经营格局。现在任何企业都可以将产业链或产业链中的某个环节在全球范围内延伸与布局。充分利用“两种”（国内与国外）资源、“两个”（国内与国外）市场，而且也只有这样，企业才能真正适应国际竞争的新环境。

2. 在全球化背景下，跨国投资经营成为企业成长壮大的必然选择

入世以后，中国经济进入全面开放时代，西方发达国家的跨国公司纷纷进入中国这个巨大的市场，同时也分享了国内资源的禀赋优势，如自然资源、廉价劳动力资源、宽松的投资环境等优势。这些国外的大型跨国公司凭借其技术、资金及管理等优势给中国企业造成了前所未有的竞争压力。面对竞争，中国企业只有变被动应对为主动“走出去”，有效利用全球范围内的各种资源，充分发挥自身的比较优势或寻求新优势。

根据美国企业家理事会对 1250 家的企业进行长达 10 年之久的跟踪调查报告，发现企业的创新与持续发展能力与企业是否开展跨国经营及经营业绩高度相关。跨国性企业的销售额与业务仅限于国内市场的企业相比要高出 50%，那些全球性跨国公司的股本收益与资产收益远高于只限于一两个地区的跨国企业的平均收益（马春光，2005）。这充分说明，在全球化条件下，跨国投资经营成为企业成长壮大的必然选择。

三、OFDI 产业调整的产业（中观）条件

（一）中国产业的国内地位划分与各行业的聚类分析

产业作为一国经济的中观层面，是介于微观企业与宏观国民经济之间的范畴，是提供某种同类属性的产品或服务的集合体，它构成了国民经济体系中的各个部门。西方发达国家由于产业结构转换能力强、技术进步快，在全球经济体系中处于产业结构高度化地位。因此，相对发展中国家而言，企业优势基本上体现了产业优势，这正是西方国家在进行 OFDI 时，较少考虑产业问题的原因。

而在国际分工中长期居于产业链低端的发展中国家却不具备这样的条件。相反，各个企业在国际市场上的竞争能力往往取决于各产业的整体优势，甚至国家的竞争优势。因此，对当前国际产业分工中处于中间地位的中国而言，开展 OFDI 时从产业层面考虑才能发挥后发优势，摆脱总处于产业转移的被动局面，加快调整自身产业结构。

Ozawa（1992）的动态比较优势理论认为，OFDI 作为一种资源配置与获取的手段，在进行对外投资的产业投资时应该发挥现有的优势、激发潜在的优势，同时，弥补产业存在的问题，从而使对外投资的效果与本国经济发展达到高度一致。因此，分析当前中国各产业的地位以及在国际上具有哪些比较优势与劣势，这为中国在进行 OFDI 时提供产业投资的现实依据很有必要。

1. 中国产业的地位划分

产业分类的方法有很多，最普遍的三次产业划分没有体现单个行业的特征与地位。例如，在同一产业内既存在需要外向转移的边际行业，又可能存在有待快速发展的新兴行业。因此，三次产业的划分在指导 OFDI 的产业投资布局时，虽然具有一定的指导作用，但是缺乏更具体的可操作性。

而从行业的发展特征及该行业在国民经济中发挥的作用与地位的不同，进行重新归类与定义产业类别。这样有利于国家根据不同产业所处的

地位制定针对性的产业政策；有利于 OFDI 时进行产业布局，进而使发展中国家实现产业快速升级与结构调整。

对中国各产业地位的划分，国内学者已经做了大量研究。例如，王岳平（2001）、江世银（2004）等学者从各产业发展状况、产业之间的关联度及产业生命周期等不同角度，选取了产业产出贡献率、产业增长潜力、影响力系数及感应度系数等指标展开定量研究得到了不同的产业分类结果。本书根据产业在国民经济发展中的地位与作用不同，将中国产业划分为先导产业、主导产业、支柱产业及瓶颈产业四大产业群（于刃刚，2003）。

第一，先导产业引领一国产业发展与结构调整的方向，是先进技术的代表，关系国民经济发展的未来，如高新技术产业等。该产业增长潜力大，对经济增长贡献的弹性高，是国家必需先行发展的产业，如果忽视培育和扶持先导产业，将导致未来经济增长缺乏主导产业推动，进而丧失国家的竞争优势。

第二，主导产业在国民经济发展中正处于迅速发展并对整个产业发展具有主导和支撑作用。其特征不仅是产业本身具有较强的增长与规模优势，更为重要的是它们具有带动其他产业发展、发挥新技术的扩散效应的作用。因此，主导产业是转变经济增长方式与提升产业结构的中坚力量。例如，电子、电气、机械及通信等设备制造业。

第三，支柱产业主要强调其规模在国民经济中处于绝对优势地位，它对国民经济发展具有战略意义。例如，农林牧渔业、房地产业等。

第四，瓶颈产业指在国民经济中发展滞后或衰退，但同时在国家产业发展中又不可或缺的一些基础性产业。例如，煤炭采选业、石油和天然气开采业、金属矿采选业等。这些产业往往处于产业链的最上游，对其下游的产业存在严重的制约作用甚至影响整个国民经济正常运行。

2. 中国各行业的聚类分析

为了准确分析当前中国各产业究竟应该归于上述哪类产业群内，我们认为需要综合考虑产业发展规模、产业发展潜力及产业的带动作用等多方面的因素进行研究。为此，引用陈漓高等（2007）所选取的“产业贡献水平”、“产业发展潜力系数”、“产业影响力系数”及“产业感应度系数”四个指标进行定量分析，通过 SAS 软件中的 K－平均聚类法对各产业进归类。聚类分析中所涉及指标的定义及意义说明如下：

第一，产业贡献率：$AC_{it}=\frac{GDP_{it}}{GDP_t}$，其中 GDP_{it} 为某产业的期末产出增加值；GDP_t 为期末总产出增加值。该指标值能反映某产业的规模，AC_{it} 值越大，说明产业的增加值占 GDP 的比重越大，也就是该产业的规模越大，在国民经济中的占有重要的地位，这正是属于支柱产业的特征。

第二，产业发展潜力系数：$P_i=\frac{(GDP_{it}-GDP_{i0})\Big/\frac{GDP_{it}+GDP_{i0}}{2}}{(GDP_t-GDP_0)\Big/\frac{GDP_t+GDP_0}{2}}$，这里采用产业的增长率与 GDP 增长率之比得到产业发展潜力系数。系数越大，反映该产业相对于其他产业而言具有更快的增长速度，并且增长潜力大，说明产业正处于成长阶段，具有进一步向上发展的空间。先导产业的显著特征就是产业对 GDP 的贡献水平不高，但其发展潜力系数大，正处于产业生命周期的成长阶段。

第三，产业关联水平：反映产业关联度的指标一般采用《中国投入产出表》中计算得出的影响力系数及感应度系数。其中影响力系数：$F_j=\sum_{i=1}^{n}\bar{b}_{ij}\Big/\frac{1}{n}\sum_{i=1}^{n}\sum_{j=1}^{n}\bar{b}_{ij}(j=1,2,\cdots,n)$，$\sum_{i=1}^{n}\bar{b}_{ij}$ 为列昂惕夫逆矩阵的第 j 列之和，$\frac{1}{n}\sum_{i=1}^{n}\sum_{j=1}^{n}\bar{b}_{ij}$ 列昂惕夫逆矩阵的列和平均值；感应度系数：$E_i=\sum_{j=1}^{n}\bar{b}_{ij}\Big/\frac{1}{n}\sum_{i=1}^{n}\sum_{j=1}^{n}\bar{b}_{ij}(i=1,2,\cdots,n)$，$\sum_{j=1}^{n}\bar{b}_{ij}$ 为列昂惕夫逆矩阵的第 i 列之和，$\frac{1}{n}\sum_{i=1}^{n}\sum_{j=1}^{n}\bar{b}_{ij}$ 列昂惕夫逆矩阵行的平均值。

一般而言，影响力系数越大，说明该产业对其他产业的拉动力越强；感应度系数越大，说明该产业对国民经济的发展具有较强的制约作用。受到其他产业部门的需求影响越大，特别是当经济处于高速增长阶段时，这些产业由于事先受到社会需求的巨大压力，往往出现供不应求的状况，就属于瓶颈产业。当某产业的影响力系数与感应度系数都很高且大于1时，则表明该产业在国民经济中具有重要的战略性地位，它们在提高产业竞争力、优化一国产业结构中起到关键性作用，这正是主导产业的突出特征。各指标的数据经过计算整理后如表3－8所示。进一步利用SAS软件对表3－8中的数据进行聚类分析，将表中所列行业归于四大产业群中（见表3－9）。

表3－8　反映中国各产业（行业）地位的指标数据汇总

编号	产业（行业）	产出贡献（%）	潜力系数（%）	影响力系数	感应度系数
01	农林牧渔业	14.07	0.66	0.7927	0.8080
02	煤炭开采和洗选业	0.95	2.75	0.8442	1.3739
03	石油和天然气开采业	2.10	1.32	0.6987	2.1968
04	黑色金属矿采选业	0.11	3.08	0.6987	2.1968
05	有色金属矿采选业	0.11	1.87	0.9855	2.1832
06	非金属矿采选业	0.11	1.54	0.9541	1.2187
07	农副食品加工业	1.16	2.20	1.0250	0.6994
08	食品制造业	0.53	1.98	1.0250	0.6994
09	酒饮料和精制茶制造业	0.74	1.21	1.0250	0.6994
10	烟草制品业	1.37	1.43	1.0250	0.6994
11	纺织业	1.58	1.65	1.2101	0.9417
12	纺织服装制造业	0.74	1.43	1.2427	0.5753
13	皮革毛皮羽毛及其制品鞋和制业	0.42	1.87	1.2427	0.5753
14	木材加工和木竹藤棕草制品业	0.21	1.87	1.1644	0.9503
15	家具制造业	0.11	2.20	1.1644	0.9503
16	造纸和纸制品业	0.53	1.87	1.0968	1.1907
17	印刷和记录媒介的复制业	0.32	1.43	1.0968	1.1907
18	文教工美体育和娱乐用品制造业	0.21	1.54	1.0968	1.1907
19	石油加工、炼焦和核燃料加工业	1.05	1.65	1.0550	1.4889
20	化学原料和化学制品制造业	1.89	1.98	1.1865	1.4486
21	医药制造业	0.84	1.65	1.1865	1.4486

续表

编号	产业（行业）	产出贡献（%）	潜力系数（%）	影响力系数	感应度系数
22	化学纤维制造业	0. 21	1. 54	1. 1865	1. 4486
23	橡胶制品业	0. 32	1. 76	1. 1865	1. 4486
24	塑料制品业	0. 63	1. 76	1. 1865	1. 4486
25	非金属矿物制品业	1. 47	1. 76	1. 0842	1. 0041
26	黑色金属冶炼和压延加工业	2. 00	2. 53	1. 1865	1. 4973
27	有色金属冶炼和压延加工业	0. 74	2. 09	1. 1865	1. 4973
28	金属制品业	0. 84	1. 76	1. 2569	1. 1196
29	通用设备制造业	1. 16	2. 20	1. 2204	1. 0238
30	专用设备制造业	0. 84	1. 98	1. 2204	1. 0238
31	铁路船舶航空航天和其他运输设备制造业	2. 21	2. 09	1. 2709	1. 0107
32	电气机械和器材制造业	1. 58	1. 87	1. 2734	1. 0994
33	铁路船舶航空航天和其他电子设备制造业	2. 62	2. 30	1. 4093	1. 1861
34	仪器仪表制造业	0. 32	2. 42	1. 2968	1. 1866
35	电力热力的生产及供应业	3. 15	1. 54	0. 8819	1. 3732
36	燃气生产和供应业	0. 11	1. 98	1. 1529	0. 8953
37	水的生产和供应业	0. 21	0. 88	0. 8949	1. 1892
38	建筑业	6. 51	1. 10	1. 2131	0. 4205
39	交通运输仓储和邮政业	6. 09	1. 65	0. 9266	1. 1198
40	信息传输软件和信息技术服务业	2. 73	2. 42	0. 9127	1. 0127
41	批发和零售业	8. 19	1. 54	0. 8631	0. 9768
42	住宿和餐饮业	2. 42	1. 54	0. 9631	0. 7701
43	金融业	3. 57	0. 66	0. 7399	1. 2169
44	房地产业	4. 73	1. 87	0. 6635	0. 5892
45	租赁和商务服务业	1. 68	1. 10	1. 0993	1. 1781
46	科学研究和技术服务业	1. 16	1. 21	1. 0170	0. 5798
47	水利环境和公共设施管理业	0. 53	1. 10	0. 8270	0. 7576
48	居民服务修理和其他服务业	1. 68	1. 10	0. 9870	0. 7043

资料来源：产业产出的贡献率根据《中国统计年鉴（2010）》中 2009 年的数据计算得到；潜力系数根据《中国统计年鉴（2010）》中 2008 年和 2009 年的数据计算得出；影响力系数及感应度系数的数据来自《长江证券研究报告：行业受益之通胀分析——基于 2007 年投入产出分析》。

表 3-9 按产业地位法划分的中国产业分类现状

先导产业群
非金属矿采选业、农副食品加工业、食品制造业、酒饮料和精制茶业、纺织服装服饰制造业、皮革毛皮羽毛及其制品和制鞋业、印刷和记录媒介的复制业、非金属矿物制品业、铁路船舶航空航天和其他运输设备制造业、信息传输软件和信息技术服务业、住宿和餐饮业、租赁和商务服务业、科学研究和技术服务业、水利环境和公共设施管理业、居民服务修理和其他服务业、文教工美体育和娱乐用品制造业、金融业
主导产业群
烟草制品业、纺织业、木材加工和木竹藤棕草制品业、家具制造业、造纸和纸制品业、仪器仪表及制造业、石油加工炼焦和核燃料加工业、化学原料和化学制品制造业、医药制造业、化学纤维制造业、橡胶制品业、塑料制品业、黑色金属冶炼及压延加工业、有色金属冶炼及压延加工业、金属制品业、通用设备制造业、专用设备制造业、电气机械及器材制造业、计算机通信和其他电子设备制造业、燃气生产和供应业、水的生产和供应业
支柱产业群
农林牧渔业、电力热力生产和供应业、建筑业、交通运输仓储和邮政业、批发和零售业、房地产业
瓶颈产业群
煤炭开采和洗选业、石油和天然气开采业、黑色金属矿采选业、有色金属矿采选业

3. 中国产业地位划分的意义

准确判断各产业在国民经济中所处的地位是开展 OFDI 时进行产业投资的前提条件，只有准确判断，国家才能按照产业发展规律有针对性地制定对外产业政策，对跨国企业实施政策引导，提高政策的有效性，使国家的产业结构升级、调整等宏观目标与跨国企业对外投资的目标达到有机统一。

例如，先导产业群中的高新技术产业，由于它具有巨大的发展潜力，是决定一国未来经济实力及产业竞争力的核心产业，因此，世界各国无不重视对高新技术产业的培育与扶持，使其成为本国的高增长产业。但是，技术寻求或学习型的高新技术产业对外投资一般具有投入大、风险高、不确性因素多等特点，为此，国家应该从经济发展的长远利益出发，通过产业政策对它们进行大力引导、扶持及培育，使其成为推动国内产业升级、提升产业整体竞争力的“引擎”。

又如，主导产业群中的一些具有比较优势的边际产业（如纺织业、塑料制品业等），国家应鼓励这些产业中的企业主动“走出去”，发挥自身比较优势，带动出口、扩大国际市场并达到延长产业生命周期的作用。

再如，瓶颈产业群中的石油和天然气开采业及金属矿采选业，这些产业越来越成为制约中国经济进一步发展的因素。为此，国家要从战略高度出发，一方面，对国内一些能耗大、污染严重与技术含量低的产业进行有序压缩或升级改造；另一方面，要积极开展自然资源寻求型的 OFDI，甚至为了取得国际话语权不惜付出一定的代价。

对其他产业的分析，在下文会有具体论述。

（二）中国产业竞争力的国际地位及其优劣势分析

开展 OFDI 进行产业投资布局时，了解各产业在本国的地位只是前提，更为关键的是要充分认识自身产业在国际上的竞争地位，通过国际比较发现自身产业的优势与劣势，为政府在制定对外产业政策时提供更科学的依据。

基于数据的可得性与可比性，我们选取中国制造业（这里指广义的第二产业）与服务业（这里指广义的第三产业）进行国际比较。理由是中国被称为“世界制造工厂”，制造业增加值不仅在中国 GDP 中占有首要地位，而且在世界上也进入了最前列，因此，通过国际比较来了解中国制造业在国际竞争中究竟处于什么地位很有必要。

另外，进入 21 世纪后，全球经济结构正在发生重大转变，服务业在经济活动中逐渐占据主导地位。全球服务业产出在整个经济总量中的比重已超过 72%，美国、英国等发达国家已达到 80% 以上。[①] 服务业已成为国际直接投资的重点产业，其投资总额已超过制造业，服务业国际竞争力的强弱不仅事关其自身的生存与发展，而且对其他产业的竞争力乃至一国整

---

① 资料来源：UNCTAD，2015，World Investment Report，New York and Geneva.

体经济的发展都将产生重要影响。

1. 中国制造业竞争力的国际地位及优劣势分析

Porter（1990）在《国家竞争优势》一书中，将钻石模型应用于一国产业国际竞争力方面的研究，提出了产业国际竞争阶段理论。他创造性地提出了一系列有关竞争分析的综合方法与技巧，对有关国家、企业及产业等国际竞争力的研究产生了深远影响。

有关中国产业竞争力方面的研究在一定程度上是源于国际竞争力研究，并且是在世界经济论坛（WEF）与瑞士国际管理学院（IMD）每年发布的国际竞争力报告下推动的。由于该报告中提供的指标及数据具有系统性、客观性及权威性等特点，已成为各国研究者进行国际竞争力研究时首选的参考资料。

国内很多学者在产业国际竞争力方面作了研究，其中，以赵彦云教授领衔的中国人民大学竞争力评价研究中心在国际竞争力与产业竞争力方面的研究最系统，研究成果也最多。他们根据当今国际竞争环境并结合发展中国家的具体情况构建了综合竞争力、基础竞争力、环境竞争力三位一体的中国产业竞争力钻石模型（见图 3－2）。本书对中国制造业及服务业的国际竞争力研究也在该模型的框架下展开。

（1）指标的选取及数据来源。以瑞士洛桑国际管理学院（IMD）发布的《世界竞争力年鉴 2014》中的指标与数据为基础，在产业竞争力钻石模型的框架下进行计算。为了评价制造业综合国际竞争力，选取与制造业国际竞争密切相关的七大类评价要素（即生产效率、劳动成本、产品市场、员工动力、企业制度、自主创新及创新网络）共 50 个指标构成综合评价体系来进行论述。为了评价制造业产业环境的国际竞争力，选取五类评价要素（即公共服务、税收、金融市场、资本流动及国际贸易）共 30 个指标构成评价体系。在评价制造业产业基础的国际竞争力时，选取四大类要素（交通设施、信息通信、能源环境及劳动力素质）共 23 个指标进行分析（赵彦云，2009）。以 41 个世界主要经济体为评价对象，从指标、要素及综合三个层次展开分析研究，以保证所得结论更全面、更准确。

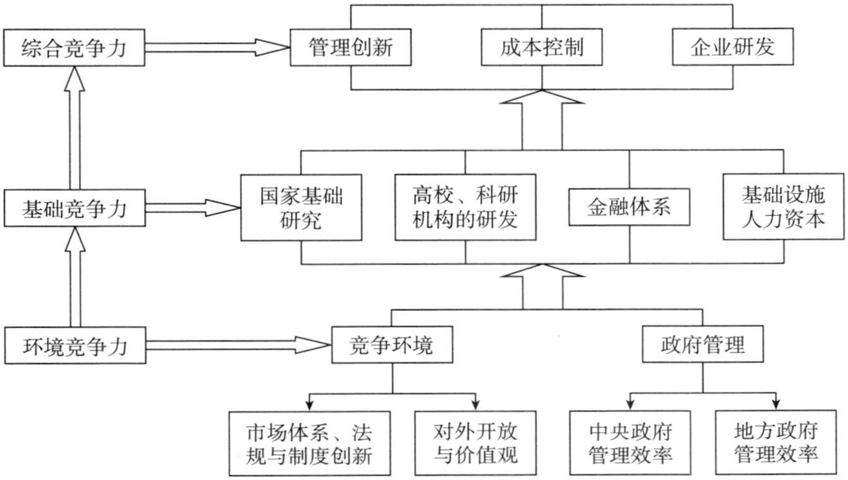

图 3－2　中国产业竞争力钻石模型

资料来源：赵彦云等：《中国产业竞争力研究》，经济科学出版社，2009 年，第 17 页。

（2）数据处理及结果。首先对所有指标进行标准化处理以得到具有可比性的数据；再对所有变化后的数据进行正态化处理得到 0～100 的竞争力标准得分数据；然后以等权平均的方式相加形成要素指标的得分；最后对各个要素指标进行第二次等权相加得到一国制造业各方面的国际竞争力的综合得分。以此方法对世界 41 个主要经济体进行数据处理，将中国制造业的各种指标得分及排名结果汇总成表 3－10。

表 3－10　中国制造产业在 41 个世界主要经济体中的竞争力情况

指标	综合竞争	产业环境	产业基础	生产效率	劳动成本	产品市场	员工动力	企业制度	自主创新	创新网络
得分	48	56	46	43	67	68	36	22	57	28
排名	22	16	15	23	14	2	24	28	12	25

（3）制造业竞争力的国际地位及其优劣势分析。

1）国际地位分析。从表 3－10 可知，中国制造业的综合竞争力、产业环境竞争力及产业基础竞争力得分分别为48分、56分、46分，并且在41个世界主要经济体中排名第22位、第16位、第15位，各指标居于中等偏上的位置，综合竞争仍处于中等偏下的行列。但是，各项竞争力排名均优于大部分发展中国家，甚至还超过了西班牙、意大利及葡萄牙等发达国家。

2）制造业的优劣势分析。仔细分析各项评价要素的国际竞争力排名发现，中国制造业的竞争优势在于产品市场竞争力、劳动成本、自主创新能力，三者分别位居41个样本的第2位、第14位、第12位。而在生产效率、员工动力、创新网络及企业制度等方面竞争地位稍偏弱，其排名分别为第23位、第24位、第25位、第28位。因此，如从整个全球经济来看，中国制造业的国际竞争力应该居于中游偏上的水平。这意味着制造业的“走出去”有两个方向：一是在发展中国家发挥已有的比较优势，利用产品市场竞争力强、劳动成本低、自主创新能力较强等优势开展市场寻求型OFDI；二是利用后发优势对发达国家开展学习型OFDI，通过学习借鉴发达国家先进技术与管理经验，提高制造业效率，改善创新及企业制度。

2. 中国服务业竞争力的国际地位及其优劣势分析

（1）国际地位分析。以类似的方法构建中国服务业的国际竞争力评价指标体系，并用同样的数据处理方法对指标体系进行处理，将中国服务业的各种指标得分及排名结果汇总如表3-11所示。从表3-11可知，中国服务业总体竞争力、核心竞争力、产业基础竞争力及产业环境竞争力排名分别居于第26位、第23位、第23位、第29位，在60个样本国中处于中等稍偏上的地位。

表3-11　中国服务业在60个世界主要经济体中的竞争力情况

指标	综合竞争力	核心竞争力	基础竞争力	环境竞争力
得分	46.9	58.6	48.3	42.6
排名	26	23	23	29

（2）服务业的优劣势分析。仔细分析其中的评价要素指标发现，信息技术基础设施、服务业的效率及创新能力、服务业就业人口比例、服务业人才素质、人均 GDP、城市化水平等指标普遍偏低，这是中国服务业发展滞后的“软肋”。而仅有中国开放度高、国际市场竞争力较强等少数因素是服务业发展的优势所在。

（三）产能过剩、资源瓶颈、产业升级是中国 OFDI 所面临的现实依据

1. 转移边际产业，既解决产能过剩又为高新技术产业腾出资源空间

随着改革开放的推进，进入 20 世纪 90 年代以后，中国基本告别商品短缺时代，并且市场上开始出现部分产品供过于求的现象。进入 21 世纪后，产能过剩成为影响中国经济持续稳定增长的突出问题。据国家统计局公布的数据显示，截止到 2005 年中国产能过剩的行业有 11 个，由于受 2008 年国际金融危机的影响，到 2012 年底，产能过剩行业增加到 21 个。[①] 其中钢铁、水泥、电解铝、煤化工、乙烯、平板玻璃、铁合金、焦炭、电石、铜冶炼及风电设备等一些基础行业出现严重产能过剩；化工、家电、纺织、汽车、装备制造、电子信息等传统制造行业的产能过剩趋势日益严重。

家电、纺织、电子等劳动密集型的传统制造业属于边际产业。这些行业的技术已经非常成熟且适合于发展水平类似中国或更低的国家，因此，中国可以利用自身比较优势开展境外投资，将部分产能过剩的产品转移到这些国家，这样既可以延长产品的生命周期而获得利润，又可以缓解日益加剧的贸易摩擦冲突。

对于一些技术落后且重复建设的基础性产业，可以通过淘汰、并购等方式进行重组来降低产能，也可以利用现有的资金、技术优势到境外开拓新领域。例如，2007 年中国特钢收购印度尼西亚南洋矿业 100% 的股权、中国铝业收购加拿大秘鲁铜业公司 91% 的股份，2008 年联合美国铝业成功收购力拓的英国上市公司 12% 股份，2013 年中国石油收购意大利石油

① 资料来源：中国工信部网，http：//www. miit. gov. cn/n11293472/index. html。

集团埃尼运营的关键区块20%的权益，2014年中国五矿收购邦巴斯项目全部股权，2017年中国化工以421亿美元收购瑞士先正达公司98.06%的股权。[①] 这些举措的长远意义在于为国内发展高新技术产业腾出空间，为产业升级与结构调整创造条件。

2. 通过对外投资突破技术封锁，是发展国内高新技术产业重要途径

高新技术产业是一国产业升级与结构调整的“引擎”。发展高新技术产业，自主创新是关键，但向发达国家或地区学习→引进→消化→吸收→再创新也是欠发达国家的一条理想路径。但是改革开放以来，以市场换来的技术，绝大部分是发达国家已经非常成熟或即将淘汰的技术，对于具有垄断性的核心技术，要么进行严密的封锁，要么以独资的形式开展对外投资，技术溢出效应逐步减小。由此看来，中国企业必须“走出去”，在技术和智力资源密集的发达国家或地区开展OFDI，接近先进技术的发源地，建立研发机构或与当地高新技术企业合资经营，进行技术创新推动国内产业技术水平提高和结构的调整。

① 资料来源：中国并购公会，http：//www.ma－china.com/。

第四章

中国 OFDI 的动因与产业导向分析

如果说上一章是从企业、产业、国家与国际等各层面对中国企业开展 OFDI 的可能与必要性方面寻找客观的现实依据，那么本章主要从主观需求方面探讨中国企业 OFDI 的动因及其产业调整导向。由于发展中国家的对外投资大多数在“非优势”的前提下展开，因此，企业的对外投资经常受到政府的引导，其跨国投资的动因往往多元化。即既要考虑企业自身的经济利益，又要体现国家产业政策的要求，进而实现国家产业技术进步及结构优化等宏观效益。

第一节　发展中国家OFDI的综合动因模型

一、综合动因模型的构建背景

（一）发达国家的优势前提论，决定其对外投资动因的单一性

我们知道从 Hymer（1960）首次提出的垄断优势理论到 Dunning（1986）的三优势模式，国际主流的 OFDI 理论基本上都在优势前提论的框架下讨论企业 OFDI 问题。哪怕后来的 Wells（1977）、Lall（1983）、Cantwell 和 Tolentino（1990）针对发展中国家的对外投资现象所提出的小规模技术、技术地方化、技术创新和产业升级等理论也没有摆脱该分析的范畴。总体而言，由于发达国家具有产业技术领先、产业结构高度化、资本大量过剩等多种绝对优势，其跨国公司的对外投资是国内经济发展的结果，因此，它们对外投资的唯一动因就是占领国际市场并获取高额的境外利润。

（二）发展中国家的非优势型对外投资，决定其动因的综合性

近年来，发展中国家的 OFDI 活动逐渐成为国际投资舞台上的亮点，它们在不具备传统理论中所称的绝对优势甚至相对优势的前提下纷纷开展 OFDI，其对外投资的流量与存量逐年上升，甚至超过某些发达国家或地区。这些发展中国家为何在非优势论的前提下也大量开展 OFDI，动因何在？这有我们不能忽略的两个大前提：一是全球化时代的真正到来；二是发展中国家为了发挥其后发优势，让政府更多地干预了经济。

已有的研究发现，在发展中国家中，大多数企业的 OFDI 属于非优势型，如技术上不具备垄断、资本上不存在绝对过剩等。而逆向型的对外投资（如学习型、技术或国家利益获取型等）却很普遍。政府出于国家利益的考虑，经常对企业的对外投资行为进行引导，以实现国家经济发展的后发优势。这样，企业在开展 OFDI 时，既要考虑自身的利益，同时还要协调自身与国家利益之间的关系。由此，这也决定发展中国家企业的 OFDI 的动因模型应该是一个有约束的动态优化模型，同时也是一个联立方程模型。

二、综合动因模型的构建过程

我们借鉴 Richardon（1971）建立的 OFDI 动因模型，结合发展中国家的经济发展背景与制度环境，建立一个发展中国家 OFDI 的综合动因模型，以分析中国企业 OFDI 的动因（李敬等，2007）。具体推导过程如下：

第一，从国家利益方面考虑。设 U_c 表示长期的国家利益，$A(T)$ 为生产技术，FK 为对外投资存量，DK 为国内资本存量，R 表示国内自然资源的禀赋状况，DL 为国内劳动力水平，DE 表示政府的引导行为。ρ_c 为折现率，t 为时间。则实现国家利益的最大化函数可表示为：

$$U_c = \max\left\{ \sum_{t=1}^{\infty} \frac{f(A(T), FK, DK, R, DL, DE)}{(1+\rho_c)^t} \right\} \tag{4-1}$$

式（4-1）表明，企业的 OFDI 行为既对国家利益产生直接影响，又可以通过对外投资所产生的资本、技术、资源与就业等效应作用于 DK、A（T）、R 与 DL 等中间变量间接影响国家利益，通过政府的引导作用 DE 取得最大的国家利益。当然，国家利益最大化的条件是：

$$\frac{\partial U_c}{\partial FK} = 0 \tag{4-2}$$

第二，从企业自身利益的考虑。设 U_p 为跨国企业 OFDI 的总收益，U_{pf} 和 U_{pd} 分别表示企业的境外收益及国内经营的收益，则跨国企业的总收益最大化函数可表示为：

$$U_p = \max\{U_{pf} + U_{pd}\} \tag{4-3}$$

实际上，企业 OFDI 的预期收益决定于国外市场的平均利润（$\prod f$）、区位偏好（V）、国家利益偏好 S（ΔU_c）及技术获取量 T。设企业收益的贴现率为 ρ_p，则企业 OFDI 的预期收益为：

$$U_{pf} = \sum_{t=1}^{\infty} \frac{f(\prod f, V, S(\Delta U_c), T)}{(1+\rho_p)^t} \tag{4-4}$$

在式（4-4）中，设企业的区位偏好 $0 < V \leqslant 1$。当心理距离越大时，V 越小；当企业已在某国开展了直接投资时，V 取 1。国家利益偏好 S（ΔU_c）受 ΔU_c 影响，将其假定为一个分段函数，考虑到如果当该项投资损害国家利益，即由于该项投资带来的 $U_c < 0$ 时，国家就会限制甚至禁止该项投资，此时将 S（ΔU_c）取 0；反之，如果该项投资所带来的 $U_c > 0$ 时，则政府会对投资项目按照 U_c 大小进行补贴，此时的 S（ΔU_c）$= LN$（ΔU_c）。对于技术获取变量 T 而言，如果企业是技术寻求型的 OFDI，则 T 值越大，企业预期的经济收益更少，在此假定 T 与企业预期的经济收益成反比。式（4-4）的国外市场平均利润表示为：

$$\prod f = (P_f - AC_f) Q_f \tag{4-5}$$

式中，P_f 表示国外市场产品价格，AC_f 为国外的生产成本，Q_f 为国外市场的产量。如果只考虑企业的经济利益最大化的情况，在长期内，则 P_f 满足：

$$P_f \geqslant P_{\min} = P_d + EC + TR = EC_d + m_d + EC + TR \tag{4-6}$$

式中，P_d 表示国内相同产品的价格，EC 表示出口成本、TR 为关税、EC_d 代表在国内生产相同产品的平均成本，m_d 为成本加成定价中的利润加成。设取 P_f 的最低值，则

$$\prod f = (AC_d + m_d + EC + TR - AC_f) Q_f \tag{4-7}$$

如果将式（4－7）代入式（4－4），并使区位偏好（V）、国家偏好 $S(\Delta U_c)$、技术获取量 T 及 U_{pf}的关系更明确，则可以得到：

$$U_{pf} = \sum_{t=1}^{\infty} \frac{[(AC_d + m_d + EC + TR - SC_f) Q_f]^v S(\Delta U_c)}{T(1+\rho_p)^t} \tag{4-8}$$

同时，跨国企业的国内经营收益 U_{pd}可表示为：

$$U_{pd} = \sum_{t=1}^{\infty} \frac{A(T) f(K,L)}{(1+\rho_p)^t} \tag{4-9}$$

式中，$A(T)$ 代表生产技术，它一部分源于国内技术积累，另一部分来自企业 OFDI 中所获取技术。而跨国企业的总收益的最大化条件为：

$$\frac{\partial U_p}{\partial FK} = 0 \tag{4-10}$$

综上所述，我们可以得到发展中国家企业 OFDI 的综合动因模型：

$$\begin{cases} U_c = \sum_{t=1}^{\infty} \frac{f(A(T), FK, DK, R, DL, DE)}{(1+\rho_c)^t} \\ U_p = U_{pf} + U_{pd} \\ U_{pf} = \sum_{t=1}^{\infty} \frac{[(AC_d + m_d + EC + TR - SC_f) Q_f]^v S(\Delta U_c)}{T(1+\rho_P)^t} \\ U_{pd} = \sum_{t=1}^{\infty} \frac{A(T) f(K,L)}{(1+\rho_P)^t} \\ \frac{\partial U_c}{\partial FK} = 0 \\ \frac{\partial U_p}{\partial FK} = 0 \end{cases} \tag{4-11}$$

三、综合动因模型的指导意义

从模型（4－11）可知，发展中国家企业 OFDI 的动因受很多因素影响，既包括企业在国内与国外经营成本的差异、产品市场的大小及国际贸易壁垒的高低等，还受投资的区位偏好、获取技术的难易程度、国家利益偏好等众多非经济因素的影响，并且在某种程度上 OFDI 还以体现国家利益为主。因此，发展中国家企业 OFDI 的决策主体往往是一个由政府和企业共同构成的复合主体，企业 OFDI 的决策必须在国家利益最大化的前提下，追求自身利益的最大化。中国作为最大的发展中国家，且实行的又是社会主义市场经济体制，用该模型来检验中国企业 OFDI 的动因就更合适了。

第二节　中国企业OFDI的动因

一、Dunning 的四动因说

Kojima Kiyoshi（1987）从一国 OFDI 的动因出发，将国际直接投资分成行业资源导向型投资、市场导向型投资、生产要素（这里主要指劳动力要素）导向型投资三种类型。其后，Dunning（1993）通过对“二战”以来跨国企业 OFDI 行为的研究后，概括性地提出了四种类型的 OFDI 动因：一是资源寻求型，目的是通过 OFDI 获取其他国家或地区的自然资源（如林木、石油、煤炭及矿石等）；二是市场寻求型，企业跨国投资生产经营是为了扩大境外市场；三是效率寻求型，目的是通过转移某些边际产业或在国内已失去优势的产业环节（如将加工制造环节转移到劳动力廉价的国家或地区）；四是战略资产寻求型，指跨国公司出于公司战略的需要，希望通过对外投资获得公司发展所需的一些战略性资产（如信息、技术、管理及品牌等）。并且，Dunning（1998）认为，战略资产寻求型的 OFDI 呈现快速增长趋势。

这里我们可以看出，四动因说已经包括了三动因。同时应该强调，四动因说基本涵盖了当前所有企业 OFDI 的动因，只是因企业或国家发展阶段的不同，侧重点有所不同。中国企业 OFDI 的动因大体也不例外，只是由于国情的差异，还具有一些自身的特点。

二、中国企业 OFDI 的四动因

（一）本书课题组、国内学者及相关机构的调查

20 世纪 80 年代末以来，随着中国 OFDI 的兴起，国内外不少学者及机构对中国企业 OFDI 的动因问题做过调查与研究。

1. 复旦大学（1988～1989 年）的调查

复旦大学世界经济研究所在 1988～1989 年对北京、上海和福建的 17 家跨国企业 OFDI 的动因进行了调查（叶刚，1989），结果发现绕过贸易壁垒、带动资本商品、原材料及劳务的出口等开拓国际市场是第一重要动因，利用或引进中国所需的生产要素和技术居对外投资动因的第二位；出于获取较高利润或到境外去发挥自己的优势等动因分别列动因重要性的第三及第四位。

2. Zhang 和 Van Den Blucke（1994）、鲁桐（1997）等学者的调查

Zhang 和 Van Den Blucke（1994）对中国 40 家开展 OFDI 的企业进行了问卷调查，在影响企业 OFDI 的 28 项因素中，排名前 5 项的是进入新市场、扩大母公司出口、靠近出口市场、获取国外信息及积累国际经营经验。这与复旦大学世界经济研究所的调查结果基本吻合。鲁桐（1997）专门对在英国投资的中资企业进行调查，结果发现出于公司长期战略发展的动因居首，然后依次是开拓国际市场、获取境外信息、寻求技术与资源等，出于降低成本取得较高利润的 OFDI 不是主要的动因，这与前两个调查结果有些不同。

3. 罗兰贝格（2003）、UNCTAD（2006）等机构的调查

进入 21 世纪后，德国罗兰贝格战略咨询公司（Roland Berger Strategy Consultants，2003）对中国 50 强的工业企业就其 OFDI 的动因进行了问卷调查，结论是：寻求新市场是首要动因（占 56%）；第二动因是寻求自然资源（占 20%）；第三位是寻求技术、品牌等战略资产（16%）；最后是追求企业效率等其他动因（占 8%）。联合国贸发会议（UNCTAD，2006）全球调查组对中国跨国企业境外投资的动因进行了问卷调查，在回收的 148 份问卷中，85% 的公司认为寻求市场是第一位，接着是寻求战略资产、寻求自然资源及寻求效率（分别占 51%、40% 及 39%），这与罗兰贝格公司的调查稍有差异。

4. 中国贸促会（2009～2010 年）的调查

为深入了解经历 2008 年金融危机后中国企业的对外投资情况及后危机时代对外投资的意愿，中国国际贸易促进委员会（以下简称贸促会）于 2009 年 12 月至 2010 年 3 月开展了第四次“中国企业对外投资现状及意向调查”。[①] 本次调查共发放问卷 3000 份，回收有效问卷 1377 份，回收率达 46%。所回收的 1377 份问卷涉及近三十个省份的企业，涵盖了农业、制造业、建筑业、金融等多个行业，具有较好的行业和地区代表性。在受访企业中，有 344 家企业进行过境外投资，占总数的 25%。其结果是，利用东道国对投资的优惠政策占 38%；寻求市场占 31%；寻求先进技术及管理经验占 23%，寻求原材料等自然资源占 20%，与联合国贸发会议（UNCTAD，2006）调查有类似结论。

5. 本书课题组（2016～2018 年）的调查

为了解党的十八大后，中国企业对外投资的动因变化情况，本书课题组从 2016 年 6 月至 2017 年 7 月通过发放问卷、咨询及实地考察等形式展开调查。由于课题组成员有来自江西省发改委的实务部门，因此，通过利用省发改委外资处的优势对省内重要的对外投资企业进行过走访咨询。本

① 资料来源：中国国际贸易促进委员会网，http：//www.ccpit.org/yewu/shichangdiaoyan.htm。

次发放1000份问卷调查的对象全是有针对性从事境外投资的企业，回收有效问卷672份，回收率达67.2%，样本空间涵盖全国各省份及各行业。问卷将四大动因分解成24项子动机因素，课题组对回收的672份问卷，进行整合统计，最后将排名前十的动机因素及汇总如表4－1所示。

表4－1 “一带一路”倡议下中国企业对外投资的主要动因 单位：%

排名	主要动因	占比
1	拓展市场转移过剩产能	48
2	为境外的供应商、销售商或合作伙伴提供配套服务	38
3	为本公司获取先进技术和管理经验	30
4	降低生产成本，提高生产效率	22
5	利用政府“一带一路”的相关鼓励政策与措施	21
6	利用东道国对投资的各种优惠政策	18
7	为国内市场提供能源、原材料和自然资源	16
8	利用某些国家良好的制度环境	14
9	获取国际知名的品牌	13
10	获取自然资源国际市场价格的定价权	9

从表4－1中可以发现，当前受访企业的OFDI首要动因是拓展国际市场，转移产能，该比例占受访企业的48%；其二，有38%的企业出于为境外的供应商、销售商或合作伙伴提供配套服务的动机；其三，为本公司获取先进技术和管理经验等战略资源的占30%；其四，为降低生产成本，提高生产效率目的而“走出去”的占22%；其五，为利用政府“一带一路”的相关鼓励政策与措施的占21%。其他如利用东道国对投资的各种优惠政策、制度环境，为国内市场提供能源、原材料和自然资源等占比均在20%以下。值得注意的是对外投资企业想获取国际知名品牌的占比达13%。

此外，课题负责人利用2017年8月～2018年8月在美国访学期间的机会，实地走访了在美投资的部分中资企业，如华为、海尔、海信、万达、福耀玻璃、绿地集团、海航及中国银行等，发现它们中的大部分是出于长期战略发展的动因，大家都认为布局美国就是占领全球市场的高地。具体而言，开拓国际市场、寻求信息、技术、管理、服务等最新的战略资源是首要目的，出于寻求降低成本而提高生产效率动机的不多，因为在美国虽然运输、能源、土地及原材料等成本比国内低，但基本被劳动力成本抵消，福耀玻璃在美国办的工厂就是一个例证。中资银行为其他企业“走出去”提供了更多便利。

（二）中国企业 OFDI 的四大动因

观察表 4 – 2 我们发现，从 1989 年复旦大学世界经济研究所的调查到 2017 年本书课题组的调查情况来看，时隔近 30 年，中国经济已从计划经济向市场经济的过渡期进入全面开放的市场经济阶段。但是，中国企业 OFDI 的动因及其顺序变化不大。2003 年罗兰贝格公司的调查结论中“寻求自然资源”的动因似乎超过了“寻求战略资产”，原因是其选取的 50 家样本公司属于中国前 50 强工业企业，这些公司绝大部分是国有或国家控股的资源垄断型企业。因此，它们受政府的政策与法规影响更大，对外投资活动的主要动因就是寻求自然资源以满足国内经济增长的需要，这符合国家的战略目标。例如，中海油竞购尤尼科及中石油并购加拿大 PK 公司

表 4 – 2　1989 ~ 2017 年中国跨国企业 OFDI 的动因变化

调查机构 / 数据 / 投资动因	复旦大学（1989 年）		罗兰贝格（2003 年）		UNCTAD（2006 年）		中国贸促（2010 年）		本课题组（2017 年）	
	排名	占比（%）	排名	占比（%）	排名	占比（%）	排名	占比（%）	排名	占比（%）
寻求市场	1	80	1	56	1	81	1	52	1	78
寻求战略资产	2	76	3	16	2	51	2	32	2	65
寻求自然资源	3	58	2	20	3	40	3	31	4	24
寻求效率	4	53	4	8	4	39	4	17	3	53

资料来源：根据叶刚：《遍及全球的跨国公司》，复旦大学出版社，1989 年，第 261 页；VonKelly & Zhou，2003；UNCTAD，2006，World Investment Report；http：//www. ccpit. org/yewu/shichangdiaoyan. htm；课题组调查统计整理。

等。另外，2017 年本书课题组的调查结果显示“寻求效率”的动因超过了“寻求自然资源”。这一原因对上述结果解释力度不足是中国采矿业企业利用2008 年金融危机后的机遇，加大了对外投资，并为近年缓解国内的资源“瓶颈”起到关键作用。除此之外，其余的顺序都一致。因此，我们可以归纳出中国企业 OFDI 的四大动因：

1. 寻求境外市场类：转移过剩产能、扩张优势产业

尽管中国国内市场庞大，但是寻求境外市场一直成为大多数中国企业 OFDI 的第一动因，从上述各时期的调查结果足以证明这一点。这类投资又可以细分为以下两种情况：

（1）巩固和扩大原有出口市场。改革开放以来，中国的经济增长在很大程度上依赖于国际市场，尤其是加入 WTO 以后，每年外需拉动占 GDP 均在三成以上。1994 年以来的持续贸易顺差，导致中国外汇储备持续增高，到 2006 年首超日本，居世界首位。2009 年中国出口首超德国，位居世界首位，中国“物美价廉”的出口贸易被全世界分享。

但是，随之而来的是中国成为世界范围内反倾销活动的头号目标。参与反倾销国家的范围从发达国家扩展到发展中国家；方式从构筑传统的关税壁垒转为技术、绿色、特保、人权、劳工标准等现代非关税壁垒；产品从纺织、鞋帽、日用等传统产品向附加值较高的 SDH 光传输设备、货物扫描系统、各种板线管材等机电产品和冶金产品延伸。许多产品的出口市场因贸易摩擦而萎缩甚至失去。

例如，欧盟自 1991 年以来一直对中国彩电征收高额反倾销税，致使中国彩电几乎被排斥在年消费量高达 4000 万台的欧盟彩电市场之外。无独有偶，中国彩电在美国也遭遇类似的境况。为了绕过这些贸易壁垒，维护和扩大原有市场，海尔、康佳、TCL、长虹、创维、海信、厦华等国内主要家电企业纷纷“走出去”到出口市场国或第三国直接投资办厂。如今，海尔集团在东南亚、美国和欧洲等地均建有生产基地；康佳拥有墨西哥、印度尼西亚、土耳其、泰国生产基地；海信在匈牙利、法国等地拥有工厂；TCL 收购德国的施耐德及法国的汤姆逊公司的彩电业务并建立越南

生产基地等。其背后的动因均属于寻求市场。[1]

以往的有关对外直接投资研究（Culem，1988；Heitger & Stehn，1990；Nicolaides & Thomsen，1991）表明，规避已有的或预期的关税与非关税壁垒是大多数跨国企业对外投资的重要动机。Barrell 和 pain（1999）通过实证研究发现日本 OFDI 额与其遭受的反倾销案件数量之间呈显著的正相关关系，大部分日本企业的 OFDI 都被认为是避开反倾销诉讼的方式。

（2）开辟新市场。中国经济发展进入 20 世纪 90 年代以后，基本告别了“短缺”时代，而进入 21 世纪以后，产能过剩问题成为影响中国经济持续稳定增长的突出问题。国家统计局公布的数据显示，受 2008 年国际金融危机的影响，产能过剩的行业由 2005 年的 11 个增加到 2012 年的 21 个[2]。化工、家电、纺织、汽车、装备制造及电子等传统制造行业在国内市场已出于严重的供大于求。在中国国内需求不足以及同类企业竞争激烈的情况下，开辟新的国际市场，转移过剩产能，扩张产业优势，是这些行业进行境外投资的主要动因。

另外，中国现存的出口市场结构不尽合理，过于集中在美国、日本、欧盟等少数发达国家或地区。据统计，这些国家又是对中国实施反倾销最多的国家，采取的反倾销措施也最严厉。因此，中国企业在巩固现有出口市场的同时，应积极开拓其他国际市场，如东南亚、东欧、非洲等新兴的境外市场，以达到降低市场过于集中所带来的各种风险的目的。

经济全球化的今天，世界各国经济的发展已经不可能离开国际市场。国外需求对中国经济的发展无论在过去还是未来都至关重要。中国企业主动“走出去”进行境外投资以巩固出口市场或开拓新的国际市场，突破以传统贸易为主的方式而参与国际分工。企业将生产基地转移出去来改变产品原产地，达到绕过各种贸易壁垒扩大出口目的，实现通过内部转移方式带动原材料、机器设备、零部件等出口的隐性贸易，进而减少尖锐贸易摩

---

① 资料来源：根据中国贸易救济信息网。

② 资料来源：中国工信部网，http：//www. miit. gov. cn/n11293472/index. html。

擦，降低贸易平衡表中历来企高的贸易顺差额，进而缓解人民币不断被升值的压力。总之，从微观角度看，市场寻求型的境外投资能使企业真正融入全球化经济体系，实现多元化经营与规模经济效益，从宏观角度看能达到转移过剩产能、扩张优势产业的目的。

2. 寻求战略资源类：提升产业技术水平，实现产业价值链升级

（1）寻求战略资源的动因。Dunning（1993）指出，“二战”后“寻求战略资源”已为成为跨国企业 OFDI 的主要动因之一，且这种对外投资有快速增长的趋势。这里的战略资源是指信息、技术、管理及品牌等软资源。从表 4－2 中国跨国企业 OFDI 动因的调查也发现，寻求战略性资源居中国企业投资境外动因的第二位甚至成为一些 IT、高新技术及现代服务等产业内的企业对外投资首要动因。其原因有以下两点：

1）市场换技术模式难以获得技术、管理及品牌等核心资源。信息、技术、管理及品牌等战略资源越来越成为现代市场竞争的核心资源，在国际市场上与发达国家跨国公司相比，中国企业或发展中国家的企业最大的劣势就是缺乏核心竞争的资源。中国企业普遍存在研发能力低下、技术老化、管理滞后、品牌意识淡薄等问题。

改革开放以来，中国通过市场换技术的引进来方式来促进经济发展，对中国建立现代企业制度、提升各产业技术水平及推行现代化管理模式起到了不容忽视的作用。但是研究发现，从发达国家或地区引来的大都是已经过时的技术或淘汰的设备，它们仅仅把产业价值链低端的生产环节转移到中国，而一些先进或核心技术往往对外只采用技术贸易的形式；更为严重的是中国成为承接新兴工业化国家（如“亚洲四小龙”等）产业转移的基地，这些产业的 60％～70％属于技术不高的劳动密集型产业。因此，仅靠“引进来”获得国外企业先进的技术与管理，其效果有限。

2）主动“走出去”是获得先进技术、市场渠道等战略性资源的重要路径。当中国企业在技术、管理或规模等方面具备一定优势的前提下，应主动“走出去”，在信息、技术领先的发达国家或地区设立信息与研发中心，利用当地的技术人员、市场信息及先进设施等良好的创新环境进行研

究与开发，跟踪国际最新技术与信息，实现自主创新；通过跨国兼并或收购发达国家的一些公司与高科技企业，直接获得其先进技术、知名品牌、市场渠道等战略性资源。这样，一方面，企业迅速获取相关技术，取得品牌效应或占领当地市场，提高企业的核心竞争力；同时，跨国企业也应在世界范围内建立水平与垂直的分工体系，优化配置好产业链微笑曲线的各个环节，尽可能实现向产业价值链两端的研发设计、营销渠道及售后服务等高附加价值延伸。另一方面，跨国企业通过内部交易将在国外获得的先进技术或管理经验不断向国内母公司转移，再通过技术反向溢出效应与辐射效应，进而提高国内产业的技术水平和产业国际竞争能力。

（2）案例论证。进入 20 世纪以后，海尔、华为、中兴、联想、康佳及格力等在中国迅速成长的优秀企业为弥补国内技术力量不足、技术与市场信息的滞后等问题，纷纷“走出去”在境外设立研发中心，或通过并购发达国家或地区的著名企业或其部分业务以获取技术、管理、品牌及销售网络等战略性资源。

2002 年，TCL 以 820 万欧元收购了具有 113 年历史的德国民族品牌——施耐德（Sehneider）。TCL 既获得了施耐德的彩电生产线与其高新技术，同时还突破了欧盟历年对中国彩电高高筑起的贸易壁垒，顺利进入这个年销售额达 2 亿欧元、年销量达 4000 万台彩电的欧洲市场。

2003 年，上海电气集团收购日本秋山印刷设备制造公司并获得该企业世界领先的胶印机技术、多项国际专利、全球知名品牌及销售网络；京东方科技以 3.8 亿美元成功收购韩国现代显示技术株式会社（HYDIS）的 TFT - LCD 技术（即薄膜晶体管液晶显示器），中国首次获得了 TFT - LCD 的核心技术。

2005 年 5 月，联想以 17.5 亿美元成功收购“蓝色巨人”IBM 的 PC 业务，并立即获得了 IBM 这个世界级的品牌，其分布全球的 4000 多项专利技术及世界领先的 Think 系列笔记本电脑研发能力，提高了联想的技术实力与创新能力。

2008 年金融危机后，中国企业加快了境外战略性并购的步伐：2009

年6月，四川腾中重工对美国通用汽车旗下的“悍马”品牌蠢蠢欲动；2009年6月，吉利以7000万澳元全资收购全球排名第二的汽车自动变速器生产企业；2009年11月，京西重工以9000万美元收购德尔福在全球的13家悬架及制动业务工厂及技术中心；2009年12月，北汽以2亿美元的价格收购萨博3个整车平台、2款发动机及2款变速箱技术及萨博的“Know－How”；2010年8月，吉利以18亿美元的价格完成了对沃尔沃轿车公司100%股权的收购；2010年11月，北京太平洋世纪汽车系统有限公司出价4.2亿美元以100%股权收购通用汽车旗下子公司Nexteer的全部转向与传动业务，其中包括北美、南美、欧洲和亚洲的全部22个生产厂，创中国汽车零部件企业最大的境外并购；2011年2月，北汽以约3100万欧元的价格收购瑞典威格尔变速箱厂的全部设备及技术。[①]

“一带一路”倡议提出后，中国企业站上新高度在境外继续展开并购。2014年9月，联想以21亿美元收购IBMx86服务器业务，这是联想将IBM的个人PC业务收入囊中近10年后，又一次站在全新的起点上。2016年12月30日，美的集团完成对德国库卡集团的要约收购（库卡为全球知名的智能自动化解决方案供应商，被称为德国“工业4.0”战略的核心企业。2016年1月，海尔以55.8亿美元收购通用家电，成为中国家电业最大一笔海外并购。2017年，吉利集团收购英国豪华跑车品牌路特斯集团（LotusGroup）的51%股份。2018年2月，吉利集团以90亿美元收购戴姆勒9.69%的股份成为最大股东。

3. 寻求自然资源类：确保国内产业发展的可持续性

（1）寻求自然资源的动因。随着中国经济规模快速扩大，自然资源的短缺越来越成为中国经济持续发展的突出矛盾。虽然中国资源种类比较齐全，但是人均占有资源却相对贫乏。不仅石油、天然气、黑色或有色金属矿产等工业资源成为世界上最大的进口国，石油、铁矿石及精铜矿等外贸依存度均已超过50%，而且土地、水、森林、渔牧等农业资源也逐现紧

① 资料来源：根据中国并购公会，http：//www.ma－china.com//整理。

张。由于直接进口资源往往缺乏主动权并使成本大大提高，同时又因为资源价格的连续上升所带来的利润空间变窄，促使中国相关企业在境外寻求资源的投资动因迅速增强。尤其是政府从国民经济长远发展的战略眼光出发，为保证国内产业可持续性发展，往往采取各种鼓励措施支持中国的国有企业“走出去”从事开采石油、铁矿石等境外投资活动，为此，国有企业成为境外寻求自然资源的主力军。

（2）案例论证。[①] 2002 年，中海油收购西班牙瑞普索公司在印度尼西亚的五大油田的部分权益，成为其最大的海上石油生产商，之后又收购英国石油（BP）持有的印度尼西亚 Tangguh 气田的股权；同年，中石油收购印度尼西亚戴文能源集团的资产。

2003 年，中海油收购英国天然气在哈萨克斯坦里海北部项目；2005 年中石油以 41.8 亿美元收购哈萨克斯坦 PK 石油公司 100% 股权，使得中石油拥有 PK 公司在哈萨克斯坦的 12 个油田的权益。

2006 年，中石化斥资 35 亿美元，联手俄罗斯石油公司（Rosneft）收购秋明—BP 旗下的乌德穆尔特石油公司 86% 的股份，使得中石化每年增加石油产量约 600 万吨，同时使其石油储备增加 14%。2008 年，中石化以 20.7 亿加元收购加拿大石油开采商 Tanganyika Oil 的全部股权，Tanganyika Oil 公司的石油和天然气资源主要在叙利亚，开发的油田石油储量超过 55 亿桶。

2008 年，中国铝业公司（Chinalco）宣布联合美国铝业公司，以 140.5 亿美元价格，获得全球第二大采矿业集团力拓的伦敦上市公司 Rio Tinto PLC12% 的股权。这是中国企业有史以来规模最大的一次境外并购，也是全球金额最大的股票交易项目。此次入股打乱了必和必拓并购力拓进而垄断国际铁矿石市场的计划，也使中国企业第一次在国际铁矿石谈判中具有一定发言权。

2009 年，中石化以 495 亿元收购瑞士的 Addax 石油公司全部股份，在

① 资料来源：根据中国并购公会，http：//www.ma-china.com/整理。

金融危机背景下，中石化把握住了一次获得境外优质资源的好机会。2009年兖州煤业以29亿美元的价格收购澳大利亚Felix公司100%流通股票，此笔交易成为中国企业迄今为止在澳大利亚最大的并购交易。

2010年，中石化以24.5亿美元收购西方石油公司阿根廷子公司100%股份及其关联公司，通过本次交易，中石化获得了西方石油公司阿根廷子公司及其关联公司的23个生产和勘探区块，2010年累计生产原油1500多万桶，销售天然气140亿立方英尺。

2012年1月，中石化全资子公司——国际石油勘探开发有限公司收购戴文能源公司在美国Niobrara、Mississippian、Utica Ohio、Utica Michigan和Tuscaloosa 5个页岩油气资产1/3的权益；2012年2月，以8加元每股收购Anvil的全部普通股，交易金额达13.3亿加元；2012年7月23日，中海油（CNOOC）宣布以每股27.5美元的价格现金收购尼克森石油公司（Nexon），交易总价值达151亿美元。

2014年，五矿资源与国新国际投资有限公司和中信金属有限公司组成的联合体收购秘鲁邦巴斯项目铜矿项目（Las Bambas）的全部股权，交易对价为58.5亿美元（约合356.1亿元）。

2017年，中国化工集团以421亿美元收购瑞士先正达公司98.06%股权。成为国有企业“走出去”实施的最大海外并购项目。

除此之外，农、林、渔、牧业及严重依赖原材料的生产企业（如造纸、家具等）也纷纷走出国门开展寻求资源的境外直接投资，它们要么直接将生产基地移至境外，要么在境外直接将获得的资源输入国内的工厂，以此缓解由于资源短缺所导致的资源价格上升及瓶颈问题。

2004年，黑龙江农垦、湖北农垦、陕西农垦及新天集团先后在俄罗斯、莫桑比克、喀麦隆、哈萨克斯坦等国家租地种粮，种植面积已经超过70万亩；同年，作为中国三大橡胶生产企业的广东农垦率先通过境外并购成为国内橡胶业的先行者，先后在越南、泰国及马来西亚等地收购并扩建了5座天然橡胶加工厂，并建立了一个天然橡胶种植基地，天然橡胶生产能力达到20.6万吨。

另据统计，当前中国每年的木材总需求量为 3.05 亿～3.2 亿立方米，而国内实际可能供给量为 1.77 亿立方米，这样的供需矛盾促使中国林业经营企业到境外寻求林业资源以弥补每年高达 1.28 亿～1.43 亿立方米的缺口。

2006 年，中国国有林业公司以 10 亿美元投资印度尼西亚的巴布亚省材林项目，主要从事印茄木的种植，并成立一家原木加工厂进行木材加工。截止到 2010 年底，仅山东一省就有 17 家涉林企业在境外成立公司，从事森林采伐、木材加工、造林育林、花卉培育等产业，已租赁或购置森林面积 3.5 万平方千米，木材蓄积量 4 亿立方米。森林资源的匮乏引起中国造纸企业不得不“走出去”到境外投资森林。2009 年，太阳纸业投资 1.97 亿美元在老挝植树造林为实施林浆纸一体化项目做准备。

近年来，随着中国渔业的捕捞能力过剩及劳动力闲置的趋势不断加剧，中国渔业也“走出去”进行海洋资源的开发。自 2004 年，中国首家渔业公司在多哥成立以来，已有远洋渔业企业 89 家，远洋渔船约 2000 艘，4 万人在印度洋、大西洋、太平洋公海以及 32 个国家的渔业专署区进行合作开发。截至 2010 年 6 月，已有 50 万浙商在全球 40 多个国家和地区从事农、林、牧、渔等产业的投资，境外承包土地面积达 300 余万亩。[①]

4. 寻求生产效率类：发挥比较优势，转移边际产业

Dunning（1993）指出效率寻求型投资是发达国家企业 OFDI 的重要动因之一。出于这种动因而开展 OFDI 的企业往往是具有规模、管理及技术的绝对或比较优势的跨国公司，它们通过公司内部的水平或垂直分工，利用各国的资源禀赋、市场结构、经济体制及优惠政策等因素的差别，实现在全球范围内的产业价值链配置，形成国际专业化生产网络，以获取来自生产成本降低、规模与空间经济及分散风险等优势带来的效益。

改革开放 40 多年来，中国许多企业通过技术或管理的引进、吸收及创新后，尽管不具备像发达国家的跨国公司一样所谓的绝对优势，但是在

---

① 资料来源：均根据农业部国际交流合作信息网，http：//www.cicos.agri.gov.cn/sites/MainSite/整理。

满足小规模市场、不同市场层次、适合简单化与标准化的小规模生产技术及技术地方化等方面拥有比较优势。轻工、纺织业等劳动密集型产业，家电、交通设备、通信等部分资本密集型产业都有这方面的特征。

近年来，随着技术的提高及产能的快速扩大，这些行业一方面在国内市场已逐渐趋于饱和状态，属于边际产业；另一方面，中国东部沿海的一些发达城市（如广东、深圳、上海等）的土地费用与劳动力成本逐年上升，导致许多劳动密集型制造业的成本提高，进而丧失国际竞争力。为此，一些大型轻工、纺织企业将生产环节移至泰国、越南、南非、埃及、毛里求斯及埃塞俄比亚等东南亚及非洲国家，这些国家往往具有丰富的劳动力，同时这些国家为了吸引外资也纷纷推出各种有利的优惠政策（如融资便利、低税收等）。这样既可以降低生产成本、节约运输成本从而提高生产效率，又可以延长产品的生命周期，实现边际产业的转移，更可以达到实现规模经济、靠近国际市场、培养“干中学”能力的目的。

当然，中国劳动力资源本身是丰富的。因此，劳动力成本并非是电子、家电、交通设备及通信等行业的跨国公司 OFDI 的首要动因，扩大市场规模、寻求一体化协同效率才是其国际化更重要的动因。海尔、联想、华为及中兴等境外投资无一不是出于这样的考虑。

第三节　中国OFDI的产业调整导向：基于不同动因

一、先导产业：战略资源导向型

（一）先导产业的战略资源导向型投资是由其地位与作用决定

第三章已经指出先导产业引领一国产业发展与结构调整的方向，是先进技术的代表，是国家必需先行发展的产业，事关一国国民经济发展的未来。该产业增长潜力大，对经济增长贡献的弹性高，如果忽视培育和扶持先导产业，将导致一国未来经济增长缺乏主导产业推动，进而丧失国家的竞争优势。后发优势理论指出，在开放的经济中，发展中国家在政府的有效引导下，使母国部分产业率先“走出去”，通过对发达国家先进的产业技术、管理、制度等学习和创新，既可以使“走出去”的产业直接实现跨越式发展，又可以通过技术的逆向外溢效应和扩散效应，间接形成对母国其他产业技术升级的直接推动，进而实现母国整体产业结构优化升级。美国经济超过英国、战后日本经济的起飞及“亚洲四小龙”的快速发展等均是后发国家追赶发达国家的成功范例。

（二）信息传输计算机服务和软件业等知识密集型产业应该成为战略资源导向型投资的“先行者”

从先导产业的特点可以看出，该产业无疑应该成为“走出去”的先行者。科学研究、技术服务、信息传输、计算机服务和软件业等知识密集型产业具有典型的先导产业特征。这些产业本身发展前景广阔并且具有巨大的发展潜力与较高的技术承载力，因此，该产业内的企业在寻求信息、技术及管理等战略资源的 OFDI 时，能更直接、更快捷地与东道国相关行业进行互动与对接；更重要是的在打破发达国家对先进技术的垄断与封锁方面具有先天的优势。中国的航空航天、生物化学、交通运输及信息与软件等产业内的企业从一开始“走出去”就通过直接投资或并购发达国家的科研机构和技术公司，利用交叉转让、联合研发项目等多种形式参与发达国家的技术密集型产业分工与合作，以获取先进的技术、管理经验或知名品牌，提高本产业的研发能力、管理水平或国际市场占有率；同时通过技术的回流与扩散效应，推动国内其他产业的技术改造，实现产业的整体升级。

（三）先导产业中金融保险、国际商务及咨询管理等服务业应积极“走出去”寻找战略资源

发达的服务业是一国产业结构高级化的体现，当今世界的对外投资向

服务业转移趋势明显，特别是高附加值的金融保险、现代物流、信息管理、会展及国际商务等现代服务业的对外投资比重逐年加大。现代服务业是新经济的体现，它具有国际化、信息化、品牌化及规模化等优势，更突出高成长、高技术、高知识含量及强辐射的产业特点，对优化一国产业结构，提高产业竞争力具有重要的作用。中国服务业的水平与发达国家相比具有相当大的差距，贸易、旅游及餐饮等传统服务业仍然占主导，而滞后的现代服务业对其他产业的快速发展形成了严重制约。因此，中国企业应该主动“走出去”寻求先进的服务技术与管理，借鉴现代化理念发展金融保险、电信服务及国际商务等现代服务业，为中国大规模发展其他产业或产业的升级换代提供配套服务。

（四）案例论证

近年来，银行、保险及证券等行业加快了投资境外的步伐，从工、农、中、建四大国有银行到招商、民生等股份制银行纷纷到海处设立分支机构或并购东道国相关金融机构。例如，2006 年，工商银行先后并购了印度尼西亚哈林银行、南非标准银行、泰国 ACL 银行及加拿大东亚银行等；建设银行先后并购美国银行（亚洲）公司；中国银行先后并购东亚银行、法国洛希尔银行及瑞士 HFM 基金管理公司等。国家开发银行入股英国巴克莱银行及招商银行并购香港永隆银行等；2007 年，中国平安保险收购欧洲富通集团 4.18% 的股权；2015 年，安邦保险收购东洋人寿 63% 的股份，出资 1.5 亿欧元收购荷兰 VIVAT 保险公司，以每股 26.80 美元的价格收购美国信保人寿保险公司（Fidelity & Guaranty Life Insurance Company）100% 流通股股权以实现保险业务在欧美等发达国家的布局。

除此之外，中国的电信、电力、酒店管理及法律咨询等服务业也为寻求战略资源而启动了境外投资。例如，2002 年，中国网通收购美国亚洲环球电讯公司；2007 年，中国国家电网成功竞购菲律宾电网运营权、中国移动收购巴基斯坦运营商 Paktel 公司 89% 的股份；2009 年，中国移动收购台湾远传电信 12% 股份、上海锦江收购美国州际、君合律师事务所因参与北汽—萨博收购案例而成为中国律师服务业“走出去”的领头羊；2010 年，中电控股收购澳大利亚 Delta Western 售电权合约及 Energy Australia 能源零售业务等；2013 年，国家电网出资约 60 亿美元收购澳大利亚 Jemena 公司的 60% 股权和新能源澳洲网络 19.1% 的股份；2016 年，国家电网以 600 亿元巨资买下巴西 CPFL 公司 68% 的股份，这意味着国家电网在巴西市场实现电力发、输、配及售业务领域的全面覆盖。[①]

二、主导产业：市场与效率导向型

主导产业是指在国民经济发展中正处于迅速发展并对整个产业发展具有主导和支撑作用的产业。增长性快、带动力强、比较优势、规模优势及经济贡献大等是这类产业的特征。在中国是一些影响力大或附加值高的劳动、技术与资本密集型产业，如纺织、化工、金属冶炼及通信设备等制造业。

（一）巩固与拓展国际市场是主导产业基于市场导向型投资的主要目的之一

当前，主导产业在中国表现出对外依存度高、与其他产业关联效应强的特点，因此该产业应开放以维护原来出口市场与扩大新市场为导向的 OFDI。中国加入 WTO 后，尽管传统的关税贸易壁垒逐渐减少，但各种技术型、绿色型及社会型等现代非关税壁垒层出不穷，成为近年中国产品出口的新障碍。突破贸易壁垒、维护与开拓市场成为主导产业 OFDI 的主要目的。同时，借助主导产业的关联效应可以带动其他相关产业的快速发展。有研究表明，中国家电、电气及机械等行业的对外投资对相关行业配套产品的出口带动作用非常大。据统计，中国家电行业 OFDI 的出口带动系数达到20～30，并且这种带动作用是长期的（王玉梁，2005）。截至 2015 年，经商务部核准的境外纺织服装企业达 1862 家，其中 93% 分布在亚洲、非洲、拉美等发展中国家，且中方投资额的 80% 是设备（且大部分

① 资料来源：根据中国并购公会，http：//www. ma－china. com//整理。

是国产设备）、原材料等实物投资。[①] 这些企业的OFDI，突破了各种贸易壁垒，巩固与扩大的国际市场，带动了相关产品的出口。

（二）发挥比较优势是主导产业基于效率导向型投资的另一目的

主导产业中许多行业都已进入现代化、标准化及规模化的成熟发展阶段，在技术、管理方面与许多发展中国家相比具有较强的比较优势，OFDI成功的可能性大。例如，主导产业中的纺织、服装、制鞋、自行车及家电等行业的OFDI。这些行业的企业将生产环节移至境外，既能应对国内市场饱和、缓解产能过剩，又能发挥其比较优势，提高生产效率。更为重要的是，这些边际产业的境外转移，不仅扩大了国内比较劣势产业的国际市场份额，而且可以为国内其他产业的发展留出更多空间及提供更多的资金支持。

三、支柱产业：市场与战略资源导向型

（一）部分具有比较优势的支柱产业可适当开展市场导向型对外投资

由于支柱产业的规模在国民经济中处于绝对优势，它在国民经济发展中位居基础地位。例如，农林牧渔、电力热力的生产及供应、交通运输、房地产、批发和零售业等涉及民生的基础产业。它们在整个产业结构体系中的规模占比较大，是解决就业、改善生活及支撑整个经济运行的基础力量，因此支柱产业的落脚点应该面向国内，而不能简单地强调其对外投资而转移产业。

而部分具有比较优势的支柱产业（如工程承包型建筑业、电力生产等）通过大量对外工程承包和自身竞争力提升，既能拉动大量劳务输出解决就业，又能带动各种建筑材料、配套设施及工程机械的出口。截止到2008年，中国在非洲安哥拉承包工程累计合同金额达到188.7亿美元，仅2005年柳工机械与中联重科分别获得了装载机、挖掘机、台塔机及起重机等工程机械1200万美元及700万美元的出口大单；2007年，东方电气、

① 资料来源：中国纺织经济信息网，http://www.ctei.gov.cn/。

上海电气、哈尔滨动力设备公司会同中国技术进出口总公司，共同承接印度尼西亚的装机容量达 1000 万千瓦燃煤电站的建设项目（该项目是迄今为止中国发电设备企业在国外承接的最大规模的电力项目），建设期为 36 个月，项目总金额高达 70 亿美元。[①] 随着项目的推进，东方电机、东方锅炉及上电股份等电力设备制造企业将成为直接受益者。2018 年，中国在"一带一路"沿线国家对外承包工程新签合同额 1257.8 亿美元，占同期我国对外承包工程新签合同额的 52%。这些项目极大地带动了国内各种建筑材料、配套设施及工程机械的出口。[②]

（二）支柱产业中的交通运输等服务业应积极开展战略资源导向型对外投资

交通运输、仓储、批发和零售等服务业的 OFDI，是为了配合其他产业的贸易需要或"走出去"而投资的。这部分支柱产业在对外投资时应该寻求先进的服务技术、信息及管理等战略资源，借鉴现代服务理念，对仓储、运输及商贸等产业链加以整合，发展现代物流、商贸服务业。对批发和零售等商业通过引入网络技术，提高管理效率并创新出各种新的商业模式，如当前日益盛行的网购模式。

例如，2001 年，中远集团在战略上提出"从全球航运承运人向以航运为依托的全球物流经营人转变、从跨国经营向跨国公司转变"的构想，在战术上通过率先加入联合国"全球契约"行动、引入风险管理、借用美国六西格玛质量管理的理念和方法、运用信息技术手段等进行业务流程再造和管理创新。现已形成以北京为中心，以中国香港、新加坡、韩国、日本、澳洲、西亚、美洲、欧洲及非洲九大区域公司为支点，在全球 50 多个国家和地区拥有千余家企业和分支机构的集航运、物流、码头、船舶修造为一体的全球经营网络与服务体系，为中国其他产业的对外贸易提供更优质的服务。2017 年 7 月，中远海运联合上海国际港务集团对东方海外以

① 资料来源：中国驻安哥拉大使馆经商参处网站，http://ao.mofcom.gov.cn/aarticle/zxhz/tzwl/。

② 资料来源：中国商务部，http://www.mofcom.gov.cn/。

31%溢价，总共492.31亿港元（428.70亿元）发起全面收购要约，交易完成后中远海运持有东方海外90.1%的股权，上港集团则持股9.9%。收购完成后中远集团将成为全球第三大集装箱运营企业，仅次于丹麦马士基航运公司和总部位于瑞士的地中海航运公司。①

四、瓶颈产业：自然资源导向型

（一）瓶颈产业的特征决定其应以寻求自然资源为导向的对外投资

瓶颈产业是指在国民经济中发展滞后或衰退，但同时在国家产业发展中又不可或缺的一些基础性产业。例如，煤炭采选业、石油和天然气开采业、金属矿采选业等。这些产业往往处于产业链的最上游，对下游的产业存在严重的制约作用甚至影响整个国民经济正常运行。随着中国经济的快速增长，经济总量不断攀升，国内石油、天然气、煤及铁矿石等自然资源的供需矛盾日益凸显，资源的持续短缺已成为其他产业进一步发展的瓶颈。虽然中国地大物博、资源丰富，但是人均拥有的资源禀赋相当匮乏，更有许多自然资源本身的储量均低于世界平均水平。因此，在国际市场上获取这些资源，便成为弥补国内自然禀赋的不足、支持国内产业结构优化升级的重要途径。

例如，20世纪80年代，自然资源严重短缺的日本，天然气的进口就已占总进口的一半（汪琦，2004），为此，日本向东南亚、澳大利亚及加拿大等国家与地区进行大规模资源寻求型的境外投资，支持国内产业结构调整，并顺利完成了劳动与资本密集型产业向以技术与知识型产业为主导的过渡。

（二）国际自然资源的激烈争夺，给瓶颈产业的OFDI带来了挑战

当前，国际市场上对资源的争夺异常激烈，各资源消耗大国除采用贸易、对外合作、开发等经济手段进行获取外，为此甚至引发了政治斗争与战争爆发。近年来，中东战火不断的背后就是争夺资源。通过贸易形式进

① 资料来源：中远集团网站，http://www.cosco.com/cn/。

口资源，由于国际市场供应的不稳定及价格的波动而受到冲击，进口企业总处于话语权缺失的被动地位。因此，瓶颈产业内的企业应通过 OFDI，与东道国企业进行合资、合作或绿地投资等方式，直接参与开发资源，以建立稳定的境外资源供应渠道，然后就地生产加工直接销往国际市场，或输送到国内弥补资源的缺口。

（三）案例论证

2002 年以来，中国“三大油”（即中石油、中海油及中石化）通过收购、兼并或控股等多种方式，加大力度开展境外投资，取得了哈萨克斯坦、澳大利亚、印度尼西亚、厄瓜多尔、阿根廷、尼日利亚、叙利亚等国家的油田或气田的开采与勘探权，弥补了中国石油及天然气对外依存度超过 50% 及 30% 的资源缺口，为中国产业持续发展提供了动力支持。[①]

2004 年，武钢、马钢、沙钢和唐钢四大钢铁集团通过组建合资公司的方式，获得必和必拓转租的 Jimblebar 铁矿 40% 的股权，这项合资协议价值 90 亿美元，为期 25 年，从而获得每年购买 1200 万吨铁矿石的权利，它使中国钢铁制造企业首次获得稳定和长期的铁矿石供给。

2008 年，中国铝业收购力拓公司（Rio Tinto PLC）12% 的股权，使中国企业首次在国际铁矿石市场的谈判中取得了一定话语权，为中国钢铁企业摆脱“被上游铁矿石资源控制”的境况迈出了重要一步。[②]

2012 年 1 月，中石化全资子公司——国际石油勘探开发有限公司收购戴文能源公司在美国 Niobrara、Mississippian、Utica Ohio、Utica Michigan 和 Tuscaloosa 5 个页岩油气资产 1/3 的权益；2012 年 2 月，以 8 加元每股收购 Anvil 的全部普通股，交易金额达 13. 3 亿加元；2012 年 7 月 23 日，中海油（CNOOC）宣布将以每股 27. 5 美元的价格现金收购尼克森石油公司（Nexon），交易总价值达 151 亿美元。

2013 年 3 月，中石油斥资约 255 亿元（42 亿美元）收购埃尼东非天

---

① 资料来源：中国石油经济技术研究院：《2011 年国内外油气行业发展报告》，2012 年 9 月。

② 资料来源：根据中国并购公会，http：//www. ma－china. com//整理。

然气区块20%权益，成为中国迄今为止对海外天然气田最大的一笔投资；同年8月，再以188亿元（约合31亿美元）现金收购阿帕奇集团的埃及油气业务33%的权益。

2014年，五矿资源与国新国际投资有限公司和中信金属有限公司组成的联合体收购秘鲁邦巴斯铜矿项目（Las Bambas）的全部股权，交易对价为58.5亿美元（约合356.1亿元）。

第五章

中国 OFDI 的产业现状及问题分析

通过对当前中国对外产业投资形成的现状及产业效率展开深入的统计及实证分析，并与前文的客观条件或主观需求进行比较找出存在的差距，为制定正确的对外产业投资策略与政策优化提供更具针对性的客观依据。本章及第六章、第七章的主要内容都是围绕着该宗旨展开的。

第一节　中国OFDI的总体状况

一、中国 OFDI 在全球的地位

（一）新时代前中国 OFDI 虽然总体所占比例有限，但增速居世界之首

中国的 OFDI 在历经探索、尝试、起步及成长四个阶段后，在全球的 OFDI 中占有的地位逐年上升，但总体所占比例仍然有限。从历年中国 OFDI 的流量占全球、发展中国家及亚洲国家的比重来看，整体呈波动上升趋势，其中流量占全球、发展中国家及亚洲的比重分别由 1982 年的 0.2%、1.8%、0.8% 上升到 2010 年的 5.2%、21% 及 28.1%（见图 5－1），存量占全球的比重由 1982 年的 0.2% 上升到 2010 年的 1.6%。另外，从中国的

对外投资流量与存量的年均增长率来看，尽管有阶段性的波动，但总体而言，流量规模由1982年的0.44亿美元增加到2010年的688.1亿美元，年均增长率30.4%，大大超过同期全球14.6%、发展中国家18.2%、亚洲13.5%的年均增长率；存量规模由1980年的0.39亿美元增加到2010年的3172.1亿美元，年均增长率为35.2%，远远超过同期全球12.4%、发展中国家12.6%、亚洲15.7%的年均增长率。① 由此可见，中国的OFDI在全球、发展中国家及亚洲地区的地位不断提高。

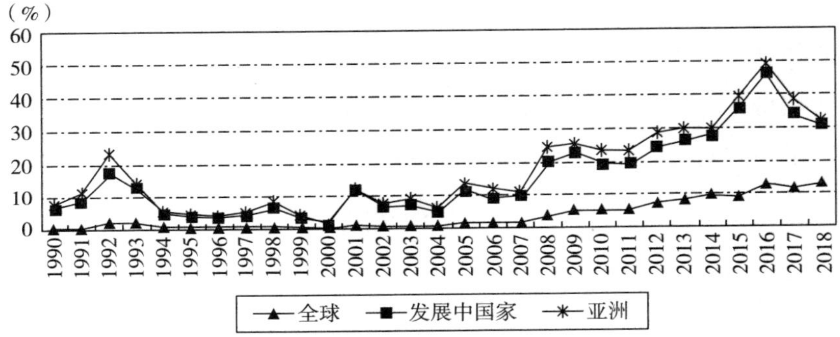

图5-1 1990~2018年中国OFDI流量占全球、发展中国家和亚洲的比重

资料来源：根据联合国贸发会议（UNCTAD）的历年《世界投资报告》整理。

（二）新时代后中国OFDI增长迅猛，增速世界第一，流量规模世界第二

进入新时代，在中国政府实施“一带一路”倡议后，中国的对外投资进入迅猛发展时期（见图5-2）。中国OFDI流量占全球、发展中国家及亚洲的比重分别由2010年的5.2%、21%及28.1%上升到2016年的历史新高，12.7%、46.7%及49.1%②。联合国贸发会议（UNCTAD）《2019

① 资料来源：根据联合国贸发会议（UNCTAD）的历年《世界投资报告》整理。

② 资料来源：根据历年《中国对外直接投资统计公报》计算整理，本章其他未标注来源的数据与此相同。

年世界投资报告》显示，2018 年，中国作为资本输出国，在世界各国笼罩在新贸易保护主义的情况下，中国的对外投资额仍达到 1340.1 亿美元，排名世界第二，比排名第一的日本只差 1.2 亿美元。截至 2018 年末，中国 OFDI 存量占全球的比重由 2010 年的 1.6% 上升到 2018 年的 6.4% 居全球第三，仅次于美国、荷兰。①

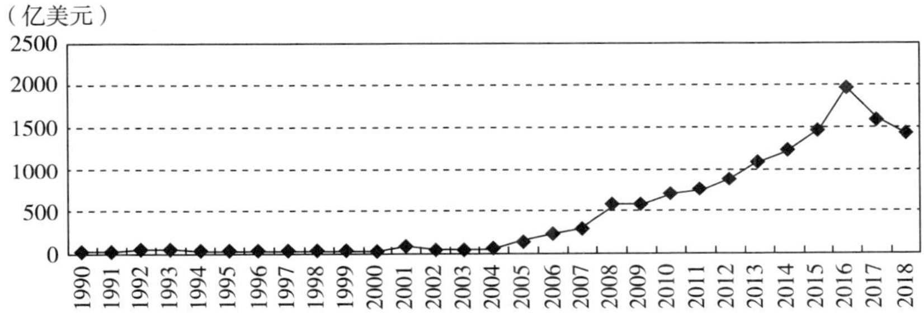

图 5－2　1990～2018 年中国 OFDI 流量

资料来源：1990～2001 年中国 OFDI 流量数据来源于历年《中国统计年鉴》，2002～2018 年数据来源于历年《中国对外直接投资统计公报》。

二、中国 OFDI 的总体特征

（一）2000 年成为中国 OFDI 的“分水岭”

图 5－2 清楚地表明 20 世纪 90 年代以前，中国 OFDI 的规模很小且稳定；直到 1992 年后，中央出台了一系列 OFDI 的配套政策，积极倡导扩大我国企业的对外开放和跨国经营，OFDI 规模明显扩大，但幅度仍然较小；当进入 21 世纪以后，政府真正将“走出去”与“引进来”摆上同等重要的战略地位，尤其是党的十八大之后推出的“一带一路”倡议后，中国的 OFDI 总体规模才得以迅猛增长，并极快地缩小了与中国引进 FDI 规模的差距（见图 5－3）。数据表明，1990 年中国引进 FDI 与 OFDI 的规模分别

① 资料来源：根据联合国贸发会议（UNCTAD）《2019 年世界投资报告》整理。

为34.9亿美元与8.3亿美元，两者之比为4.2∶1，到2010年中国引进的FDI流量为1057亿美元，相应的OFDI流量达688.1亿美元，两者之比变成1.54∶1。图5－3显示，2000年以后，中国的OFDI出现转折，发展势头迅猛，并且与中国引进的FDI线有明显的收敛趋势，到2014年中国OFDI的流出量超过FDI流入量成为净外资流出国。同时，近十年来中国OFDI中非金融类投资额占据主导地位，每年达88%以上，中国跨国企业在国际舞台上扮演着越来越重要的角色。①

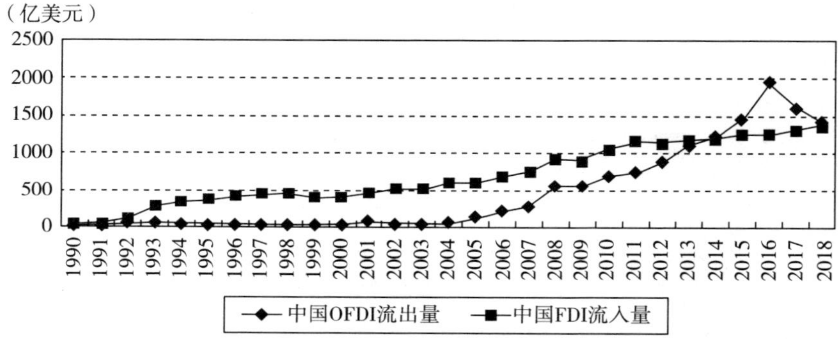

图5－3　1990～2018年中国OFDI与引进FDI流量的对比

资料来源：中国FDI流入数据来自历年《中国统计年鉴》，1990～2001年中国OFDI数据来自历年《中国国际收支平衡表》，2002～2018年中国OFDI数据来自历年《中国对外直接投资统计公报》。

（二）OFDI区位分布广，但集中倾向明显

截止到2018年末，中国对直接投资分布在全球188个国家（地区），但是地区分布不均衡，以2018年末的中国OFDI总存量来看：亚洲12761.34亿美元，占64.4%；拉丁美洲4067.72亿美元，占20.5%；非洲461.04亿美元，占2.3%；欧洲1127.97亿美元，占5.7%；大洋洲441.11亿美元，占2.2%；北美洲963.48亿美元，占4.9%（见图5－4）。亚洲与

① 资料来源：根据历年《中国统计年鉴》、《中国国际收支平衡表》整理。

拉丁美洲是存量高度集中的地区，两者之和约占总量的 85%。到 2018 年底，中国 OFDI 存量排前 5 位的国家（地区）占总存量的 81.5%，其中中国香港（占 55.5%）、开曼群岛（占 13.1%）、英属维尔京群岛（占 6.6%）、美国（占 3.8%）、新加坡（占 2.5%），排前 10 位的国家（地区）占 86.9%，前 20 位的占 91.7%（见表 5－1）。

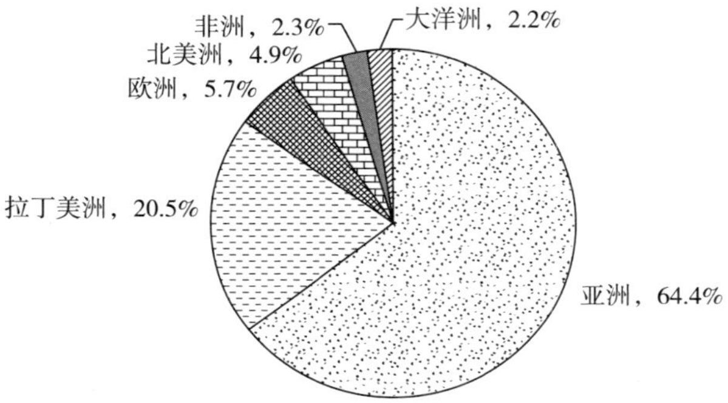

图 5－4　2018 年末中国 OFDI 存量分布

资料来源：根据《2018 年中国对外直接投资统计公报》整理。

表 5－1　2018 年末中国 OFDI 存量前二十位国家（地区）

序号	国家或地区	存量（亿美元）	占总存量比（%）
1	中国香港	11003.9	55.5
2	开曼群鸟	2592.2	13.1
3	英属维尔京群岛	1305.0	6.6
4	美国	755.1	3.8
5	新加坡	500.9	2.5
前 5 位合计		16157.1	81.5
6	澳大利亚	383.8	1.9
7	英国	198.8	1.0
8	荷兰	194.3	1.0
9	卢森堡	153.9	0.8

续表

序号	国家或地区	存量（亿美元）	占总存量比（%）
10	俄罗斯联邦	142.1	0.7
前10位合计		17230.0	86.9
11	德国	136.9	0.7
12	印度尼西亚	128.1	0.7
13	加拿大	125.2	0.6
14	中国澳门	88.7	0.5
15	马来西亚	83.9	0.4
16	百慕大群岛	83.2	0.4
17	老挝	83.1	0.4
18	哈萨克斯坦	73.4	0.4
19	瑞典	69.0	0.4
20	韩国	67.1	0.3
前20位合计		18168.6	91.7

资料来源：根据《2018年中国对外直接投资统计公报》整理。

由此可见，中国OFDI的鲜明特点是绝大部分投资流向了中国香港、开曼群岛、英属维尔京群岛等传统避税地区，这些地区的投资是不能说明真正的流向，因为许多投资只是作为外资的中转站。除此之外，亚洲的新加坡、印度尼西亚、马来西亚、老挝及韩国；欧洲的英国、荷兰、卢森堡、俄罗斯、德国；北美洲的美国及加拿大；大洋洲的澳大利亚等发达国家或地区成为中国OFDI的高度集中区域，而非洲的发展中国家的投资存量却占比很小（见表5-1）。

（三）“一带一路”成绩凸显，对沿线国家投资量明显增加

自2013年中国推出“一带一路”倡议以来，在“一带一路”沿线63个国家共设立境外企业超过1万家，投资行业主要是基础建设、制造业、电力生产、科学研究、技术服务批发和零售业等。2018年对“一带一路”国家投资流量178.9亿美元，占当年中国OFDI流量的12.5%，2013~2018年累计投资986.2亿美元。投资地主要是新加坡、俄罗斯、马来西亚、印

度尼西亚、泰国、老挝、越南、柬埔寨、孟加拉国及阿联酋等国家（见图 5－5）。

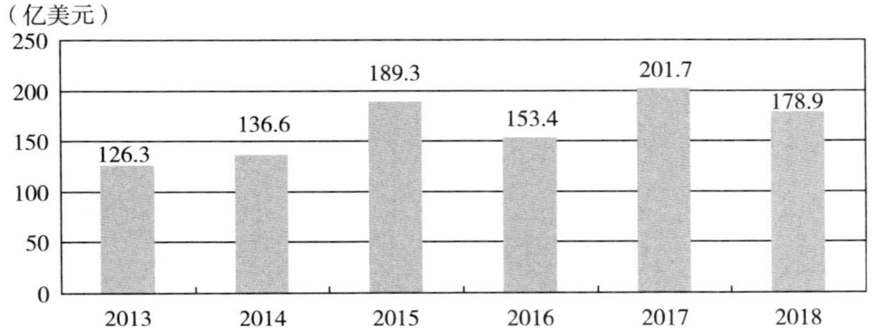

图 5－5　2013～2018 年中国对"一带一路"沿线国家投资情况

资料来源：根据《2018 年中国对外直接投资统计公报》整理。

（四）非国有企业逐渐成为对外投资的主力军

近年来，中国 OFDI 的主体数量急剧上升，全面覆盖各种所有制企业，截止到 2018 年底，中国有 2.7 万家境内投资主体在国（境）外设立 OFDI 企业 4.3 万家。其中国有企业主体占比仅为 4.9%，非国有企业主体占比 85.1%。其中在"一带一路"沿线 63 个国家（地区）共设立境外企业超过 1 万家，2018 年当年直接投资流量 178.9 亿美元，年末存量 1727.7 亿美元，"一带一路"沿线国家占我国整个对外投资量分别为 12.5%。在中国 OFDI 的投资存量中，国有企业占 48%；有限责任公司占 17.7%；股份有限公司占 8.8%；私营企业占 7.1%；个体经营占 5.9%；港澳台投资企业占 5.4%；外商投资企业占 3.1%；股份合作企业占 0.5%；集体企业占 0.3%；其他占 3.2%（见图 5－6）。在非金融类 OFDI 存量中，国有企业和非国有企业分别占 48% 及 52%。地方企业存量占 42.4%，而且地方企业又主要分布在广东、上海、北京、浙江、山东、江苏、天津、福建、海南及河南 10 省市，占地方企业存量总数的 82.5%，仅广东一省就占 26.78%。由此说明，中国对外投资的力量由以国企为主逐渐转变为股份制、有限责任制、私营、个体、港澳台、外商等非国有企业为主的大规模“团队”作战状况，投资主体结构得到优化。

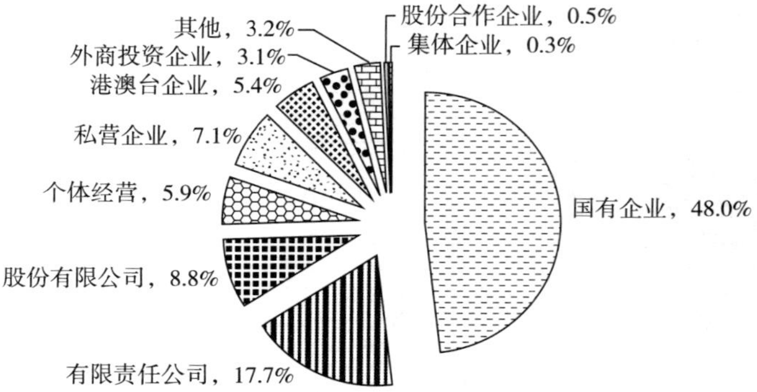

图 5－6　2018 年末中国非金融类 OFDI 存量按境内投资者注册类型分布情况

资料来源：根据《2018 年中国对外直接投资统计公报》整理。

第二节　中国OFDI的产业变迁及特征

一、中国 OFDI 的产业变迁

早在中华人民共和国成立初期，作为对外经济技术合作的一种重要方式，中国企业就开始了 OFDI 活动。那时的中国企业曾在国外开办过一些从事海洋运输、金融、贸易等合营或独资企业。但真正在更广泛的领域内开展 OFDI 应该从 1978 年十一届三中全会以后，在改革开放政策实施以后逐步发展起来的。随着中国经济的腾飞，一些优势产业的国际竞争力逐步增强，不断在境外开拓市场，由出口贸易为主转变成到东道国直接投资办厂与加工贸易并重的局面；一些非优势行业，为了打开境外市场或是获得东道国的技术和信息，也开始在境外寻求合作。回顾改革开放的40多年，中国 OFDI 的产业投资具有一定的阶段特点，总体上可以分为四个阶段。

（一）1979～1988 年：以农业、矿业为先导的 OFDI 的探索阶段

1978 年中共十一届三中全会召开后，改革开放成为中国的基本国策，"引进来"战略成为当时的主旋律，外商投资对中国经济的促进作用是有目共睹的。但是随着经济发展中出现各种矛盾，中国政府与企业对改革开放的认识也逐渐改变，认为"走出去"也是开放的一部分，企业必须走出国门进行对外投资。

1979～1984 年，中国企业以农矿业为先导开始了跨国 OFDI 的探索阶段。20 世纪 80 年代初期，在中国 OFDI 中农业和矿产业的投资占全部对外投资额的比重一般在 70% 以上。而在第二、第三产业的投资占全部对外投资的比重仅约为 5% 和 13%。例如，1984 年，中国在农业和矿产业的投资占全部对外投资额的比重为 79.3%，而在第二、第三产业的投资比重只占 7% 和 13.7%。

随着企业对外投资在探索过程不断地积累经验与资本，对外投资的产业结构也进一步改善，第二、第三产业的比重逐步提高。1987 年，中国在 OFDI 中第一产业的比重下降为 26.8%，第二、第三产业的投资比重分别上升到 53.1% 和 22.1%（见表 5－2）。第三产业方面，一些专业外贸公司、国际技术合作公司等企业凭借在境外经营积累的经验，在境外开设贸易公司、办事处等，主要从事的行业集中于国际承包工程、咨询服务、资讯和其他服务等行业。第二产业尤其在附加值较高的加工制造业，如纺织、皮鞋、服装、金属、运输设备等行业的对外投资增长很快，预示着中国对外投资的产业结构开始向加工制造业转型。

（二）1989～1993 年：以工业、贸易为主的 OFDI 起步阶段

中国在经过 OFDI 的初步探索以后总结了经验与教训。为了让企业更好地开展对外投资，国家出台了一系列的相关政策，此阶段也可称为中国

表 5－2　1984～1987 年中国 OFDI 流量的产业分布情况

单位：亿美元

产业	OFDI 流量			
	1984 年	1985 年	1986 年	1987 年
第一产业总计	142.5	10.9	14.0	281.4
农业	141.0	7.9	13.1	13.5
矿业	0.2	—	—	145.5
第二产业总计	12.5	59.5	156.8	557.4
食品、饮料、烟草	—	5.4	9.6	4.3
纺织、皮革、服装	5.7	9.3	34.7	28.2
造纸	0.9	10.3	—	—
化学	—	3.4	12.9	4.1
煤炭、石化制品	—	0.3	—	2.8
橡胶制品	—	4.7	20.7	4.7
非金属矿产品	—	—	2.3	4.9
金属	1.9	3.3	5.2	198.7
机械设备	0.1	2.0	0.7	—
电器设备	2.9	3.9	52.6	9.3
汽车	—	—	—	0.7
其他运输设备	0.4	—	—	15.4
其他制造业	0.4	0.2	2.6	30.4
第三产业总计	24.6	71.1	90.4	232.3
建筑	3.9	15.6	10.7	9.4
外贸	3.8	19.4	20.0	32.8
运输包储	2.6	2.8	11.2	10.3
金融保险	—	0.1	17.3	—
其他服务业	14.1	13.1	25.3	78.7
总计	179.6	141.5	261.2	1051.1

资料来源：谢康：《跨国公司与当代中国》，立信会计出版社，1997 年，第 92 页。

OFDI 管理框架的基本形成阶段，这些政策极大地规范与促进了中国对外投资的进一步发展。这一时期中国在农业和矿产业的对外投资比重继续下降，而第二产业及与贸易相关的服务业的比重持续上升（见表 5－3）。

表 5－3　截止到 1993 年底中国境外企业的行业分布

类型、数量与占比 ＼ 区域		中国香港与澳门	非洲	亚洲	美洲	大洋洲	西欧	东欧	总计
生产制造	数量（家）	38	78	209	201	77	69	184	856
	占比（%）	2	37	28	29	40	23	35	19
工程建筑	数量（家）	85	60	183	114	43	31	19	1068
	占比（%）	5	28	24	16	22	10	4	24
资源开发	数量（家）	18	18	59	69	30	13	38	245
	占比（%）	1	8	8	10	15	4	7	5
贸易服务	数量（家）	796	28	851	103	6	31	19	1068
	占比（%）	48	13	11	15	3	10	4	24
交通通信	数量（家）	23	7	7	19	3	3	13	75
	占比（%）	1	3	1	3	1	1	2	2
金融保险	数量（家）	157	11	102	96	72	72	59	531
	占比（%）	31	5	14	14	24	24	11	12
餐饮旅游	数量（家）	547	3	84	73	69	69	17	794
	占比（%）	31	1	11	10	22	22	3	18
咨询	数量（家）	98	2	7	13	—	7	1	128
	占比（%）	5	1	1	2		2	0	3
医疗服务	数量（家）	9	6	12	4	—	6	—	37
	占比（%）	1	1	2	1		2		1
其他	数量（家）	2	—	4	5	—	—	—	27
	占比（%）	1	—	1	1				1
总计		1789	213	752	697	194	301	533	4479

资料来源：刘红忠：《中国对外直接投资的实证研究及国际比较》，复旦大学出版社，2001 年，第 18 页。

从表 5－3 可知，截至 1993 年，在 4479 家境外企业中，贸易类企业占 2660 家（59.4%），非贸易类企业占 1819 家（40.6%）。这些企业已经遍布世界各大洲。这些企业涉足的行业主要包括：进出口贸易、交通运输、通信服务、金融保险、餐旅、咨询及医疗等服务行业；制造工业，工程建筑及资源开发等非贸易类行业。如果按企业所属的行业来分，占比从高到低依次为：贸易类（24%）、工程类（24%）、生产制造（19%）、餐饮旅游（18%）、金融保险业（12%）、资源开发业（5%）、咨询服务（3%）及交通通信（2%）等。

同时，行业分布的区域差异性较大，中国香港及澳门成为中国企业OFDI主要阵地，贸易类企业和非贸易类企业分别为1648家和141家，分别占中国对外投资贸易类企业和非贸易类企业总数的62%和8%，且主要投资于贸易类、餐饮旅游及金融保险业。中国在西欧和东欧的投资中主要分布在金融保险业、生产制造业及餐饮旅游业。对美洲（主要指美国、加拿大）和大洋洲（主要指澳大利亚）的投资中，生产制造类企业分别占了29%和40%，均居中国投资在该地区企业数的首位。值得注意的是，尽管中国在大洋洲的资源开发性企业只有30家，但是所占比例达到15%，远超出中国资源开发型企业占所有对外投资企业的平均数5%。另外，中国对非洲的投资主要分布于制造及建筑行业，两大行业在非洲的企业数占65%（刘红忠，2001）。

（三）1994～2000年：*产业覆盖不断拓宽的OFDI成长阶段*

1993年11月，党的十四届三中全会通过了《中共中央关于建立社会主义市场经济体制若干问题的决定》，标志着中国确定了社会主义市场经济体制的基本框架，中国的改革开放迈出了更为关键的一步。在此阶段，中央政府为了规范与鼓励中国企业进一步开展OFDI，国务院联合有关部委出台相关的重要政策或文件多达11项，极大地强化了OFDI的管理。

也是在这一阶段，中央首次提出“走出去”战略并最终加以确定。1998年2月，党在十五届二中全会上明确提出：“在积极扩大出口的同时，要有领导、有步骤地组织和支持一批有实力有优势的国有企业走出去，到国外去，主要到非洲、中亚、中东、中欧、南美等地投资办厂。”这预示着“走出去”战略的雏形已经形成。直到2000年10月，党在十五届五中全会上审议通过的《中共中央关于制定国民经济和社会发展第十个五年计划的建议》中第一次明确提出了“走出去”战略，并与西部大开发、城镇化及人才战略合称之为四大新战略。

1992～2001 年，中国新增 OFDI 252.86 亿美元，特别是境外加工贸易和资源开发性投资成效显著。投资覆盖的区域从 1992 年的 120 多个国家（地区）扩展到 2001 年的 160 多个国家和地区，对外投资行业的覆盖面不断拓宽，从以贸易服务和工业为主，不断拓宽到能源、矿产、农业、渔业及森林等资源开发，家电、纺织、服装、机电产品等境外加工制造，批发零售、商业服务、咨询服务等行业在内的全方位投资领域。截至 2001 年底，中国 OFDI 44% 投向了生产性领域，在一定程度上改变了以贸易服务型为主的对外投资产业结构（王晓红等，2008）。

（四）2001～2010 年：各产业全面推进的 OFDI 快速发展阶段

随着中国的"入世"成功，同时为了支持中国"走出去"战略的实施，2004 年 7 月国务院颁布了《关于投资体制改革的决定》，奠定了中国 OFDI 政策体系转型的基础。从此，中国 OFDI 的政策法规体系由过去的"强化管理监督"向"大力鼓励支持"转变，政府出台了一系列法规和指施，逐步构筑了由核准、支持鼓励、监督与服务三部分组成的 OFDI 法规体系。为了配合国内产业结构的调整及引导企业对外投资时进行产业投资，2004 年至今商务部联合外交部发布了三次《对外投资国别产业导向目录》。有了这些政策上的支持，中国 OFDI 进入迅速发展阶段，OFDI 的流量（非金融类）从 2001 年的 69 亿美元上升到 2010 年的 601.8 亿美元，增幅达到 772%，覆盖了三大产业的大多数行业（见表 5－4）。

表 5－4　2004～2010 年中国 OFDI 各行业流量占总流量的比例

单位：%

行业＼年份	2004	2005	2006	2007	2008	2009	2010
农林牧渔业	5.25	0.86	0.87	1.03	0.31	0.61	0.80
采矿业	32.74	13.66	40.35	15.33	10.42	23.60	8.30
制造业	13.74	18.60	4.28	8.02	3.16	3.96	6.80
电力热力燃气及水生产和供应业	1.43	0.06	0.56	0.57	2.35	0.83	1.50
建筑业	0.87	0.67	0.16	1.24	1.31	0.64	2.40
交通运输仓储和邮政业	15.07	4.70	6.50	15.34	4.75	3.66	8.20

续表

行业 \ 年份	2004	2005	2006	2007	2008	2009	2010
信息传输软件和信息技术服务业	0.55	0.12	0.23	1.15	0.53	0.49	0.70
批发和零售业	14.55	18.43	5.26	24.92	11.65	10.85	9.80
住宿和餐饮业	0.04	0.06	0.01	0.04	0.05	0.13	0.30
金融业	—	—	16.68	6.29	25.13	15.45	12.50
房地产业	0.15	0.94	1.81	3.43	0.61	1.66	2.30
租赁和商务服务业	13.63	40.30	21.36	21.15	38.85	36.22	44.00
科学研究和技术服务业	0.33	1.06	1.33	1.15	0.30	1.37	1.50
水利环境和公共设施管理业	0.02	—	0.04	0.01	0.25	0.01	—
居民服务修理和其他服务业	1.60	0.51	0.53	0.29	0.30	0.47	0.50
教育	—	—	0.01	0.03	—	—	—
卫生和社会工作	—	—	—	—	—	—	—
文化体育和娱乐业	0.02	—	—	0.02	0.04	0.03	—
公共管理社会保障和社会组织	—	0.01	—	—	—	—	—
合计	100.00	100.00	100.00	100.00	100.00	100.00	100.00

资料来源：根据历年《中国对外直接投资统计公报》整理。

该阶段中国OFDI的产业投资结构虽然还是集中在第二、第三产业中的采矿业、租赁和商务服务业、金融业、批发和零售业等，但是已经开始向文化、教育、科研、技术服务、环境及公共管理等各行业全面覆盖。从流量看，2004～2010年中国OFDI流量始终居于前六位的分别是采矿业、租赁和商务服务业、金融业（2004～2005年除外）、批发和零售业、制造业、交通运输仓储和邮政业，这六大行业七年间的平均流量占总流量分别为24.5%、28.2%、15.2%、13.6%、9.9%、7.7%。与此同时，2010年在科学研究和技术服务业的投资达到10.2亿美元。在居民服务修理和其他服务业的投资达到3.2亿美元。并且OFDI在水利环境和公共设施管理业、教育、卫生和社会、文化体育和娱乐业方面均有投资。

从存量看，截至2010年末中国OFDI的第一、第二、第三产业比重为

0.8∶22.7∶76.8，其中，第二产业中采矿业及制造业占总存量的比重分别为14.1%、5.6%，第三产业中，租赁和商务服务业30.7%、金融业17.4%、批发和零售业13.2%、交通运输仓储和邮政业7.3%（见图5-7）。另外，科学研究和技术服务业1.3%、水利环境和公共设施管理业0.4%、居民服务修理和其他服务业1.0%、教育、文化体育和娱乐业也均有份额（见表5-5）。

表5-5 截至2010年末中国OFDI各行业的存量及占总存量之比

产业	行业	存量（亿美元）	占总量之比（%）
第一产业	农林牧渔业	26.10	0.80
	合计	26.10	0.80
第二产业	采矿业	446.60	14.10
	制造业	178.0	5.60
	电力热力燃气及水生产和供应业	34.10	1.10
	建筑业	61.70	1.90
	合计	720.40	22.70
第三产业	交通运输仓储和邮政业	231.90	7.30
	信息传输软件和信息技术服务业	84.10	2.70
	批发和零售业	420.10	13.20
	住宿和餐饮业	4.50	0.10
	金融业	552.50	17.40
	房地产业	72.70	2.30
	租赁和商务服务业	972.50	30.70
	科学研究和技术服务业	39.70	1.30
	水利环境和公共设施管理业	11.30	0.40
	居民服务修理和其他服务业	32.30	1.00
	教育	0.21	0.01
	卫生和社会工作	0.06	0
	文化体育和娱乐业	1.36	0.06
	公共管理社会保障和社会组织	0.001	0
	合计	2427.20	76.80

数据来源：根据《2010年中国对外直接投资统计公报》整理。

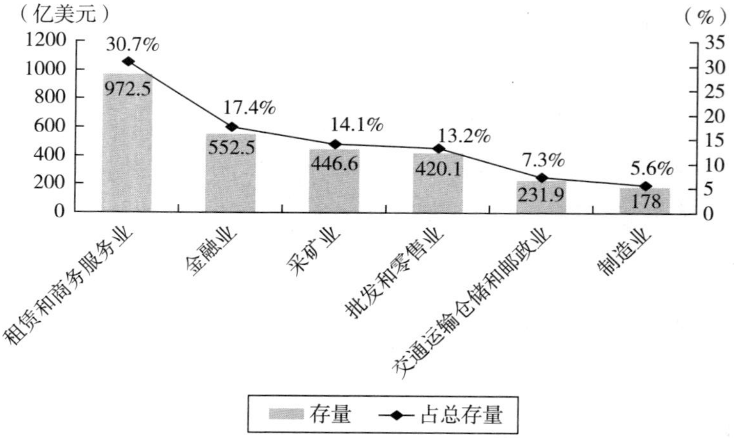

图5－7　截至2010年末中国OFDI的前六大行业的存量及占总存量之比

资料来源：根据《2010年中国对外直接投资统计公报》整理。

（五）2011～2018年："一带一路"倡议下OFDI规模迅猛增长及结构优化

当中国经济迈入新时代，党中央提出"一带一路"后，中国OFDI规模迅猛增长，结构进一步优化。2014年中国OFDI流出量首次超FDI流入量，成为净外资流出国。2016年中国OFDI流量占全球、发展中国家及亚洲的比重分别为12.7%、46.7%及49.1%，相应指标较2010年的5.2%、21%及28.1%翻了一番。截至2018年末，中国OFDI存量占全球的比重由2010年的1.6%上升到2018年的6.4%，居全球第三。[①]

从行业流向看（见表5－6），采矿业流量占比从2011年的19.35%降为2018年的3.2%；而制造业的占比却从2011年的9.43%增加到2018年的13.40%；信息传输软件和信息技术服务业占比由2011年的1.04%增加到2018年的3.9%；科学研究和技术服务业占比从2011年的0.95%增加到2018年的2.7%。这与国内产业结构升级是相匹配的。信息传输、IT服

① 资料来源：历年《中国对外直接统计公报》计算整理，本章其他未标注来源的数据除与此相同。

务、软件业、科学研究及技术服务等行业显然是中国的先导产业，其对外投资的动因属于战略资源寻求型，通过技术反向溢出效应推动国内产业技术升级及结构优化。而部分制造业属于中国的主导产业或支柱产业，其对外投资的动因就是寻求技术、效率或拓展市场，发挥比较优势，实现边际产业转移、优势产业扩张，提升整个产业价值链，进而实现国内产业结构优化升级。

表 5－6　2011～2018 年中国 OFDI 各行业流量占总流量的比例

单位：%

行业＼年份	2011	2012	2013	2014	2015	2016	2017	2018
农林牧渔业	1.07	1.66	1.68	1.65	1.77	1.68	1.58	1.80
采矿业	19.35	15.43	23.00	13.44	7.72	0.98	－2.34	3.20
制造业	9.43	9.87	6.67	7.78	13.72	14.81	18.64	13.40
电力热力燃气及水生产和供应业	2.51	2.20	0.63	1.43	1.47	1.80	1.48	3.30
建筑业	2.21	3.70	4.05	2.76	2.56	2.24	4.12	2.50
交通运输仓储和邮政业	3.43	3.40	3.07	3.39	1.87	0.86	3.45	3.60
信息传输软件和信息技术服务业	1.04	1.41	1.30	2.57	4.68	9.51	2.80	3.90
批发和零售业	13.83	14.86	13.58	14.86	13.19	10.65	16.62	8.60
住宿和餐饮业	0.16	0.16	0.08	0.20	0.50	0.83	－0.12	0.90
金融业	8.13	11.47	14.01	12.93	16.64	7.61	11.87	15.20
房地产业	2.64	2.30	3.67	5.36	5.35	7.77	4.29	2.10
租赁和商务服务业	34.29	30.46	25.09	29.91	24.89	33.54	34.29	35.50
科学研究和技术服务业	0.95	1.68	1.66	1.36	2.30	2.16	1.51	2.70
水利环境和公共设施管理业	0.34	0.04	0.13	0.45	0.94	0.43	0.14	0.10
居民服务修理和其他服务业	0.44	1.01	1.05	1.34	1.10	2.77	1.18	1.60
教育	0.03	0.12	0.03	0.01	0.04	0.15	0.08	0.40

续表

年份 行业	2011	2012	2013	2014	2015	2016	2017	2018
卫生和社会工作	0.01	0.01	0.02	0.12	0.06	0.25	0.22	0.40
文化体育和娱乐业	0.14	0.22	0.29	0.42	1.20	1.97	0.17	0.80
公共管理社会保障和社会组织	0.00	0.00	0.00	0.00	0.00	0.00	0.00	0.00
合计	100.00	100.00	100.00	100.00	100.00	100.00	100.00	100.00

资料来源：根据历年《中国对外直接投资统计公报》整理。

从存量看（见表5－7），截至2018年末中国OFDI的第一、第二、第三产业比重为0.9∶21.8∶77.3。总体结构与2010年末相比虽然改善不大，但仔细分析各产业内部发现，第二产业中采矿业及制造业占总存量的比重分别为8.8%及9.2%，分别比2010年末下降了5.3%及上升了3.6%。第三产业中，租赁和商务服务业占34.1%、批发和零售业占11.7%、金融业占11%、信息传输软件和信息技术服务业占9.8%（见图5－8）。很明显产业结构逐年优化。

表5－7　截至2018年末中国OFDI各行业的存量及占总存量之比

产业	行业	存量（亿美元）	占总量之比（%）
第一产业	农林牧渔业	187.7	0.9
	合计	187.7	0.9
第二产业	采矿业	1734.8	8.8
	制造业	1823.1	9.2
	电力热力燃气及水的生产和供应业	336.9	1.7
	建筑业	416.3	2.1
	合计	4311.1	21.8
第三产业	交通运输仓储和邮政业	665.0	3.4
	信息传输软件和信息技术服务业	1935.7	9.8
	批发和零售业	2326.9	11.7
	住宿和餐饮业	44.0	0.2

续表

产业	行业	存量（亿美元）	占总量之比（%）
第三产业	金融业	2179.0	11
	房地产业	573.4	2.9
	租赁和商务服务业	6754.7	34.1
	科学研究和技术服务业	442.5	2.2
	水利环境和公共设施管理业	31.3	0.2
	居民服务修理和其他服务业	167.2	0.8
	教育	47.6	0.2
	卫生和社会工作	30.0	0.2
	文化体育和娱乐业	126.6	0.6
	合计	15323.9	77.3

资料来源：根据《2018 年中国对外直接投资统计公报》整理。

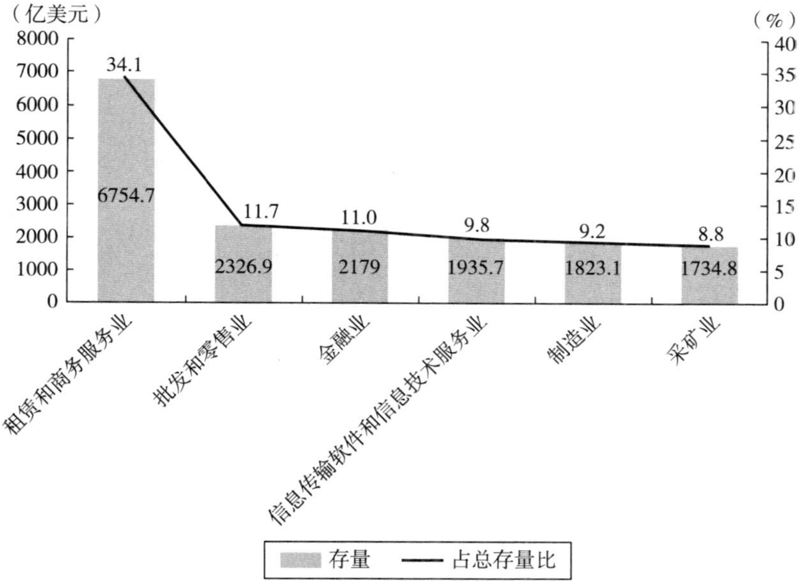

图 5-8　截至 2018 年末中国 OFDI 的前六大行业的存量及占总存量之比

资料来源：根据《2018 年中国对外直接投资统计公报》整理。

二、中国 OFDI 的产业特征

（一）OFDI 的行业分布日趋广泛

在改革开放初期，中国在 OFDI 的行业选择主要集中在服务业，其中贸易型企业数量居多、金融类企业规模大。进入 20 世纪 80 年代后期，不同行业的企业在对外投资时常常会突破国内部门分工体制的限制，在国外进行多元化发展，主要表现出以下特点：一是外贸公司在境外扩大对制造业的投资比重；二是工业企业在对外投资时又向贸易等其他领域拓展；三是对外经济技术合作公司从以投资于餐饮服务业为主逐步向轻工与电子等行业转移。进入 21 世纪后，随着中国 OFDI 流量的迅速增大，中国企业对外投资的行业分布越来越广泛，现已延伸到第一、第二、第三产业的各个细分行业。

（二）OFDI 主体行业的分布日趋多元化

1. 投资主体的境内外行业呈现多元化

到 2018 年末中国有 2.7 万家境内投资者在国（境）外设立 OFDI 企业 4.3 万家。从 2.7 万家投资主体的行业分布来看，居前三位的是制造业、批发和零售业及租赁和商务服务业。其中制造业占 31.5%，是 OFDI 中最活跃的行业。它们主要分布在服装、鞋帽制造业，通信、交通运输设备制造业，电气机械及器材业，计算机及其他电子设备制造业，金属制品、工艺品及其他制造业等。其次是批发和零售业，集中了企业总数的 26.6%；以及租赁和商务服务业占 11.8%。从 4.3 万家境外企业的行业分布来看，居前三位的分别是批发和零售业（占 28.1%）、制造业（占 20%）、租赁和商务服务业（占 13%）（见表 5－8）。

2. 投资主体的境内外行业分布不一致

从表 5－8 可知，境内参与 OFDI 活动的主体集中于制造业、批发和零售业及租赁和商务服务业，三者集中了企业总数近 70%，而境外企业的行业分布较分散，如制造业、批发和零售业、租赁和商务服务业、建筑业及信息传输软件和信息技术服务业中的企业总数占 74%。这说明中国 OFDI

表 5-8　截至 2018 年 OFDI 企业中境内与境外投资企业数量分行业的构成比例

单位：%

行业	境内企业占比	境外企业占比
制造业	31.5	20.0
批发和零售业	26.6	28.1
租赁和商务服务业	11.8	13.0
信息传输软件和信息技术服务业	6.5	5.6
农林牧渔业	4.1	4.4
建筑业	3.4	7.6
科学研究和技术服务业	3.2	4.6
房地产业	2.3	2.0
交通运输仓储和邮政业	2.3	2.8
采矿业	2.1	3.6
居民服务修理和其他服务业	1.8	2.3
文化体育和娱乐业	1.4	1.3
住宿和餐饮业	1.4	0.9
电力热力燃气及水生产和供应业	0.8	1.6
其他行业	0.8	2.2
合计	100	100

资料来源：根据《2018 年中国对外直接投资统计公报》整理。

投资主体多聚集在制造业、批发零售业及商务服务业，而 OFDI 在境外的行业分布有分散化趋势。原因有两点：第一，作为最早的贸易型对外投资行业——批发和零售业，经过多年的境外经营积累了丰富的经验与资本后开始进入制造业、商务服务、仓储运输等行业。第二，随着我国制造业的快速成长，逐渐积累了雄厚的资本，具备了较强的国际竞争力和比较优势，使得许多制造企业有条件到境外投资办企业，一些实力不断壮大的跨国制造企业开始延升产业链，甚至走上多元化境外扩张之路。例如，北京首钢集团在境外投资过程中，在投资于钢铁行业的同时，也涉足境外运输、服装等行业领域。

因此，越来越多的境外企业在以本业为主的同时，开始从一个行业向其他行业拓展，进行多种经营，使得中国OFDI境外企业的行业分布由主要集中于制造业而逐渐走向多元化经营的局面。

（三）对外投资的产业布局与区位选择、进入方式的关联度高

1. 产业布局与区位选择逐步趋于合理

随着中国对外投资的进一步发展，中国企业跨国投资不仅在范围和区域上不断扩大，而且对不同区域的产业布局经过不断调整后，逐步趋于合理化。

截止到2018年末中国OFDI已覆盖全球六大洲涉及188个国家（地区），但统计数据表明中国香港、美国、俄罗斯、东盟、欧盟与澳大利亚六大主要经济体所吸纳的中国OFDI不管是流量还是存量均在80%左右。因此，我们对它们进行考察得出的结论具有一定的说服力。

表5-9反映了2018年末中国OFDI的行业存量在六大经济体的分布情况。应该说中国对这六大经济体的投资基本上覆盖了三大产业的所有行业，其中租赁和商务服务业、批发和零售业、金融业、信息传输软件和信息技术服务业、采矿业、交通运输仓储和邮政业及制造业七大行业在这些经济体中（除东盟、俄罗斯联邦外）均占90%以上。

表5-9　2018年末中国的OFDI行业存量在六大经济体之间的分布情况

单位：亿美元

行业\区域	全球	中国香港	东盟十国	欧盟	澳大利亚	美国	俄罗斯联邦
农林牧渔业	187.7	26.5	49.2	6.9	10.9	3.6	30.3
采矿业	1734.8	544.1	97.6	144.5	195.6	54.7	66.7
制造业	1823.1	754.2	214.2	267.4	23.3	177.7	17.6
电力热力燃气及水的生产和供应业	336.9	126.5	100.1	27.0	7.8	5.4	—
建筑业	416.3	59.1	68.8	—	4.0	17.7	3.0
交通运输仓储和邮政业	665.0	448.3	33.4	17.7	9.0	—	0.8
信息传输软件和信息技术服务业	1935.7	246.9	7.6	23.9	—	67.4	0.5

续表

行业\区域	全球	中国香港	东盟十国	欧盟	澳大利亚	美国	俄罗斯联邦
批发和零售业	2326.9	1374.9	154.3	50.2	10.0	60.1	4.3
住宿和餐饮业	44.0	—	—	6.4	2.6	10.3	—
金融业	2179.0	1351.6	56.8	170.2	26.9	112.2	4.1
房地产业	573.4	383.3	31.3	31.4	41.5	41.8	3.9
租赁和商务服务业	6754.7	5352.8	188.7	107.7	38.3	100.0	9.0
科学研究和技术服务业	442.5	120.8	10.8	31.8	—	32.0	1.4
居民服务修理和其他服务业	167.2	127.9	7.1	4.9	3.2	4.9	0.2

注：表示占投资存量很小。

资料来源：根据《2018 年中国对外直接投资统计公报》整理。

表 5－10 反映了各行业的存量在各经济体中所占的比重，中国香港（除农林牧渔业及建筑业外）在任何行业的占比均遥遥领先，这其中主要有香港的特殊性的原因，香港成了大陆许多投资资本进一步对外投资的中转站。因此，不能反映真实的情况。除此之外，金融业主要分布在美国及欧盟；制造业主要分布在东盟十国、欧盟及美国；采矿业主要集中在澳大利亚、欧盟及东盟十国；批发和零售业主要分布于美国、东盟；租赁和商务服务业主要分布在欧盟与东盟；信息传输软件和信息技术服务主要分布美国及欧盟；交通运输仓储和邮政业主要分布在东盟与欧盟；农林牧渔业主要分布在东盟及俄罗斯；电力热力燃气及水生产和供应业及建筑业主要在东盟十国。

表 5－10　2018 年末中国 OFDI 的行业存量在六大经济体之间的分配比例

单位：%

行业\区域	中国香港	东盟十国	欧盟	澳大利亚	美国	俄罗斯
农林牧渔业	14.12	26.21	3.68	5.81	1.92	16.14

续表

行业\区域	中国香港	东盟十国	欧盟	澳大利亚	美国	俄罗斯
采矿业	31.36	5.63	8.33	11.28	3.15	3.84
制造业	41.37	11.75	14.67	1.28	9.75	0.97
电力热力燃气及水的生产和供应业	37.55	29.71	8.01	2.32	1.60	—
建筑业	14.20	16.53	—	0.96	4.25	0.72
交通运输仓储和邮政业	67.41	5.02	2.66	1.35	—	0.12
信息传输软件和信息技术服务业	12.76	0.39	1.23	—	3.48	0.03
批发和零售业	59.09	6.63	2.16	0.43	2.58	0.18
住宿和餐饮业	—	—	14.55	5.91	23.41	—
金融业	62.03	2.61	7.81	1.23	5.15	0.19
房地产业	66.85	5.46	5.48	7.24	7.29	0.68
租赁和商务服务业	79.25	2.79	1.59	0.57	1.48	0.13
科学研究技术服务业	27.30	2.44	7.19	—	7.23	0.32
居民服务修理和其他服务业	76.50	4.25	2.93	1.91	2.93	0.12

资料来源：根据《2018 年中国对外直接投资统计公报》计算整理。

2. 产业投资与进入方式关联度提高

从中国 OFDI 的产业投资与进入方式之间的关系来看，通过收购、兼并及参股等方式进行对外投资主要集中在初级产业特别是采矿业，其次是金融业、电信等服务行业。例如，2007 年，中化集团全额收购美国 New XCL_ China、LLC 公司；中国工商银行对价收购南非标准银行 20% 的股份成为第一大股东；中国平安保险入股欧洲富通集团；中国移动通信集团获得巴基斯坦 Paktel 公司 88.86% 的股份。2008 年，中国铝业与美国铝业联手以 140.5 亿美元参股澳大利亚力拓公司；中国银行获得法国洛希尔银行 20% 的股份。2014 年，中国五矿联合中信金属与国新国际收购邦巴斯项目全部股权。2015 年，中国化工收购倍耐力（Pirelli）26.2% 的股权等。而全球并购交易频繁的制造业，中国却参与不多且交易规模不大，联合国贸发会议的数据库统计，中国 OFDI 中绿地投资所占比重高于世界及发展中国家的平均水平。

从中国对外绿地投资的行业看，以前主要集中于轻工业、家电制造业等，但近年来出现的汽车制造业、金融业甚至初级采矿业的绿地投资值得关注。例如，2007 年，中国一汽投资在俄罗斯生产“解放牌”商用车；中国工商银行投资 10 亿卢布在莫斯科设立子银行；中国人保控股有限公司与平安保险公司在欧美、南亚等地设立代表处。2008 年，中国冶金科工集团与俄罗斯钢铁巨头耶弗拉兹（EVRAZ）共同出资购得澳大利亚伯特角铁矿项目 25% 的开发权益；中国石化集团也在澳大利亚购得帝汶海 Puffin 油田 60% 的开采权，这些项目的启动将带动中国更大规模的绿地投资。①

第三节　中国OFDI的产业结构问题

一、产业结构失衡

近年来，中国 OFDI 中第一产业的比重逐年下降；第二产业的比重有波动性下降趋势；第三产业的比重呈波动性上升态势（见表 5－11 和图 5－9）。截至 2018 年末中国 OFDI 的存量中，第一、第二、第三产业比重分别为 0.9%、21.8%、77.3%。其中第二产业主要集中于采矿业及制造业，两项占总存量的比重分别为 8.8% 及 9.2%（见表 5－7），且采矿业地位一直居高，到 2015 年才开始下降，2011～2018 年采矿业流量占总流量的比重分别为 19.35%、15.43%、23.00%、13.44%、7.72%、0.98%、－2.34% 及 3.2%。在采矿业中，主要是石油和天然气开采业、黑色金属采选业、有色金属采选业。

制造业的比重却有上升趋势，2011～2018 年制造业流量占总流量的比重分别为 9.43%、9.87%、6.67%、7.78%、13.72%、14.81%、18.64% 和

① 资料来源：中国并购公会，www. mergers－china. com。

13.40%。在制造业中，主要分布在计算机通信和其他电子设备制造业、铁路船舶航空航天和其他运输设备制造业、电气机械和器材制造业、医药制造业、黑色金属及有色金属的冶炼和压延加工业等，制造产业的比较优势逐渐体现与发挥。

截至2018年，第三产业占对外投资存量约77.3%，其中主要分布在租赁和商务服务业（占34.1%）、批发和零售业（占11.7%）、金融业（占11%）、交通运输仓储和邮政业（3.4%）（见表5-7）等与对外贸易高度相关的行业，这四大行业占第三产业的存量在80%左右（见表5-7）。

总体来看，到2018年末中国OFDI的行业存量排前六位的分别是租赁和商务服务业（34.1%）、批发和零售业（11.7%）、金融业（11%）、信息传输软件和信息技术服务业（9.8%）、制造业（9.2%）及采矿业（8.8%），它们总计占整个对外投资存量的84.6%，其他所有行业仅占15.4%（见表5-7）。

表5-11　2003~2018年中国OFDI流量比例分配（按三大产业分）

行业 年份	第一产业	第二产业					第三产业
	农林牧渔	采矿业	制造业	电煤气水	建筑业	第二产业合计	第三产业合计*
2003	3.00	48.00	21.00	1.00	1.00	71.00	26.00*
2004	5.25	32.74	13.74	1.43	0.87	48.79	45.96*
2005	0.86	13.66	18.60	0.06	0.67	32.99	66.15*
2006	0.87	40.35	4.28	0.56	0.16	45.35	53.77*
2007	1.03	15.33	8.02	0.57	1.24	25.16	73.81
2008	0.31	10.42	3.16	2.35	1.31	17.24	82.46
2009	0.61	23.60	3.96	0.83	0.64	29.03	70.36
2010	0.80	8.30	6.80	1.50	2.40	19.00	80.20
2011	1.07	19.35	9.43	2.51	2.21	33.50	65.43
2012	1.66	15.43	9.87	2.20	3.70	31.20	67.14
2013	1.68	23.00	6.67	0.63	4.05	34.35	63.96
2014	1.65	13.44	7.78	1.43	2.76	25.42	72.93
2015	1.77	7.72	13.72	1.47	2.56	25.48	72.76

续表

行业 年份	第一产业	第二产业					第三产业
	农林牧渔	采矿业	制造业	电煤气水	建筑业	第二产业合计	第三产业合计*
2016	1.68	0.98	14.81	1.80	2.24	19.84	78.49
2017	1.58	-2.34	18.64	1.48	4.12	21.91	76.51
2018	1.80	3.20	13.40	3.30	2.50	22.40	75.80

注：带*数据未含金融业数据。

资料来源：根据历年《中国对外直接投资统计公报》整理。

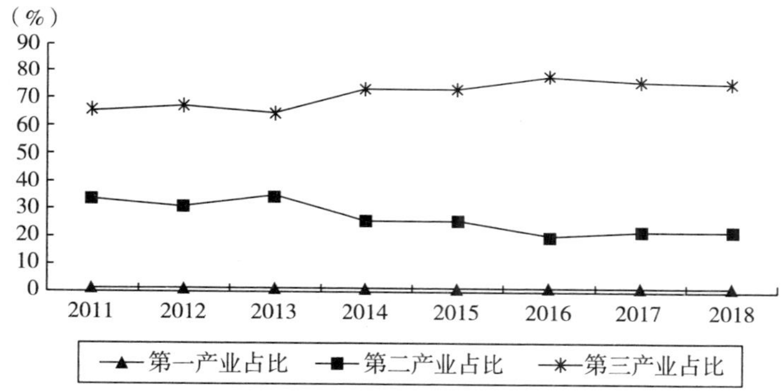

图 5-9 2011~2018 年中国 OFDI 流量比例（按三大产业分）

资料来源：根据历年《中国对外直接投资统计公报》整理。

由此可知，中国 OFDI 的产业结构仍然失衡。这种贸易型的第三产业及过分偏重资源开发及初级制造业的第二产业的对外投资产业结构难以带来国内产业技术升级及结构优化。并且投资产业结构的失衡还会影响中国企业 OFDI 的竞争力和投资绩效。因此，进一步调整中国 OFDI 的产业结构是中国企业跨国经营的重大战略问题。

二、同一产业内的行业结构失衡

（一）制造业内部结构失衡

1. 制造业对外投资与其在国内产业的地位不符

中国制造业的 OFDI 中存在总量水平仍偏低、结构分布不合理的问题。

一方面，中国制造业的 OFDI 数额近年有上升，但比重仍然偏低。截止到 2018 年，从中国的 4.3 万家境外企业的行业分布来看，制造业位居第二，占企业总数的 20%，但是制造业的当年投资流量及年末的存量只有 191.1 亿美元及 1823.1 亿美元，仅占当年非金融类 OFDI 的总流量的 15.8% 及年末总存量的 10.3%。2003～2018 年，这种比重有升有降（见表 5－12 和图 5－10）。由此可知，制造企业在境外的投资规模普遍偏低，这与制造业在中国国民经济中的支柱地位及其在国际分工、国际竞争中所拥有的比较优势不匹配。

表 5－12　2003－2018 年中国制造业 OFDI 与总额（非金融类）的对比

年份	总流量（亿美元）	制造业流量（亿美元）	占比（%）	总存量（亿美元）	制造业存量（亿美元）	占比（%）
2003	28.5	6.0	21.0	332.0	19.9	6.0
2004	55.0	7.6	13.7	447.8	45.4	10.1
2005	122.6	22.8	18.6	572.1	57.7	10.1
2006	176.3	9.1	5.1	750.3	75.3	10.0
2007	248.4	21.3	8.6	1011.9	95.4	9.4
2008	418.6	17.7	4.2	1472.8	96.6	6.6
2009	478.0	22.4	4.7	1997.6	135.9	6.8
2010	601.8	46.6	7.7	2619.6	178.0	6.8
2011	685.8	70.4	10.3	3573.9	269.6	7.5
2012	777.3	86.7	11.2	4354.9	341.4	7.8
2013	927.4	72.0	7.8	5434.0	419.8	7.7
2014	1072.0	95.8	8.9	7450.2	523.5	7.0
2015	1214.2	199.9	16.5	9382.0	785.3	8.4
2016	1812.3	290.5	16.0	11800.5	1081.1	9.2
2017	1395.0	295.1	21.2	16062.4	1403.0	8.7
2018	1213.2	191.1	15.8	17643.7	1823.1	10.3

资料来源：根据历年《中国对外直接投资统计公报》整理。

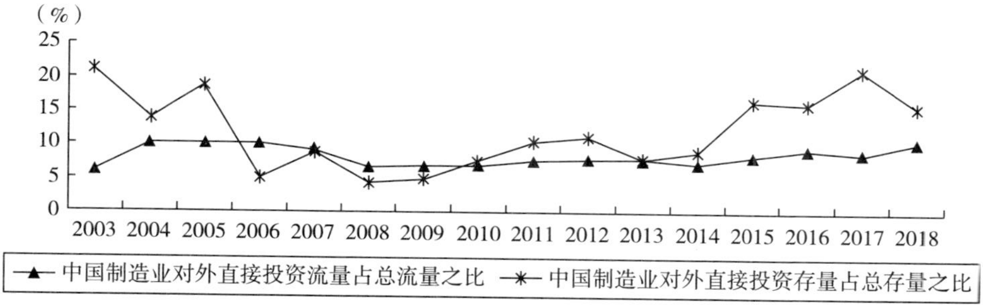

图 5－10　2003～2018 年中国制造业 OFDI 的流（存）量占总流（存）量之比趋势

资料来源：根据历年《中国对外直接投资统计公报》整理。

2. 制造业对外投资中，劳动或资本密集型产业居多，技术密集型产业偏少

从近年来中国制造业 OFDI 的统计情况来看，以劳动或资本密集型产业为主。大量集中在纺织服装、钢铁、造纸、木材加工以及粗加工贸易等传统制造业。自 1999 年以来，政府围绕着这些行业出台了一系列相关政策措施鼓励企业到境外开展加工装配制造业。《2018 年中国对外直接投资统计公报》的数据统计，中国制造业的 OFDI 主要分布在纺织服装服饰业、铁路船舶航空航天和其他运输设备制造业、电气机械和器材制造业、计算机通信和其他电子设备制造业等加工制造业。因为初加工制造业的技术相对简单且较成熟，投资少且见效快，与发展中国家的经济水平和市场需求相吻合。

但是在制造业的对外投资中，技术密集型产业（尤其是高新技术产业）、拥有自主知识产权的、具有较强市场竞争力的核心技术太少。近年来，尽管中国的部分企业以合营、兼并或收购等方式到境外开展获取先进技术和管理经验的投资有所增加，但总体而言，中国 OFDI 中高科技行业的比重仍然偏低。

（二）服务业内部结构失衡

1. 服务业对外投资的比重逐年上升，符合国际直接投资的趋势

从中国 OFDI 的产业结构看，自 2005 年起三大产业的对外投资比重关

系就呈现为“三、二、一”结构，并且服务业的比重逐年提高，这与世界OFDI的总体趋势一致。随着世界各国逐渐降低服务业的进入门槛，服务业领域的跨国投资与并购已成为OFDI的热点。联合国贸发会议相关数据显示，20世纪70年代初，整个服务业部门的存量仅占全世界OFDI存量的25%左右，1990年这一比例不超过50%，到2002年就已上升到60%左右，2015年达65%。而同时期制造业的存量占比由42%降至34%，这已反映出世界投资的重点已向服务业转移，服务业在整个经济中的地位在逐渐上升。①

2. 服务业对外投资中，传统服务业居多，现代服务业偏少

仔细分析中国服务业对外投资的内部结构却发现，基本上是围绕为对外贸易服务的行业。从表5-13可知，2003~2005年（这三年的金融业数据没有统计在内），租赁和商务服务业、批发和零售业、交通运输仓储与邮政业三大行业对外投资的流量占第三产业总流量分别为100%、94.08%、95.91%；2006~2010年，这三大行业的流量占比为61.61%、83.2%、67%、72.11%、77.7%；2011~2018这三大行业的流量占比仍然维持在78.79%、72.56%、65.24%、66.04%、54.91%、57.39%、71.07%、63.46%，如果将金融业剔除，这些比例又达到91.22%、89.64%、87.14%、83.77%、77.79%、67.08%、86.58%、83.68%。因此，中国服务业的对外投资的内部行业分布很不合理，低附加值的贸易、旅游和餐饮等传统服务业仍占主导地位，其投资目的主要还是为国内商品开展国际贸易服务。而服务业中的知识、资本、技术密集型和高附加价值的金融、保险、咨询、媒体业的OFDI所占的比重却微乎其微。信息传输软件和信息技术服务业及科学研究和技术服务业等技术密集型服务业对外投资的比重从未超过4%，这与当前现代服务业已经成为世界最具活力的OFDI形成了较大的反差。

① 资料来源：联合国贸发会议（UNCTAD）历年《世界投资报告》。

表 5－13　2003～2018 年中国 OFDI 在第三产业内部的分配比例 单位：%

行业＼年份	2003	2004	2005	2006	2007	2008	2009	2010
交通运输仓储与邮政业	11.54	32.79	7.11	12.09	20.78	5.76	5.20	10.28
信息传输软件和信息技术服务业	—	1.21	0.18	0.42	1.55	0.65	0.70	0.88
批发和零售业	50.00	31.64	27.87	9.79	33.76	14.13	15.43	12.28
住宿和餐饮业	—	0.08	0.09	0.02	0.05	0.06	0.19	0.38
金融业	—	—	—	31.02	8.52	30.47	21.96	15.66
房地产业	—	0.34	1.43	3.37	4.64	0.74	2.36	2.88
租赁和商务服务业	38.46	29.65	60.93	39.73	28.66	47.11	51.48	55.14
科学研究和技术服务业	—	0.71	1.60	2.47	1.55	0.36	1.95	1.88
水利环境和公共设施管理业	—	0.05	—	0.07	0.01	0.31	0.01	—
居民服务修理和其他服务业	—	3.49	0.77	0.98	0.39	0.36	0.67	0.63
教育	—	—	—	0.02	0.05	—	0.01	—
卫生和社会工作	—	—	—	—	—	—	—	—
文化体育和娱乐业	—	0.04	—	0.01	0.03	0.05	0.05	—
公共管理社会保障和社会组织	—	—	0.02	—	—	—	—	—
合计	100.00	100.00	100.00	100.00	100.00	100.00	100.00	100.00
行业＼年份	2011	2012	2013	2014	2015	2016	2017	2018
交通运输仓储与邮政业	5.25	5.07	4.79	4.65	2.57	1.09	4.52	4.80
信息传输软件和信息技术服务业	1.59	2.10	2.03	3.53	6.44	12.12	3.66	5.24
批发和零售业	21.14	22.13	21.23	20.37	18.13	13.57	21.73	11.39
住宿和餐饮业	0.24	0.23	0.12	0.27	0.68	1.06	-0.15	1.26
金融业	12.43	17.08	21.90	17.73	22.88	9.69	15.51	20.22
房地产业	4.04	3.42	5.73	7.36	7.35	9.90	5.61	1.93
租赁和商务服务业	52.40	45.36	39.22	41.02	34.21	42.73	44.82	47.27

续表

年份 行业	2011	2012	2013	2014	2015	2016	2017	2018
科学研究和技术服务业	1.45	2.51	2.60	1.86	3.16	2.75	1.97	3.54
水利环境和公共设施管理业	0.52	0.06	0.21	0.61	1.29	0.55	0.18	0.17
居民服务修理和其他服务业	0.67	1.51	1.64	1.84	1.51	3.52	1.54	2.08
教育	0.04	0.17	0.05	0.02	0.06	0.18	0.11	0.53
卫生和社会工作	0.01	0.01	0.02	0.17	0.08	0.32	0.29	0.48
文化体育和娱乐业	0.21	0.33	0.45	0.58	1.65	2.51	0.22	1.09
公共管理社会保障和社会组织	—	—	—	-	0.00	—	—	—
合计	100.00	100.00	100.00	100.00	100.00	100.00	100.00	100.00

资料来源：根据历年《中国对外直接投资统计公报》整理。

在当今世界服务业的OFDI结构中，传统的商业、运输、旅游和餐饮等国际直接投资在整个服务业中的比重大大下降，而依托信息技术和先进管理理念发展起来的现代服务业，如金融保险、现代物流、国际商务、科研和综合技术服务、管理咨询、中介服务、信息服务、旅游、教育、娱乐及医疗卫生等行业，占有优势地位且在对外投资的比重逐年上升。现代服务业是世界新经济的体现，具有信息化、国际化及规模化等优势，凸显高科技、高成长及强辐射等产业特征，对优化国内产业结构与提高产业国际竞争力具有十分重要的作用。

近年来，中国服务业也正借助OFDI，努力寻找从传统服务业转向现代服务业的路径，但受国内服务业发展状况影响，现代服务业的OFDI比重仍然较小。中国国内服务业与发达国家相比仍存在很大的差距，其国际竞争力不足有多方面的因素：其一，一些服务业仍然处于垄断经营状态，使得市场配置资源的作用难以充分发挥，缺乏创新的动力，进而造成经营效率低等问题。这些主要反映在金融、保险、电信、广播电视等服务行业上；其二，现代服务业是具有高人力资本、高技术或高附加值的行业，缺乏所需要的高素质专业人才，成为制约中国发展该行业的瓶颈；其三，中国政府对服务业的各种准入限制不利于更好地引进外资、先进技术和管理理念等，使得中国服务业的国际化水平、服务质量与供给状况难以得到改善。

（三）农业对外投资规模小，主要集中在初级农业及其初加工项目上

据 2008 ~2018 年《中国对外直接投资统计公报》显示，中国农林牧渔业的对外直接投流量最多的 2018 年也只有 25.7 亿美元，占当年总流量的 1.8%，截止到 2018 年其存量为 187.7 亿美元，占总存量的 0.9%。由此可知，中国第一产业对外投资的规模很小，国际化程度相当低。

农业作为国民经济的支柱或基础性产业，随着中国科技的进步以及政府加大对农业的投资力度，中国农业的国际竞争力及生产效率有所提高。但是，相对于欧美等发达国家，一方面，国际竞争力不足以推动中国农业的大规模进入境外市场开展对外投资活动；另一方面，由于中国农业投资主体规模小、自身资金缺乏、相关政策的不完善以及欧美等发达国家对本国农产品市场实施的保护政策，使中国农业的 OFDI 频频受阻。

中国农业现有的 OFDI，从区域分布来看主要分布在东盟及俄罗斯联邦等国家，主要从事的对外投资领域是经济林种植、林木采伐与初加工、渔业捕捞、水果蔬菜种植等劳动密集型农业，这些农业产品附价值低，缺乏国际竞争力。例如，中国水果业及花卉业是典型的劳动密集型农业，在成本上应具有比较优势，但拥有世界第一的水果总产量，而出口量仅占世界总出口量的 1.2%，反过来中国进口的水果都是一些附加值较高的高端产品；我国的花卉种植面积相当于世界其他国家种植面积总和的 20% ~30%，但出口总额却只有世界花卉贸易总额的 0.5%。相比之下，荷兰花卉种植面积只有中国的 1/10，但出口额却占到世界花卉贸易总额的 50% 以上。[①] 因此，发展现代农业、提高农产品的附加值是增加农业国际竞争

① 资料来源：农业部国际交流合作信息网，http://www.cicos.agri.gov.cn/sites/MainSite/。

力的重要途径。

三、部分产业布局与区位错位

从产业投资的成功率来看，OFDI 的产业布局与区位选择密不可分。由于不同的国家或地区的自然资源、经济发展程度、市场结构等因素存在较大差异，因此，在 OFDI 时应该根据不同的区域配置不同的产业，这样才能发挥产业的比较优势或实现 OFDI 的其他目标。

（一）OFDI 的产业与区位组合度较高

总体而言，中国历年的 OFDI 的产业投资与区位组合度较高。例如，截至 2018 年末，采矿业主要集中在澳大利亚、巴西及秘鲁等矿业禀赋丰富的区域，在采矿业的 OFDI 存量中，仅澳大利亚一国就占总存量的 11.28%；金融业主要分布在中国香港、美国及欧盟等金融市场高度发达的国家或区域，三者存量之和占中国金融业对外投资总存量的 75%；租赁和商务服务业、批发和零售业及交通运输仓储和邮政业主要分布在中国香港、美国、东盟及欧盟等中国出口贸易最集中的区域；信息传输软件和信息技术服务业及科学研究和技术服务业等高科技产业主要投资于发达国家与新兴工业化国家。信息、电信等产业的代表如中兴、华为、联想、四通等企业在美国、欧盟及中国香港等地都设有研发机构，几乎所有的大型家电企业（如海尔、康佳、TCL 及海信等）都在美国或日本等地建有研发基地。

（二）制造产业的对外投资存在与区位选择错位现象

横向比较发现，截至 2018 年末中国制造业的对外投资存量中，仅中国香港、欧盟及美国就分别占有 41.37%、14.67%、9.75%的比重，三者之和达到 65.8%；尽管东盟十国的制造业存量也占到 11.75%，但主要集中在越南、新加坡等少数国家（见表 5 - 14）。由于发达国家的产业资本过度成熟，生产要素（如土地、厂房及劳动力等）的价格昂贵，使得投资于这些国家的各种成本上升，进而导致企业效益低下；而中国制造业的比较优势就在于适用技术、小规模生产及某些进入成熟期的产品，这些技术和产品在发展中国家才能发挥比较优势，而在发达国家不具备优势。从纵向来看，考察 2018 年末中国对各主要经济体的投资存量中发现，在美国、欧盟，制造业存量的比重分别占 23.5% 及 30%，排名第一。

表 5－14　2018 年末六大经济体在中国 OFDI 各行业存量中分配比例

行业＼区域	全球存量（亿美元）	中国香港（%）	东盟（%）	欧盟（%）	澳大利亚（%）	美国（%）	俄罗斯（%）
租赁和商务服务业	6754.70	79.25	2.79	1.59	0.57	1.48	0.13
金融业	2179.00	62.03	2.61	7.81	1.23	5.15	0.19
采矿业	1734.80	31.36	5.63	8.33	11.28	3.15	3.84
批发和零售业	2326.90	59.09	6.63	2.16	0.43	2.58	0.18
交通运输仓储和邮政业	665.00	67.41	5.02	2.66	1.35	—	0.12
制造业	1823.10	41.37	11.75	14.67	1.28	9.75	0.97
房地产业	573.40	66.85	5.46	5.48	7.24	7.29	0.68
科学研究和技术服务业	442.50	27.30	2.44	7.19	—	7.23	0.32
居民服务修理和其他服务业	167.20	76.50	4.25	2.93	1.91	2.93	0.12
建筑业	416.30	14.20	16.53	—	0.96	4.25	0.72
信息传输软件和信息技术服务业	1935.70	12.76	0.39	1.23	—	3.48	0.03
农林牧渔业	187.70	14.12	26.21	3.68	5.81	1.92	16.14
电力执力燃气及水生产和供应业	336.90	37.55	29.71	8.01	2.32	1.60	—
文化体育和娱乐业	126.60	36.49	—	9.16	—	45.00	—
住宿和餐饮业	44.00	—	—	14.55	5.91	23.41	—

资料来源：根据《2018 年中国对外直接投资统计公报》整理。

由此可知，中国制造业在进行 OFDI 过程中没有结合产业自身特点，合理选择和利用东道国的区位优势以使产业的比较优势得到充分的发挥。例如，中国制造业内具有比较优势的纺织业，理应选择比国内具有更为廉价的劳动力、丰富的棉花等原材料供应、该产业发展水平与国内相当或更低的国家或地区进行对外投资。但现实的 OFDI 却存在纺织业大量地投资于纺织业发达甚至超过中国水平的国家（如印度等）的现象，最终导致重复建设、资源浪费甚至亏损，极大地降低了对外投资的经济效益。

第六章

中国 OFDI 对就业促进的产业效率测算与评价

在前一章研究的基础上，在接下来的两章将进一步从产业或行业层面对当前中国 OFDI 对国内就业促进、产业技术进步及结构优化所产生的效应展开测算及评价。其目的是为未来中国 OFDI 的产业结构调整指出更明确的方向。

第一节　OFDI的母国就业效应及机理分析

一、母国就业效应分类：替代效应与创造效应

进入 20 世纪 60 年代以后，OFDI 对母国所带来的就业效应，逐渐引起研究者的关注。当前国内外研究成果的结论基本上形成了两大对立的观点：即负面的替代效应及正面的创造效应。

替代效应论者认为，不管哪种动机或类型的对外直接投资都涉及母国产业链中的某个环节境外转移，如效率寻求型 OFDI 中转移的是最终产品的生产环节，必然会对国内产品出口产生替代，转移母国就业，产生就业的替代效应；如果是顺梯度边际产业或过剩产业转移，而在母国中具有潜在优势的新兴产业尚未建立，就可能出现某些产业缺位的“空心化”现象，对母国就业产

生消极的负面效应。如 Jasay（1960）及李磊等（2016）都有过相关的研究。

最早提出创造效应论的是 Hawkins（1972），随后 Silanes（1996）及 Lipsey 等（2000）也有相关的观点。创造效应论者认为对外投资与贸易之间存在互补关系，资源寻求型对外投资可以获取母国产业发展所缺乏的各种资源，确保生产或扩大产业规模；而市场寻求型对外投资可绕开贸易壁垒，降低贸易成本，扩大出口规模，降低生产平均成本，实现产业规模经济，进而增加母国的就业。另外，双梯度的 OFDI 可以将产业链往两端延伸，即一方面，劳动密集型的产品生产环节顺梯度转移到成本更低的发展中国家；另一方面，技术密集型的研发及设计环节逆梯度转移到发达国家，但这种延伸与国内产业仍然形成一条完整产业价值链。其结果就是各个环节的互补性会使整条产业链的任何阶段的生产规模得到扩张，与此同时产生连锁反应，扩张与该产业链相关的上下游产业的生产规模，进而促进母国的就业增长，这就是对母国就业产生创造效应。国内学者李青等（2017）及蔡冬青和刘原俊（2017）做过相关的实证研究。

二、母国就业效应的机理分析

OFDI 所导致的母国就业效应，其中间过程是相当复杂的。这里的中间过程（或称传导机制）随着 OFDI 的产业或动因的不同而相异。下面从前文所概括的 OFDI 的四大动因分别加以论述。

（一）战略资源寻求型的 OFDI

这种类型的 OFDI 往往是逆梯度向发达国家投资，其目的是在较短的时期获取发达国家先进技术、管理、市场渠道及知名品牌等这些现代市场竞争中的核心战略性资源。其结果使母国企业产品升级，市场竞争力提升，甚至利用在国际竞争中的优势，在世界范围内建立水平与垂直的分工体系，优化配置好产业价值链微笑曲线的各个环节，实现向产业价值链两端的研发设计、营销渠道及售后服务等高附加价值环节延伸，使产业链产生充分的互补性，并扩张产业链的各环节及相关上下游的生产规模，进而提高母国的就业效应。另外，通过境外获得的先进技术不断地反馈回母

国，通过逆向技术外溢效应和示范效应，对其他产业的渗透与改造，实现国内整体产业技术进步及结构升级，最终实现优化国内就业结构效应。

（二）境外市场寻求型的 OFDI

这种动因的 OFDI 主要目的是绕过贸易壁垒、减少贸易摩擦以巩固、扩大或开辟新的国际市场。这种类型的 OFDI 对母国的贸易结构会产生优化效应，随着母国原先出口的产品移至东道国生产，对该产品的出口自然会产生一定的替代效应，但是企业在境外生产该产品时，会产生对相关资本品、原材料、机器设备、零部件等中间产品的出口和服务的需求，即形成出口带动效应，增加产品的出口及服务贸易，进而促进对母国的相关产品制造业及服务业的就业效应。另外，如果顺梯度转移母国的过剩产业或边际产业则会释放出生产要素，这些生产要素往往会朝着国内新产品的研发、技术水平或附加值更高的产业方向转移形成更多的新兴产业；如果 OFDI 的行业属于母国的先导产业，则可以通过贴近境外市场，获得开发新产品的信息、人才等资源，研发并生产出更先进、更符合市场需求的产品，以便在当前全球化市场中抢占先机，并保证母国在国际产业分工中占有领先优势。其结果必然促进母国产业结构优化升级，进而优化母国的就业结构。

（三）生产效率寻求型 OFDI

Dunning（1993）指出，出于这种动因的 OFDI 往往是投资国将自身拥有绝对或比较优势的产业，利用东道国的资源禀赋、市场结构、经济体制及优惠政策等因素的差别，实现在全球范围内的产业价值链配置，以获取生产成本降低、规模与范围经济及分散风险等优势带来的效益。例如，将轻工、纺织业等劳动密集型产业投资于比自身产业梯度更低的国家或地区，以充分利用目标国的劳动力及土地资源，享受目标国的融资、税收等各种优惠政策，降低生产、运输等成本，达到提高生产效率，延长产品生命周期，最终实现国内某些过剩产业（或称边际产业）转移，为其他产业的发展腾出了发展空间；同时，家电、交通设备、通信等部分资本密集型产业可以投资于发达国家或地区，通过“干中学”靠近国际市场，扩大市场规模、实现产业一体化协同效应，最终通过逆向技术溢出效应促进本产业技术进步及升级，进而产生对母国的就业结构优化效应。

（四）自然资源寻求型 OFDI

随着中国经济的持续快速增长，自然资源的供需矛盾逐渐成为中国经济发展的突出问题。以石油、铁矿石为代表等工业资源的外贸依存度已超过60%，且土地、水、森林、渔牧等农业资源供给也逐渐紧张。通过境外直接投资而寻求母国所需的关键性自然资源，已成为各国解决国内资源瓶颈问题的重要途径。一是通过境外投资方式直接获得母国所需的自然资源，可以避免因缺乏主动权而导致的进口资源价格的波动性、供给的不持续与不稳定性，进而不使母国其他产业的发展受到影响。二是严重依赖自然资源的生产企业（如钢铁、造纸、家具等）直接到拥有丰富原材料所在国开展直接投资，通过将获得的资源输入国内的工厂或直接将生产基地移至境外方式，为企业进一步创新与发展提供持续、稳定而且价格较低的原材料，甚至转移产能过剩部分以释放生产要素转向新产品的研发、技术水平或附加值更高的产业。三是在境外进行自然资源的开采与开发，自然会形成对国内相关配套设备及服务的出口带动效应，进而促进国内其他相关产业的发展。

综合上述内容，我们可以描绘出一幅完整的 OFDI 对母国就业效应的传导机制流程图（见图 6－1）。下文将通过中国制造业及服务业的 OFDI 对国内就业效应实证分析，以揭示各产业的就业效应的程度差异性。

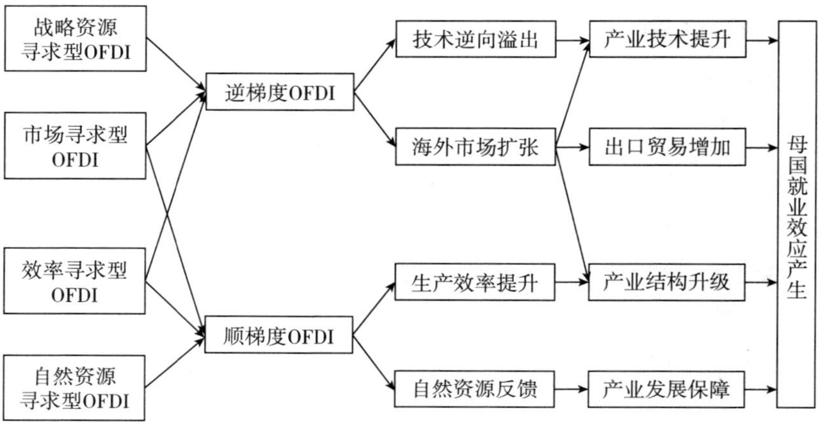

图 6－1　OFDI 对母国就业效应的传导机制

第二节　中国制造业OFDI对就业促进的产业效率测算与评价

一、问题提出

国际上 OFDI 对母国的就业效应研究由来已久，进入 2000 年以后，随着中国 OFDI 的规模逐渐扩大，尤其是党的十八大以后更是迅猛增长。2018 年中国 OFDI 流量位居全球第二，存量位居全球第三。中国 OFDI 的母国就业效应也越发受到国内研究者的关注，并且已经形成了非常丰富的成果。但是从产业（行业）层面的视角开展中国 OFDI 对国内就业效应研究还不多见。国家商务部自 2003 年起分行业发布了中国对外直接投资公报，这为开展相关研究提供较好的条件。从上节的机制分析得知，一国 OFDI 对母国的就业效应既可能产生正面的创造效应或补充效应，也可能产生负面的转移效应或替代效应。这里选择自 2003 年以来始终占中国 OFDI 比重在 90% 以上的制造业及服务业展开实证研究，测算这两大产业的 OFDI 在促进国内就业效应方面的有效性及差异性，进而找出调整对外投资结构的策略，以便增加国内的就业规模及优化就业结构。

本节主要利用 2003 ~ 2018 年中国 OFDI 中的制造业数据，从 OFDI 类型、结构及区域等多个角度详细分析中国制造业 OFDI 对国内就业结构所产生的效应。

二、模型构建及变量选取

（一）模型构建

借鉴 Berman 的就业结构优化模型，并假设通过最优化处理后的半固

定成本函数存在超对数形式，即

设：短期成本函数为：

$$C_n(w,\ q,\ K_n,\ Y_n,\ p/p_n)=\min_{L_n,H_n} wL_n+qH_n s.t.\ Y_n=G_n(L_n,\ H_n,\ K_n,\ p/p_n) \tag{6-1}$$

转化后，超对数成本函数为：

$$\ln C=\alpha_0+\sum_{i=1}^{2}\alpha_i\ln w_i+\sum_{k=1}^{k}\beta_k\ln x_k+\frac{1}{2}\left(\sum_{i=1}^{2}\sum_{j=1}^{2}r_{ij}\ln w_i\ln w_j+\sum_{k=1}^{K}\sum_{l=1}^{K}\sigma_{k,j}\ln x_k\ln x_l\right)+\sum_{i=1}^{2}\sum_{k=1}^{K}\varphi_{i,k}\ln w_i\ln x_k \tag{6-2}$$

式中，C 表示生产总成本；w_i 表示可变生产要素的价格，即指所有劳动力的平均工资水平；$i=1$ 表示熟练劳动力的工资，$i=2$ 表示非熟练劳动力的工资；x_k 表示所有不变要素资本的投入量、产出与其他结构参数。将非熟练劳动力的工资水平进行单位化处理成 1，则可以得到简化的方程。

为求得熟练劳动力的工资成本份额，将式（6－2）两边对 $\ln w_1$ 求偏导，可得：

$$\frac{\partial \ln C}{\partial \ln w_1}=\alpha_1+\sum_{j=1}^{j}\varphi_j\ln w_j+\sum_{k=1}^{K}\varphi_K\ln x_k \tag{6-3}$$

又因 $\frac{\partial \ln C}{\partial \ln w_1}=\frac{\partial C}{\partial w_1}\frac{w_1}{C}$，由谢泊尔定律知道，$\frac{\partial C}{\partial w_1}$ 为熟练劳动力的需求 (D_1)，因此 $\frac{\partial \ln C}{\partial \ln w_1}=\frac{D_1w_1}{C}=S$，即

$$S=\alpha_1+\sum_{j=1}^{j}\varphi_j\ln w_j+\sum_{k=1}^{K}\varphi_k\ln x_k \tag{6-4}$$

因为是研究 OFDI 对各种劳动力类型的影响因素，所以，参照 Berman 等学者的方法，将工资水平分离处理到等式右边，则式(6－4) 转化为：

$$S=HS(w_1/w_2)HS=\alpha_1+\sum_{k=1}^{K}\varphi_k\ln x_k+\alpha_2w_1/w_2 \tag{6-5}$$

式中，HS 表示熟练劳动力的比重，w_1/w_2 表示熟练与非熟练劳动力的工资之比。另外，这里假设随着工资的变化，劳动力可以在各产业间自由

流动，并最终使劳动力市场趋于出清状态，进而导致不同产业之间劳动力的相对工资趋于稳定。因此，参照 Berman（1994），w_1/w_2 可从 HS 方程中省略。

为了测算中国制造业的 OFDI 对母国就业结构效应，对上述模型进行修正，加入制造业的 OFDI，并将各变量对数化处理，最终得到计量模型如下：

$$\ln HS_{it} = \alpha_0 + \alpha_1 \ln ofdi_{i,t} + \alpha_2 \ln k_{i,t} + \alpha_3 \ln y_{i,t} + \alpha_4 \ln rd_{i,t} + \varepsilon_{it} \quad (6-6)$$

（二）变量选取及数据采集

1. 被解释变量

$HS_{i,t}$表示某行业的就业结构，用熟练劳动力的需求量与就业劳动力总量的比值计算。其中，熟练与非熟练劳动力界定参照《国际教育标准分类（1997）》（*International Standard Classification of Education*），WIOD - SEAs 根据受教育水平将劳动力分为 6 个等级。其中，1 ~ 2 级指低技术水平类，3 ~ 4 级指中等技术水平类，5 ~ 6 级为高技术水平类。本书将 5 级以上高技术水平的劳动力称为熟练工，将 5 级以下技术水平的称为非熟练劳动力，将两者的比值作为衡量就业结构的指标。

2. 解释变量

$K_{i,t}$代表中国各个制造业行业的资本存量。计算方法采用永续盘存法，以 2001 年为折旧率。参照刘海云和廖庆梅（2017）的方法测算。数据来源于各年度《中国统计年鉴》、《中国对外直接投资统计公报》及《中国对外投资企业名录》等。$RD_{i,t}$表示各个行业的研发支出，本书采用大中型制造企业的科技经费支出作为各行业的研发支出，数据来源于《中国科技统计年鉴》。所有变量和数据来源如表 6 - 1 所示。

表 6 - 1　变量选取和数据采集

变量	指标含义	数据来源
HS	中国就业结构	根据 WIOD - SEAs 测算
OFDI	中国制造业 OFDI 总存量	经整理计算得出
Y	中国制造业的产出水平	经整理计算得出

续表

变量	指标含义	数据来源
RD	中国制造业的研发支出	经整理计算得出
K	中国制造业的资本存量	经整理计算得出
OFDI_U	中国制造业顺梯度（在发展中国家）的 OFDI 存量	经整理计算得出
OFDI_D	中国制造业逆梯度（在发达国家）的 OFDI 存量	经整理计算得出

本书根据制造业的 OFDI 不同技术水平进一步将各行业归成三个层次，即低技术制造行业 OFDI、中等技术制造行业 OFDI 及高等技术制造行业 OFDI。主要参照 OECD 与 WIOD 对制造业部门的分类：低技术制造行业，包括食品、纺织、皮革鞋类、木材、木制品、纸浆及纸制品等；中等技术制造行业，包括非金属矿物制品、煤炭、炼油及核燃料、橡胶、塑料制品及金属制品；高等技术行业，包括机械、电子光学制品、交运设备及化学制品等。

为确保数据的完整性和不影响结果的有效性，本书选出了占中国制造业 OFDI 存量 90% 以上的 19 个样本国家，并将这些样本国分成两大类，即发达国家，包括美国、德国、法国、英国、荷兰、加拿大、西班牙、意大利、澳大利亚、比利时及日本 11 个国家；发展中国家，包括韩国、巴西、印度尼西亚、印度、墨西哥、波兰、俄罗斯及土耳其 8 个国家。以便可更加准确分析不同类型（如顺梯度或逆梯度）的 OFDI 对国内就业结构的影响。

选取数据的时间样本为 2003～2018 年，所有名义变量均以 2003 年为基期的不变价格进行平减。原始数据均来自各年度《中国统计年鉴》、《中国劳动统计年鉴》及《中国对外直接投资统计公报》，采用 OLS 法估计。

三、实证分析与效率评价

（一）中国制造业的 OFDI 对国内就业结构优化的有效性分析

从表 6－2 可知，总的制造业 OFDI 系数为正，且在 1% 的显著有效水平上，制造业 OFDI 每增加 1%，就会导致国内熟练劳动力的有效需求增加 0.001%。进一步对不同层次技术水平的制造业 OFDI 分析可知：低等技术制造业的 OFDI 的系数为正，且在 1% 的水平上显著有效。该类型的 OFDI 每增加 1%，对国内熟练劳动力的需求会增加 0.001%。由于低技术制造行业大部分就是劳动密集型行业，其本身就对国内熟练劳动力的相对需求规模偏小，因此，该类型的 OFDI 对国内熟练劳动力的需求拉动作用偏弱。中等技术制造业的 OFDI 系数虽为正但是不显著。高等技术制造行业的 OFDI 系数为正，且显著性水平为 1%，即该类型 OFDI 每增加 1%，就会增加国内熟练劳动力的相对需求达 0.011%，因为高技术制造行业本身就是吸纳熟练劳动力的主要行业。整体来看，比较不同技术水平制造业的 OFDI 优化国内就业结构的效果来看，高等技术制造行业的 OFDI 是最有效的，低等技术制造行业次之，中等技术制造行业最弱。

为了进一步解释上述各类 OFDI 优化国内就业结构的有效性差异，由制造业 OFDI 对国内就业效应的机制分析可知，制造业 OFDI 随着各行业技术水平、投资动机不同，因而各行业所选择的投资方向（顺梯度或逆梯度）不同，进而产生的母国就业效应的传导制机也不同。

表 6-2 中国制造业 OFDI 的就业结构效应分析

	OFDI			
	制造业总量	低等技术制造业	中等技术制造业	高等技术制造业
$lnOFDI_{i,t}$	0.001*** (3.21)	0.001*** (2.95)	0.006 (0.58)	0.011*** (4.17)
$lnK_{i,t}$	0.022 (1.65)	-0.005 (-0.09)	0.014 (0.57)	-0.049*** (-6.47)
$lnY_{i,t}$	0.063*** (6.05)	0.077*** (3.25)	0.083*** (4.92)	0.077*** (9.25)
$lnRD_{i,t}$	0.002 (0.52)	-0.002 (-0.37)	-0.005 (-0.51)	0.012* (1.91)
_ cons	-0.333*** (-7.32)	-0.233** (-2.53)	-0.421*** (-6.31)	-0.064** (-2.06)
R^2_ W	0.963	0.961	0.9757	0.952

注：括号中的数字为 t 值；*、** 和 *** 分别代表显著性水平为 10%、5% 和 1%。下同。

（二）中国制造业双梯度的OFDI对优化国内就业结构的有效性分析

对发展中国家的顺梯度OFDI和发达国家的逆梯度OFDI进一步的回归结果如表6－3所示。从表中的数据发现。无论处于何种技术水平的制造业，除中等技术制造行业的逆梯度OFDI外，其他顺梯度和逆梯度的OFDI系数均为正，且均通过显著性检验。这与表6－2中的分析结果类似，说明中国制造业的OFDI在优化国内就业结构方面总体上是有效的。另外顺梯度OFDI系数（0.003）要大于逆梯度OFDI系数（0.002），这意味着制造业在发展中国家的OFDI比发达国家的OFDI对优化国内就业结构更有效。

从表6－3可知，在发展中国家的顺梯度OFDI方面，低等、中等及高等技术制造业的OFDI对国内就业结构的优化效应作用逐渐加强，OFDI每增加1%，拉动国内熟练劳动力就业的相对需求分别是0.002%、0.003%及0.004%。我们先来看各技术水平制造业在发展中国家的OFDI情况，低技术（劳动密集型）制造业的OFDI，可以降低企业成本，提高产品的国际竞争力，同时大量制造业的加工组装环节外移，包括中等技术（资本密集型）制造业将资源挖掘环节的外移都会相对减少国内对非熟练劳动力的需求，这样就提高了对熟练劳动力的相对需求的比重，实现优化国内的就业结构作用。高技术制造业的OFDI通过效率、资源寻求型投资，降低制造业的生产成本，提高国内资本及资源的利用率，提高国内产业技术，优化国内产业结构，从而改进就业结构。

从表6－3可知，在发达国家的逆梯度OFDI方面，低技术制造业的OFDI主要属于市场寻求型投资，与此同时，也会通过学习国外先进技术而提升效率，提高对熟练劳动力的相对需求量达到优化国内就业结构的目的。中等技术制造行业的逆梯度OFDI系数为负且不显著，说明该类型OFDI缺乏对国内熟练劳动力相对需求的拉动作用，换言之，就是在优化国内就业结构方面没贡献。高技术制造业的OFDI的动机主要是技术寻求，通过在发达国家投资可以学习到更多的先进技术，产生的技术外溢最高，对提高国内产业技术升级最有效，因此，高技术制造业的逆梯度OFDI在优化就业结构方面的效率最高。

表 6-3　中国制造业分梯度 OFDI 的就业结构效应分析

	分梯度 OFDI			
	制造业总量	低等技术制造业	中等技术制造业	高技术制造业
$\ln OFDI\_U_{i,t}$	0.003*** (4.72)	0.002* (1.91)	0.003* (2.43)	0.004*** (6.72)
$\ln OFDI\_D_{i,t}$	0.002** (2.25)	0.001* (1.92)	-0.003 (-0.67)	0.005** (2.53)
$\ln K_{i,t}$	0.007 (0.73)	0.023 (0.61)	-0.026 (-1.13)	-0.031*** (-5.52)
$\ln Y_{i,t}$	0.064*** (7.35)	0.054* (2.06)	0.102*** (6.03)	0.061*** (10.71)
$\ln RD_{i,t}$	-0.002 (-0.26)	-0.002 (-0.04)	-0.003 (-0.87)	0.012** (2.41)
_cons	-0.244*** (-5.60)	-0.253** (-2.47)	-0.265*** (-2.90)	-0.025 (-1.16)
R^2_W	0.971	0.972	0.980	0.983

四、小结

本节利用 2003～2018 年中国制造业 OFDI 数据，从行业、梯度等角度展开实证分析，详细分析了中国制造业的 OFDI 对优化国内就业结构的有效性，结论如下：

第一，中国制造业的 OFDI 总体而言对国内优化就业结构是有效的。其表现为：OFDI 每增加 1%，国内熟练劳动力的就业需求增加 0.001%。

第二，根据技术水平对制造业的 OFDI 分行业进一步观察对优化国内就业结构的效果，结论是：高技术制造行业的 OFDI 最有效，低技术制造行业次之，中等技术制造行业最弱。

第三，对制造业的 OFDI 分梯度来分析，结论是：制造业顺梯度比逆梯度的 OFDI 对优化国内就业结构更有效。

第四，对高技术制造业的 OFDI 无论是顺梯度还是逆梯度，对优化国内就业结构均是最有效的。

第三节 中国服务业OFDI对就业促进的产业效率测算及评价

一、问题提出

中国加入WTO以后，从中央推出“走出去”战略，再到党的十八大提出“一带一路”倡议，中国对外直接投资规模屡创新高，结构逐渐升级优化。其中第三产业（服务业）的对外直接投资所占比重越来越大，自2008年以来每年达到OFDI总流量的75%左右，2014年、2015年、2016年、2017年及2018年的服务业OFDI占对外直接投资总流量比重分别为73%、73%、78%、77%及76%（见表5-9）。与此同时，随着国内产业结构的升级，国内的三次产业就业结构也产生了显著的变化。国家统计局数据显示，服务业就业人口占比从2001的27.7%提高到2018年的46.3%。另外，2018年中国服务业内部就业结构不断优化，其中熟练劳动力就业人数占比超过55%。

那么，中国服务业OFDI在促进母国就业规模及结构优化中起到的作用范围有多大、程度有多深，这是值得研究的问题。以往国内外对该问题的研究大多是从OFDI的总体出发研究母国的就业效应，很少从OFDI产业或行业层面研究母国的就业效应问题。尤其随着中国OFDI中服务业规模及占比越来越高，这样的研究显得更加重要并更有意义。本节利用近年来中国OFDI中服务业的面板数据测算并分析了服务业的母国就业效应，为中国OFDI服务业走出去提供了更好的政策建议。

二、模型构建及变量选取

（一）模型构建

考虑到经典的 C－D（柯布－道格拉斯）生产函数模型中存在的某些缺陷，如资本及劳动的替代弹性为 1、资产价格很难测算等问题，本书引入 CES 生产函数，即固定替代弹性生产函数（Constant Elasticity of Substitution Production Function），借鉴 Waldkirch（2010）的分析框架，假定资产价格为常数、对就业需求不影响等，最终推导出的理论模型如下：

$$\ln L_{i,t}=a_0+a_1\ln OFDI_{i,t}+a_2\ln Y_{i,t}+a_3\ln W_{i,t}+a_4T_{i,t}+\varepsilon_{i,t} \quad (6-7)$$

$$\ln HS_{i,t}=\beta_0+\beta_1\ln OFDI_{i,t}+\beta_2\ln Y_{i,t}+\beta_3\ln W_{i,t}+\beta_4T_{i,t}+\varepsilon_{i,t} \quad (6-8)$$

式中，i，t 表示某行业及某年份；$L_{i,t}$表示某年某行业的就业规模（用各行业的城镇就业 s 人口数计算；$HS_{i,t}$表示某年某行业的就业结构（用各行业熟练劳动力的相对需求量计算）；$OFDI_{i,t}$表示某年某服务行业的对外直接投资存量，$Y_{i,t}$表示某年某行业的生产规模（用各行业的增加值计算）；$W_{i,t}$表示某年某行业城镇的平均工资；$T_{i,t}$表示某年某行业；$\varepsilon_{i,t}$表示随机误差项。

（二）变量选取及数据采集

对计量中要用到的各种变量及数据计算说明如表 6－4 所示。

表 6－4　变量定义及计算方法

变量名称	含义	数据说明
$L_{i,t}$	就业规模	各服务行业城镇就业的人口数量
$HS_{i,t}$	就业结构	用熟练劳动力的需求量与就业总劳动力数量的比值计算。其中，熟练与非熟练劳动力是根据各服务业就业劳动力是否受过大学（大专）教育程度来划分
$OFDI_{i,t}$	行业存量	以 2003 年的固定资产价格指数为基期进行平减，并由各年平均汇率折算得到
$Y_{i,t}$	生产规模	以 2003 年为基期，根据各年度服务行业剔除物价因素后的增加值计算得到
$W_{i,t}$	平均工资	以 2003 年为基期，根据各年度服务行业剔除物价因素后平均实际工资（当年价格）来计算

为了更准确地区分 OFDI 服务业中各行业对国内就业效应的影响，依据“十一五”规划纲要将服务业分为生产性服务业及消费性服务业两大类。生产性服务业为生产者直接提供研发、销售及物流等服务的部门，包括租赁和商务服务业，金融业，信息传输、计算机服务和软件业，交通运输、仓储和邮政业，科学研究、技术服务和地质勘查业五大行业；消费性服务业是为消费者提供最终产品相关的服务，如批发零售等，包括除上述五大行业外的所有服务行业。从上述定义可知，生产性服务业的对外投资既有垂直型 OFDI，如为了减少成本将部分生产接点转移至境外；也有为了寻求市场或技术将研发或销售转移至境外的水平型对外投资。依据前文分析的 OFDI 对母国就业效应影响机制可知，不同类型 OFDI 影响就业效应的路径及程度也是不一样的。

由于某些服务行业的 OFDI 数据极小，有些年份还缺失，为了保证数据的完整性及平衡性，在保证不影响结果的前提下，对数据作了剔除处理。最终以租赁和商务服务业、批发和零售业、信息传输软件和信息技术服务业等 12 个服务行业为对象。其中所有的原始数据均来自各年度《中国统计年鉴》、《中国劳动统计年鉴》及《中国对外直接投资统计公报》。

三、实证分析与效率评价

（一）中国服务业 OFDI 对国内就业规模的有效性分析

对模型（6－7）回归后整理得到表 6－5，从表中数据可知，中国服务业 OFDI 总体上对促进国内的就业规模是有效的。在 10% 显著水平下，中国服务业的 OFDI 每增加 1%，就会促进国内就业总量上升 0.018%。表 6－5 显示生产性服务业的 OFDI 回归系数为负且不显著；在 5% 显著性水平下，消费性服务业 OFDI 每增加 1%，国内就业规模增加 0.014%；平均工资在总服务业 OFDI 还是分类的 OFDI 中回归系数均显著为负；生产规模的所有系数均为正且通过显著性检验；Time 所有系数显著为正，证明国内就业规模整体呈上升态势，这符合近年国内就业形势。国家统计局数据显示，2003 年中国城镇登记失业率从 4.3% 逐年下行至 2018 年的 3.8%。

我们进一步探究中国总体服务业及消费性服务业 OFDI 促进国内就业的有效性原因，发现可能有以下几方面：一是大部分水平型服务业 OFDI 的目标国是发展中国家，这些国家的产业梯度以及居民的消费偏好与国内类似，其结果扩大了海外市场并增加出口，进而增加了母国的生产及提高了就业规模；二是通过垂直型服务业的 OFDI，我们学习到了各种先进技术，使中国产品的世界竞争力提高，促进了中国的产出，进而也会增加生产者对劳动力的需求；三是中国服务业的 OFDI 带动国内其他行业的生产规模，反过来拉动国内服务业的就业。

而进一步分析中国生产性服务业 OFDI 的就业规模效应不显著，原因可能有以下两个方面：一方面，这部分生产性服务业的 OFDI 与制造业高度相关。主要为投资国当地市场的生产者提供研发、销售及物流等服务，必然会增加对当地市场或制造业产品的需求，进而对原来的部分中间产品出口产生了替代效应，也就是说降低了对原生产性服务业的中间产品投入需求，进而会减少生产性服务业的就业需求。如果是研发型服务业的投资，有可能只是接近技术前沿就地利用好技术，实质上并没有提升国内的技术研发能力与水平，反而可能产生了技术依赖，进而减少了对国内就业的需求量。另一方面，生产性服务业 OFDI 拓展了境外市场，增加了产品的竞争力，出口增加，进而带动国内的就业。因此，从这两方面分析看，生产性服务业 OFDI 对中国的就业规模效应不明显。

表 6－5　中国服务业 OFDI 的就业规模效应

解释变量	服务业 OFDI	生产性服务业 OFDI	服务性服务业 OFDI
$\ln OFDI_{i,t}$	0.018 * (1.86)	－0.007 (0.22)	0.014 ** (2.82)
$\ln Y_{i,t}$	0.453 *** (3.95)	0.506 *** (4.19)	0.576 ** (2.55)
$\ln W_{i,t}$	－1.007 *** (－5.14)	－1.375 *** (－5.47)	－0.893 *** (－3.15)

续表

解释变量	服务业 OFDI	生产性服务业 OFDI	服务性服务业 OFDI
$T_{i,t}$	0.085*** (5.26)	0.121*** (6.39)	0.055* (1.95)
_ cons	-168.844*** (-5.43)	-241.357*** (-6.42)	-110.305** (-2.07)
模型	固定效应	固定效应	固定效应

（二）中国服务业 OFDI 对优化国内就业结构的有效性分析

对模型（6-8）回归后整理得到表6-6。从表中数据可知，无论哪种类型的服务业 OFDI，其回归结果的系数均为负值，且除消费性服务业系数不显著外，其余都有10%的显著水平。其中总体服务业的 OFDI 每增加1个百分点，国内对熟练劳动力的需求量减少0.062个百分点，而生产性服务业的 OFDI 每增加1个百分点，国内对熟练劳动力的需求量减少幅度达0.193个百分点。这说明中国服务业的 OFDI 对改善国内就业结构是无效的。

究其原因，一是中国服务业的技术水平整体上处于较低阶段，大部分仍属于劳动密集型行业，尽管服务业的 OFDI 会增加国内就业规模，但增加的仍然是非熟练的劳动力需求；二是服务业的 OFDI 中大多属于市场寻求型，科研及技术型服务业的投资偏少，由于缺乏技术溢出效应而使得中国服务业技术水平提高缓慢，进而对熟练劳动力的需求难以提高；三是生产性服务业的 OFDI 自然会减少中间产品类国内服务业的规模，其结果使得本来对熟练劳动力相对需求较多的生产性服务业进一步减少需求；四是消费性服务业大多属于非技术密集型行业，本身就对技术劳动力的需求较少，因此，其 OFDI 对国内的熟练劳动力需求影响肯定不显著。

从表6-6中我们还可得知，平均工资水平的系数均为正且显著有效，意味着平均工资越高，对熟练劳动力的相对需求越多，这与现实相符。生产规模的系数均显著为负，表示生产规模扩大，对熟练劳动力的需求反而越少，这正说明在中国服务业的产出增加值中主要来源于生产规模的数量上扩张而并非由于生产技术提高，印证了中国的服务业大部分仍属于劳动密集型产业的结论。Time 所有系数均不显著，证明中国服务业的 OFDI 对改善国内就业结构的趋势不大。

表 6-6　中国服务业 OFDI 的就业结构效应

解释变量	服务业 OFDI	生产性服务业 OFDI	服务性服务业 OFDI
$\ln OFDI_{i,t}$	-0.062* (-1.85)	-0.193* (-1.84)	-0.014 (-0.33)
$\ln Y_{i,t}$	-0.769** (-2.25)	-0.291 (-0.64)	-1.851*** (-3.53)
$\ln W_{i,t}$	1.926*** (3.26)	2.116** (2.17)	2.377*** (3.56)
$T_{i,t}$	-0.016 (-0.36)	-0.084 (-1.17)	0.083 (1.34)
_cons	52.956 (0.59)	182.173 (1.28)	-136.626 (-1.14)
模型	固定效应	固定效应	固定效应

四、稳健性检验

内生性问题可能导致回归结果的偏误。如果中国服务业的 OFDI 与国内就业规模或结构之间存在内生性问题，则说明中国就业规模增加导致服务业 OFDI 的增长。为了检验是否存在内生性问题，本书利用工具变量法进行重新估计并与之前的估计结果进行比较。

OFDI 的工具变量采用 $\ln OFD_{i,t}$滞后一期，用 2SLS 法对固定效应模型重新估算，结果如表 6-7 所示。从表中数据可知，中国总体服务业与消费性服务业的 OFDI 对促进国内就业规模是显著有效性；而服务业的 OFDI 尤其是生产性服务业的 OFDI 对国内就业结构改善无效；显然其他变量的系数符号及显著性与上述估计基本一致。这也表明表 6-5、表 6-6 的估计结果具有比较稳健性。

表 6-7 稳健性检验

解释变量	就业规模			就业结构		
$\ln OFDI_{i,t}$	0.089 * (1.72)	0.040 (0.30)	0.090 * (1.83)	-0.182 (-1.46)	-0.934 * (-1.95)	0.054 (0.52)
$\ln Y_{i,t}$	0.358 *** (2.65)	0.389 ** (2.17)	0.516 ** (2.64)	-1.202 *** (-3.58)	-0.264 (-0.27)	-1.915 *** (-3.70)
$\ln W_{i,t}$	-0.796 *** (-3.15)	-0.977 *** (-2.84)	-0.707 * (-1.85)	2.247 *** (3.57)	1.186 (0.65)	2.066 *** (2.77)
$T_{i,t}$	0.068 *** (3.74)	0.089 ** (2.25)	0.042 (1.06)	0.035 (0.76)	0.158 (0.77)	0.135 ** (2.26)
_cons	-134.545 *** (-3.76)	-176.303 (-2.21)	-84.997 (-1.19)	-39.718 (-0.47)	-292.037 (-0.75)	-240.750 ** (-2.02)
模型	固定效应	固定效应	固定效应	固定效应	固定效应	固定效应

五、小结

本节利用中国服务业的 OFDI 用 2003 ~2018 年面板数据从总体及行业角度对中国服务业的 OFDI 在促进国内就业规模及改善就业结构方面的有效性展开研究，其结论如下：

第一，中国服务业及消费性服务业的 OFDI 对促进国内的就业规模是有效的，但对改善国内就业结构方面是无效的。

第二，生产性服务业的 OFDI 对促进国内就业规模及改善就业结构都是无效的。

第三，当前快速增长的服务业 OFDI 不会导致国内就业转移的替代效应问题，使得国内就业减少，只是应注意可能会恶化国内的就业结构，减少对熟练劳动力的相对需求。这说明服务业的 OFDI 大部分仍停留在传统领域，而物流、投资管理、咨询等现代服务业占比太小。

第七章

中国 OFDI 对产业进步及结构优化的效率测算与评价

本章从产业或行业层面进一步对当前中国 OFDI 对国内的产业技术进步及结构优化展开有效性测算及评价，以找出对外投资各产业（或行业）对母国的产业效应的程度差异，为未来中国 OFDI 的产业结构调整指出更明确的方向。

第一节　中国OFDI的母国产业效应及机理分析

一、母国产业效应的分类：正效应与负效应

进入 20 世纪 60 年代以后，OFDI 对母国所带来的产业效应，越来越引起研究者的关注。OFDI 通过对母国的贸易、投资与就业等影响，进而产生对母国产业的技术进步或结构调整等效应。但是，由于不同产业内的企业对外直接的动因不一样，对母国产业效应的传导路径也各不相同，因此，对母国产业的作用可能呈现出正负两种效应。即有利于母国产业技术进步与结构优化升级的正面效应，或产生母国的产业转移与产业“空心化”的负面效应。特别是发展中国家 OFDI 时通过合理的产业投资，使先

导产业实现跨越式发展，发挥主导产业的比较优势，转移过剩产业或边际产业，延长主导产业的生命周期，利用回流的技术对支柱传统产业加以改造，从而不断推进母国产业升级；相反，如果随着投资国的一些传统产业不断外移，而在母国中具有潜在优势的新兴产业尚未建立，就可能出现某些产业缺位的“空心化”现象。

二、产业正效应：产业技术进步与结构优化

（一）产业正效应形成的理论分析

Dunning（1958）、Vernon（1966）等经济学家研究发现，由于美国跨国企业 OFDI 中将大量劳动密集型的制造业向发展中国家转移，其结果使本国的资本、技术密集型产业得到较快的发展。同样，针对日本的研究，Ozawa（1979）发现国内相关产业的转换与日本的 OFDI 之间关系密切；Kojima（1978，1987）的边际产业扩张论更明确提出日本应将已经或即将丧失比较优势，而在东道国仍具有显在或潜在比较优势的产业（称为边际产业）转移到国外，这样以便为国内尚处在发展且充满潜力的优势产业留出空间，达到投资国和东道国各自实现产业结构的优化升级。随着发展中国家 OFDI 的兴起，特别是出现发展中国家向发达国家的逆向投资，Cantwell 和 Tolentino（1990）提出了，发展中国家的跨国公司投资于发达国家可以获得东道国先进技术与管理等优势资源，然后逆向转移至投资国，进而促进投资国产业技术升级与结构调整，并形成了技术创新和产业升级理论。

（二）产业正效应的传导机制分析

OFDI 所导致的母国产业效应，其中间过程是相当复杂的。中间过程（或称传导机制）随着 OFDI 的产业或动因的不同而相异。下面从 OFDI 的四大动因分别加以论述。

1. 境外市场寻求型的 OFDI

企业出于这种动因的 OFDI，其主要目的是绕过贸易壁垒、减少贸易摩擦以巩固、扩大或开辟新的国际市场。这种类型的 OFDI 对母国的贸易结

构会产生优化效应，随着企业将母国原先出口的产品移至东道国生产，对该产品的出口自然会产生一定的替代效应，但是企业在境外生产该产品时会产生对相关资本品、原材料、机器设备、零部件等中间产品的出口和服务的需求，即形成出口带动效应，增加产品的出口及服务贸易。另外，如果转移的是母国的过剩产能，则会释放出生产要素，这些生产要素往往会朝着国内新产品的研发、技术水平或附加值更高的产业方向转移，进而起到促进母国产业进步及结构优化的作用。如果 OFDI 的行业属于母国的先导产业，则可以通过贴近境外市场，获得开发新产品的信息、人才等资源，研发并生产出更先进、更符合市场需求的产品，以便在当前全球化市场中抢占先机，并保证母国在国际产业分工中占有领先优势。市场寻求型 OFDI 对母国产业效应传导机制可以简单描述如图 7－1 所示。

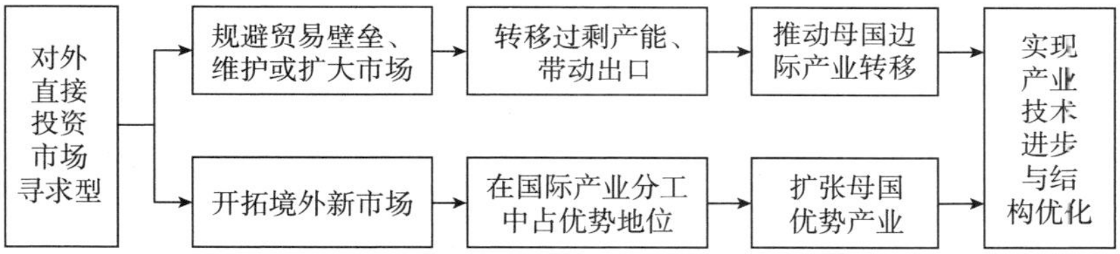

图 7－1　市场寻求型 OFDI 的产业正效应传导机制

2. 战略资源寻求型的 OFDI

先进技术、管理及品牌等战略性资产往往需要企业经过长期的创新与积累才能实现，企业通过到发达国家或地区进行境外兼并、收购、绿地投资等方式，可以在较短的时期内获取先进技术、知名品牌、市场渠道等现代市场竞争的核心战略资源。其结果，一方面，可以迅速使跨国企业的产品升级，市场竞争力提升，甚至利用在国际竞争中的优势，在世界范围内建立水平与垂直的分工体系，优化配置好产业链微笑曲线的各个环节，实现向产业价值链两端的研发设计、营销渠道及售后服务等高附加价值延伸；另一方面，跨国企业通过内部交易，将在境外获得的先进技术不断地反馈回母国，通过逆向技术外溢效应和示范效应，对其他企业的渗透与改造，最终实现国内整体产业的技术水平和产业竞争能力提高。其作用机制可以用图7－2表示。

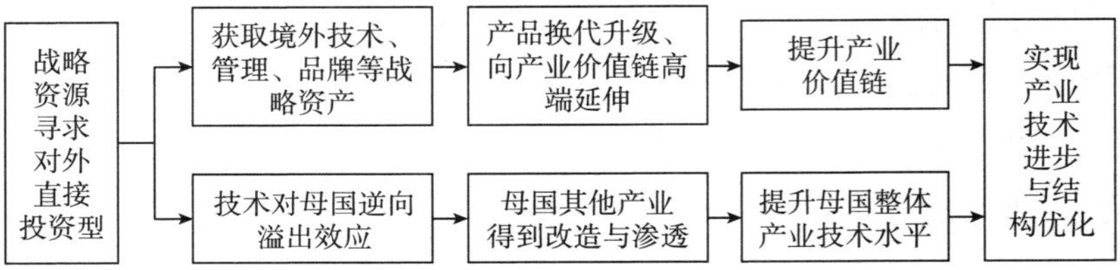

图7－2　战略资源寻求型OFDI的产业正效应传导机制

3. 自然资源寻求型OFDI

随着中国经济的持续增长，自然资源的供给矛盾逐渐成为中国经济发展的突出问题。我国不但以石油、铁矿石为代表等工业资源的外贸依存度已超过60%，而且土地、水、森林、渔牧等农业资源供给也逐现紧张。通过境外直接投资而寻求母国所需的关键性自然资源，已成为发达或发展中国家解决国内资源瓶颈问题的重要途径。一是通过境外投资方式直接获得母国所需的自然资源，可以避免因缺乏主动权而导致进口资源价格的波动性，从而影响供给的持续性与稳定性，进而使母国其他产业的发展受到影响。二是对于严重依赖自然资源的生产企业（如钢铁、造纸、家具等）直接到拥有丰富的原材料所在国开展直接投资，通过将获得的资源输入国内的工厂或直接将生产基地移至境外方式，为企业进一步创新与发展提供持续、稳定而且价格较低的原材料甚至转移产能过剩部分以释放生产要素转向新产品的研发、技术水平或附加值更高的产业。三是在境外进行自然资源的开采与开发，自然会形成对国内相关配套设备及服务的出口带动效应，进而促进国内其他相关产业的发展。因此，自然资源寻求型OFDI对母国的产业效应传导机制可以归纳为图7－3。

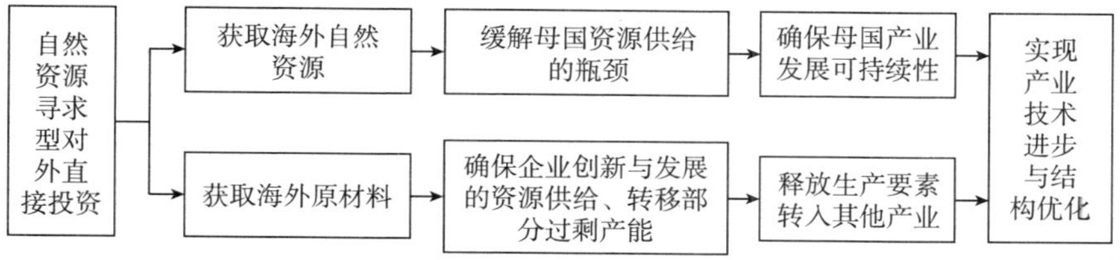

图 7-3　自然资源寻求型 OFDI 的产业正效应传导机制

4. 生产效率寻求型 OFDI

Dunning（1993）指出，出于这种动因而开展 OFDI 的企业，往往是具有规模、管理及技术的绝对或比较优势的跨国公司，它们通过公司内部的水平或垂直分工，利用各国的资源禀赋、市场结构、经济体制及优惠政策等因素的差别，实现在全球范围内的产业价值链配置，形成国际专业化生产网络，以获取来自生产成本降低、规模与范围经济及分散风险等优势所带来的效益。对于发展中国家而言，出于这种动因的企业，一方面，轻工、纺织业等劳动密集型企业投资于产业梯度更低的国家或地区，以充分利用投资国丰富劳动力、土地资源以及东道国的融资、税收等各种优惠政策，降低生产、运输等成本，达到提高企业生产效率，延长产品生命周期，最终实现国内某些过剩产业（或称边际产业）转移，为其他产业的发展腾出了发展空间。另一方面，家电、交通设备、通信等部分资本密集型企业可以投资于发达国家或地区，通过"干中学"靠近国际市场，扩大市场规模、实现企业一体化协同效率，最终提升本产业技术与管理等整体水平。生产效率寻求型 OFDI 的母国产业效应传导过程可以描述成图 7-4。

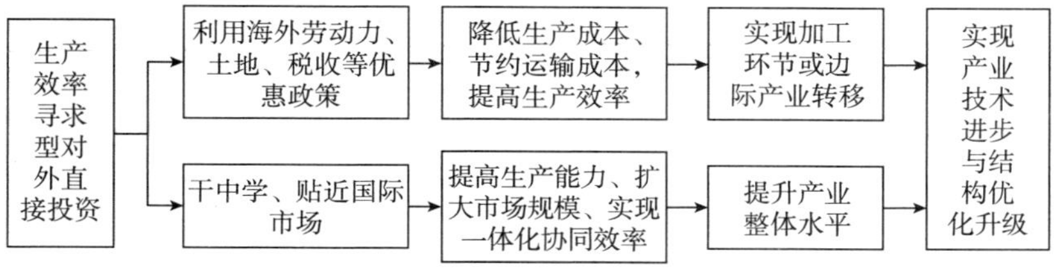

图 7-4　生产效率寻求型 OFDI 的产业正效应传导机制

综合上述内容，结合 OFDI 的产业投资导向，我们可以描绘出一幅完整的 OFDI 产业投资对母国产业正效应的传导机制流程图（见图 7－5）。

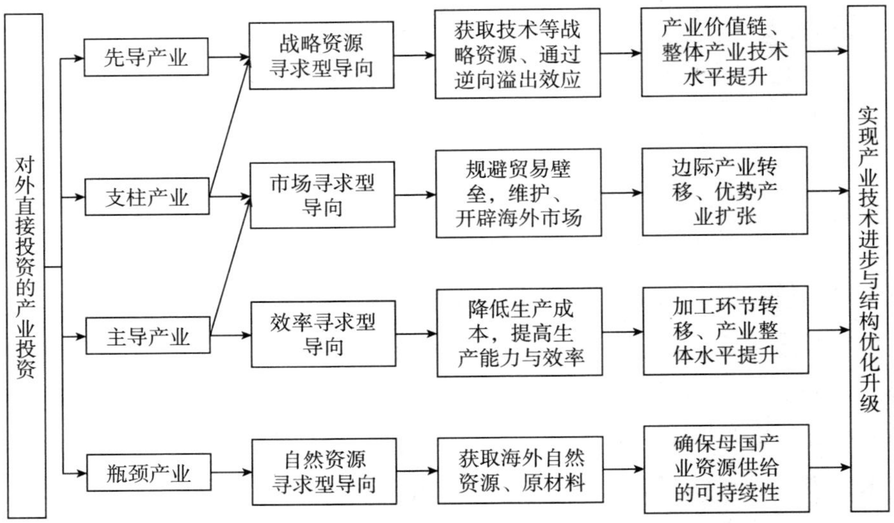

图 7－5　OFDI 产业投资的产业正效应传导机制

三、产业负效应：产业转移与产业空心化

（一）产业空心化问题的产生

产业空心化（The Hollowing out of Industries）一说，至今仍没有形成统一的定义。最早是 Bluestone 和 Harrison（1982）针对美国在 1960～1980 年出现的高失业率和广泛的资本撤离现象而提出的。自 20 世纪 60 年代初开始，美国为绕过当年欧共体的共同贸易壁垒，开拓欧洲大市场，以汽车、机电等制造业为主，大量开展对西欧国家的直接投资，生产转移一方面使美国出现汽车、机电产品的出口替代现象；另一方面，由于西欧国家的汽车、机电等产业得到快速发展，反过来增加对美国的出口，进而使美国相关制造业受到不良影响。据此，一些学者认为，美国已经出现了产业

空心化问题，并从产出、就业及投资等不同角度对产业空心化作出解释。Modic 和 Trautlein（1985）、Batholomew 和 Kodnanowski（1986）等学者认为，美国已经出现制造业部门生产能力及事关国民经济命脉的基础产业的总产出显著下降的产业空心化现象；Schnorbus 和 Giese（1987）、Spilimbergo（1998）指出，美国由于基础制造业的“空心化”而导致该产业部门的劳动力与产出在总体经济中的比重双双下降。20 世纪 80 年代后，随着日本与西方国家的贸易摩擦日益加剧，加之由于《广场协议》签订后日元持续升值，日本 OFDI 迅速增长，并一跃成为世界上主要的对外投资大国。据此，以高野邦彦（Takano Kunihiko，1987）、关下捻（Sekishita Minoru，1990）等为代表的日本学者也认为，由于大量的汽车、电气、电子及纺织等制造业的过度外移，导致母国这些产业或关联产业的投资不足而逐渐衰败，同时新兴产业又不能弥补旧产业的衰退，因此，母国陷入产业空心化境地。

（二）产业转移与产业空心化关系的争论

OFDI 伴随产业的转移、母国是否会出现产业空心化问题，至今仍然争论不休，但从理论上分析也不能排除这种可能性。由于 OFDI 产生的出口替代效应，使得母国的相关产业的产量和出口下降，可能导致失业、投资减少、相关产业萎缩。另外，OFDI 会伴随资本、信息、技术及管理经验等一系列生产要素的外移，可能会培养境外竞争对手，反过来威胁母国的技术领先优势，削弱产业的竞争力，导致相关产业的衰退。但是，从历史的实践经验来看，无论是美、德、日等西方发达国家，还是亚洲“四小龙”的新兴经济体，产业境外转移对各国的产业技术进步及结构优化起的作用是毋庸置疑的。

（三）在政府引导下更易实现产业的正效应

随着中国 OFDI 的速度加快与规模扩大，中国产业空心化问题也开始引起学界的关注。梁继宗等（1989）、周振华（1998）、樊纲（2003）、胡立君等（2013）等学者认为，如果在新兴产业没有充分发展的状况下，原有的产业为了生存大量向境外转移，由此会引发某些行业性或地区性的产业缺失，其结果造成国内特定产业的衰退而出现产业空心化现象。马淑琴和张晋（2013）及刘海云和聂飞（2015）等学者认为，如果母国 OFDI 中的大量产业转移是无序的，随着低层次的传统产业不断外移，而新兴产业由于缺乏技术创新尚未建立或没有得到充分发展，其结果可能导致出口替代，国内生产、投资与就业水平下降，技术流失、税收减少等现象，最终造成国内产业的衰落，形成产业空心化现象。因此，对于处于产业中游地位的中国而言，政府在企业 OFDI 中要发挥引导、鼓励或限制等调控作用，制定对外产业投资目录，使企业 OFDI 的产业投资过程中实现国内劣势产业的转移，同时通过技术引进与创新建立起更高级的新兴产业，不断增大国内产业结构优化升级的正向效应。

第二节　中国OFDI对促进产业技术进步的效率测算与评价

一、问题提出

后危机时代主攻“调结构”已成为当前政学两界的共识，其中产业结构的调整更是重中之重，而产业技术升级又成为优化产业结构的核心。在开放经济状态下，一国产业技术的提升主要源于两条路径：一是本国的自身技术创新；二是利用各种技术扩散途径对外来知识进行学习、吸收与创新。世界经济发展已经表明 OFDI 作为国际技术扩散的重要渠道，不仅积极地影响母国产业技术进步，而且能够提升母国的技术创新能力。党的十八大以后，在党中央明确提出“一带一路”倡议下，中国的 OFDI 规模迅猛增长：非金融类对外直接投资流量从 2003 年的 28.5 亿美元增加到 2018 年的 1213.2 亿美元，增长了 42 倍，到 2018 年底所有对外直接投资存量已达 19822.7 亿美元[①]，OFDI 对中国经济的影响日益显著，开展对中国 OFDI 的母国经济影响研究也显得越发重要。

外向 FDI 对母国产业技术进步的研究由来很久。Kogut（1991）是最先提出并系统考察外向 FDI 的母国技术溢出现象，他们以日本企业海外投资为实证对象，研究发现日本公司在美国的直接投资大量集中在研发密集型的产业，并更青睐合资形式的投资，其战略目的在于获取和共享美国企业的技术。之后 Jaffe（1993）、Lichtenberg（2001）、Branstetter（2000）等学者从不同角度、不同的样本及不同的时间跨度做了类似的研究，发现 FDI 均具有母国技术外溢效应，只是存在程度上的差异。

随着中国外向 FDI 的规模增大，国内对类似的研究日渐增多。江小娟（2001）认为，国内有实力的企业"走出去"，到科技资源密集的地方设立研发机构或高技术企业，开发生产具有自主知识产权的新技术、新产品，是利用国外科技资源的一种有效方式。马亚明等（2003）、赵伟等（2006）、王英等（2008）及白洁（2009）等学者对中国外向 FDI 逆向技术问题做过同样研究，其结论均表明外向 FDI 对母国存在不同程度的逆向技术溢出效应。但国内绝大多数学者均从中国外向 FDI 的宏观或微观层面进行研究，而从中观即产业层面进行实证的仍然鲜见。为此，本节通过 2011~2018 年中国非金融类对外投资的产业数据，利用 DEA 模型对 OFDI 在促进国内产业技术进步方面进行有效性检验具有相当的意义。

二、DEA 模型构建与变量选取

（一）模型构建——数据包络分析（DEA）

数据包络分析（Data Envelopment Analysis，DEA）模型是运筹学、管理科学与数理经济学交叉研究的新领域。它是根据多项投入指标和多项产出指标，利用线性规划的方法，对具有可比性的同类型的决策单元（DMU）进行相对有效性评价的一种数量分析方法。DEA 方法及其模型自

① 资料来源：历年《中国对外直接投资统计公报》。下文未特别标注来源的数据均与此相同。

1978 年由美国著名运筹学家 Charnes 和 Cooper 提出以来，已广泛应用于不同行业及部门，并且在处理多指标投入和多指标产出方面体现了得天独厚的优势。

我们采用 DEA 中的 CCR 评价模型，该模型主要用于评价决策单元的技术与规模是否有效。它可表示成以下线性规划形式：

$$\min(\theta - \varepsilon\sum_{r=1}^{t} S_r^+ - \varepsilon\sum_{i=1}^{m} S_i^-)$$

$$\text{s. t. } \theta x_{ij_0} - S_i^- - \sum_{j=1}^{n}\lambda_j x_{ij} = 0 \qquad i = 1,2,\cdots,m$$

$$\sum_{j=1}^{n} y_{rj}\lambda_j - S_r^+ = y_{rj_0} \qquad r = 1,2,\cdots,t$$

$$\lambda_j, S_i^-, S_r^+ \geqslant 0 \qquad j = 1,2,\cdots,n \tag{7-1}$$

式中，n 表示同类 DMU 的数量；m 和 t 分别代表输入与输出的个数；x_{ij_0}和 y_{rj_0}表示其中第 j_0 个 DMU（被评价）第 i 项输入和第 r 项输出；S_r^+ 和 S_i^- 分别为松弛变量；ε 为非阿基米德无穷小量，在计算时可取 $\varepsilon = 10^{-6}$。

计算分两个阶段进行：首先，求出最小的 θ 值（θ^*），然后以 θ^* 作为已知数，再求出最大的松弛变量，最后得到模型的最优值。设 θ^*、λ^*、S^{+*}、S^{-*}是模型最优解，令 $\hat{x}_0 = \theta^* x_0 - S^{-*}$，$\hat{y}_0 = y_0 - S^{+*}$，则（$\hat{x}_0$，$\hat{y}_0$）为决策单元对应的（$x_0$，$y_0$）在 DEA 有效面上的投影，相对于原来的决策单元为 DEA 有效，这样可以通过对输入方面的改进，使非 DEA 有效的 DMU 转变为 DEA 有效。

该模型所表示的经济意义为：当 $\theta^* = 1$ 且 $S_r^{+*} = S_i^{-*} = 0$ 时，决策单元 DMU 为 DEA 有效，表明这 n 个决策单元组成的经济系统中，其绩效在当投入为 x_0 时产出 y_0 已达到最优。否则，若 $\theta^* < 1$ 或 $S_r^{+*} \neq 0$，$S_i^{-*} \neq 0$ 则认为是无效。

（二）变量选取及数据采集

1. 产出指标：全要素生产率（TFP）

通过文献研究发现，有关经济开放与技术外溢效应问题的研究绝大多数采用 TFP（全要素生产率）作为测度这种外溢效应的重要指标。其理由是任何技术进步，最终须借助要素生产率的变化才能体现出来。为此，本书研究也不例外，只是为了反映产业技术进步，对 TFP 分成第二与第三两大产业的全要素生产率，分别用 TFP_2 与 TFP_3 表示。

TFP 的测算一般通过 C－D 函数：$Y=AK^{\alpha}L^{\beta}$ 进行变换 $A=\frac{Y}{K^{\alpha}L^{\beta}}$后，认为系数 A 就定义为 TFP。这样 TFP 计算公式为：$TFP_t=\frac{Y_t}{K_t^{\alpha}L_t^{\beta}}$。其中 Y_t 表示第二或第三产业在时间 t 的产出（这里用 GDP 表示）；L_t 表示在时间 t 时投入于第二或第三产业的劳动量（这里用年均就业人员数表示）；α，β 分别表示资本与劳动的产出弹性，这里沿用世界银行对我国的估算结果：$\alpha=0.6$，$\beta=0.4$。

K_t 表示第二或第三产业在时间 t 的资本存量。采用 Goldsmith（1951）年提出的永续盘存法（Perpetual Inventory Approach）进行估算，公式为：$K_t=(1-\delta)K_{t-1}+\frac{I_t}{P_t}$。其中，$K_t$ 的基期数据来自张军（2004）对我国资本存量的估算，I_t 为 t 年的名义固定资产投资额，P_t 为 t 年的固定资产投资价格指数，δ 为资本折旧率（取 5%）。

原始数据来自 2011～2018 年的《中国统计年鉴》，其中 K_t、Y_t、I_t 均以 1990 年为基期，剔除价格变化后，代入公式进行计算，结果如表 7－1 所示。

表 7－1　2011～2018 年第二、第三产业全要素生产率

TFP \ 年份	2011	2012	2013	2014	2015	2016	2017	2018
TFP_2	0.994	1.018	0.961	0.942	1.011	0.932	0.921	1.001
TFP_3	1.041	0.982	1.063	1.080	1.105	1.126	0.994	1.111

注：TFP_2 表示第二产业全要素生产率；TFP_3 表示第三产业全要素生产率。

2. 投入指标：中国第二产业对外直接投资存量（X2）；中国第三产业对外直接投资存量（X3）

为了更清楚地反映外向 FDI 对国内产业技术进步的有效性，选取 2011～2018 年非金融类外向 FDI 的第二和第三产业的数据进行分析。另外，从公布的数据看，采矿业、制造业、交通运输仓储和邮政业、信息传输软件和信息技术服务业、批发和零售业、租赁和商务服务业六大行业的流量或存量均占据每年总量的90%以上，同时考虑到要对国内产业技术产生影响作用，以上述六大行业的存量数据序列进行分析。为了满足DEA包络分析的条件，按《国民经济行业分类》（GB/T4754—2002）的办法将采矿业与制造业归入第二产业，其余四大行业归入第三产业。各年度数据汇总如表7－2所示。

表7－2　2011～2018年中国六大行业对外直接投资存量

单位：亿美元

行业＼年份	2011	2012	2013	2014	2015	2016	2017	2018
采矿业	669.95	747.84	1061.71	1237.25	1423.81	1523.70	1576.70	1734.80
制造业	269.64	341.40	419.77	523.52	785.28	1081.13	1403.01	1823.10
第二产业（X2）	939.60	1089.24	1481.48	1760.77	2209.10	2604.82	2979.71	3557.90
交通运输仓储和邮政业	252.61	292.27	322.28	346.82	399.06	414.22	547.68	665.00
信息传输软件和信息技术服务业	95.53	48.20	73.84	123.26	209.28	648.02	2188.97	1935.70
批发和零售业	490.94	682.12	876.48	1029.57	1219.41	1691.68	2264.27	2326.90
租赁和商务服务业	1422.90	1756.98	1957.34	3224.44	4095.68	4739.94	6157.73	6754.70
第三产业（X3）	2261.98	2779.56	3229.93	4724.08	5923.42	7493.86	11158.66	11682.30

资料来源：根据历年《中国对外直接投资统计公报》整理得到。

三、实证分析与效率评价

将表7－1和表7－2中TFP_2、TFP_3、X2及X3分成两组：一组为TFP_2、TFP_3、X2以检验第二产业的对外直接投资对国内技术进步的有效性；另一组为TFP_2、TFP_3、X3以检验第三产业的对外直接投资对国内技术进步的有效性。将表中相关数据代入DEA－CCR模型中，利用DEAP（2.1）软件进行规划求解，可得2011～2018年中国外向FDI中第二与第三产业对国内技术进步的有效性分布（分别以 θ_2、θ_3 表示）如表 7－3 所示。

表 7－3　2011～2018 年外向 FDI 中第二、第三产业对国内产业技术进步的有效性分布

年份 / θ	2011	2012	2013	2014	2015	2016	2017	2018
θ_2	1.000	0.883	0.648	0.554	0.451	0.390	0.301	0.282
θ_3	1.000	0.893	0.715	0.597	0.485	0.396	0.324	0.207

从表 7－3 中 θ_2 和 θ_3 值可知，在 2011～2018 年，外向 FDI 对中国的产业技术进步相对有效性并不理想。具体分析如下：

在对外投资中无论是第二或第三产业，它们的 θ 值除 2011 年等于 1 外，其余均小于 1，且呈现逐年下降的趋势。也就是说，外向 FDI 对中国的产业技术进步除 2011 年是有效外，其余年份均无效，而且无效程度逐年递增。尽管中国对外投资的速度逐年加快、规模逐年增大，数量扩张型的对外投资，对国内产业技术进步并没起到与投资量增加所匹配的促进作用。

仔细对 2011～2018 年的中国六大行业的对外直接投资流量或存量分析后发现，第二产业中采矿业占比过大，制造业占比偏小，在这 8 年期间的其存量占所有非金融类对外直接投资额的比重年均约为 17% 和 10%。我们知道采矿业基本都是为国内提供石油、铁矿、有色金属等原材料资源，只起到为产业提供基础性、安全性的保障作用，而直接对国内产业技术的进步影响甚微。

另外，外向 FDI 的第三产业中批发和零售业、租赁和商务服务业等与国际贸易相关的产业占的比重大，而信息传输软件和信息技术服务业等真正技术型产业占的比重偏小。从表 7－2 中数据可知，批发和零售业、租赁和商务服务业两大行业 8 年间的对外投资流量与存量占非金融类对外投资总额的 44% 和 46%，而相比之下，计算机服务和软件业的存量年均仅占约 6%。从此可知，以贸易为主的第三产业也难以带动国内产业技术进步与升级。

除2018年外其余年份 θ_3 值均比 θ_2 值大，说明外向FDI中第三产业与第二产业相比较而言对国内产业技术进步稍为有效。其中的原因有两个：一是第三产业本身占据了外向投资80%以上的份额，远比第二产业高。二是第三产业中许多行业（如科学研究、技术服务、信息传输、计算机服务和软件业等）的对外直接投资量逐年提高，现已接近15%，这些是典型的技术获取型行业，其产生的技术反向溢出直接促进国内产业技术的进步，因此效果更明显。另外，2018年的 θ_3 值小于 θ_2 值，这正是中美贸易战对我国贸易带来的冲击所导致的结果。

为了研究这些非DEA有效决策单元的无效程度，需对2011～2018年的无效决策单元作进一步分析。根据DEA模型的投影原理，利用DEAP软件，选择以投入为导向的参数进行处理，结果汇总如表7－4所示。

表7－4　2011～2018年外向FDI中第二、第三产业的非有效单元分析

单位：亿美元

年份	2012	2013	2014	2015	2016	2017	2018
原X2	1089.24	1481.48	1760.77	2209.10	2604.82	2979.71	3557.90
有效X2	961.80	960.00	975.47	996.30	1015.88	896.89	1003.33
X2无效率（%）	11.70	35.20	44.60	54.90	61.00	69.90	71.80
原X3	2261.98	2779.56	3229.93	4724.08	5923.42	7493.86	11158.66
有效X3	2019.95	1987.39	1928.27	2291.18	2345.67	2428.01	2309.84
X3无效率（%）	10.70	28.50	40.30	51.50	60.40	67.60	79.30

表7－4说明：要实现表7－1中2011～2018年各年份的全要素生产率所对应的产业技术水平，第二与第三产业的对外直接投资存量（即原X2、原X3）中真正能发挥作用的就是“有效X2”与“有效X3”部分，没有发挥效用的X2与X3占比见“X2无效率”与“X3无效率”部分。从此可以看出，我国“走出去”主要还是数量上的扩张，外向FDI中无论是第二或第三产业对促进国内产业技术进步方面都是低效与不足的。

四、小结

本节利用 2011 ~2018 年中国 OFDI 的产业或行业数据对中国 OFDI 促进母国产业技术进步的效率方面展开实证研究，其结论如下：

第一，除 2011 年外，我国外向 FDI 对国内产业技术进步基本表现为无效，而且无效程度逐年递增。

第二，通过细分产业分析后发现，外向 FDI 中的第三产业相对第二产业而言有效性稍强。究其原因：一是第三产业的对外投资比重每年占六成以上；二是其中的信息传输计算机服务和软件业等均为战略资源获取型的高技术型行业，这些行业所产生的技术逆向溢出直接促进了国内产业技术的升级与进步。

第三，对所有无效单元作进一步考察发现，两大产业在提升国内产业技术方面均存在程度较高的无效率。

第三节　中国OFDI对优化产业结构的效率测算与评价

一、问题提出

OFDI 对母国的产业效应，不但可以从理论分析中得到求证，而且早已被美、日等发达国家及“亚洲四小龙”等新兴经济体的成功经验所证实。2008 年的国际金融危机使中国主要依靠外需拉动经济增长的方式受到前所未有的冲击，使中国的产业结构不合理、产能过剩及资源瓶颈等各种深层次矛盾暴露无遗。危机后普遍认为，以“走出去”OFDI 的方式参与国际分工，调整对外投资结构，并使其成为促进中国经济增长及产业结构调整的重要路径之一。事实上，进入21世纪以来，尤其是党的十八大以后中国OFDI的规模迅速增长，以《2018年世界投资报告》统计数据计算，自2001年开始，中国OFDI年均增长速度达到54%。2018年末中国OFDI流量居全球第二位，存量达1.98万亿美元，位居全球第3，仅次于美国和荷兰。中国的OFDI对国内经济影响程度日益显著。因此，中国OFDI与国内产业效应的关系研究也引起越来越多的学者关注。

由于受中国OFDI的历史及统计方面的局限性影响，在模型的构建及数据选取方面存在一定的困难，因此，国内针对这方面的实证研究较少，而且还缺乏成熟的实证模型，且实证研究的结论呈现较大的偏差。例如，范欢欢和王相宁（2006）利用自回归分布滞后模型对中国OFDI进行研究，发现中国OFDI比例变化与第一、第三产业结构比例的变动基本无关，仅与第二产业结构有正的弹性系数比关系。王英（2010）通过1985~2005年的中国数据进行实证研究，结果显示中国OFDI对国内产业结构调整具有正面效应，同时还找出了国际贸易、技术进步及就业等传导路径。潘颖、刘辉煌（2010）根据中国1990~2007年的数据运用协整理论、Granger因果关系检验等实证研究表明中国OFDI短期内不能促进产业结构升级而从长期来看可以促进产业结构升级。

总结以往对该命题的实证研究，发现至少存在如下两大缺陷：一是大都采用经典计量模型，却得到不同的结论。其原因是中国的OFDI总量相对于国内GDP而言比重太小（不到2%），还不至于形成对国内产业结构较大的影响；另外，中国OFDI的时间序列数据较短，因此，采用回归、时间序列及Panel Data等经典计量模型进行实证得不到理想的结论。二是以中国OFDI的总流量（存量）作为唯一自变量进行实证，无法分辨OFDI中不同产业对国内产业结构的影响程度，即对外投资的结构如何影响国内产业结构问题。

本书为弥补上述两大缺陷，鉴借前人的研究成果，引入灰关联分析（GRA）模型进行尝试性研究。由于中国OFDI总体规模相对GDP而言仍然偏小，以及从2003年起中国才开始发布OFDI统计公报，中国OFDI的行业统计数只有2003年以后公布的数据，样本容量有限，不适合采用大样本的经典计量模型进行分析，而灰关联分析（GRA）模型正适用这种小样本、少数据、贫信息的数据分析与预测。通过该模型从行业层面入手，分析当前中国 OFDI 的产业投资与国内产业结构优化的关联程度，以及对这种关联度进行趋势预测更切合实际、更能为中国 OFDI 产业投资的基准与策略提供可靠且有针对性的依据。

二、GRA 模型的构建及变量选取

（一）灰色关联分析及预测模型的构建①

灰色关联分析是著名学者邓聚龙教授创立的灰色系统理论中提出的一种分析系统发展变化态势的定量描述和比较的研究方法。其原理为：通过对系统中各因素的时间序列数据进行几何关系的比较，求出若干个比较序列与参考数列之间的灰色关联系数（或称为关联度），然后对所求的灰关联度进行比较大小，关联度越高的比较序列，则表示该比较序列所代表的因素与参考数列的因素联系越紧密。灰关联分析对小样本容量（可以少到 4 个）及无规律的数据进行分析，其量化结果与定性分析仍然具有高度的一致性。因此，该分析方法已被广泛使用于社会与自然科学中的各个领域，并在投资收益、区域的优劣势及产业结构调整等社会经济领域的分析中取得了较好的应用效果。

1. 灰色关联分析模型构建

第一步，建立原始序列：主要确定参考数列及比较数列。参考数列是反映系统行为特征的数据序列；比较数列则是影响系统行为的因素所组成的数据序列。

设：参考序列记为 $X_0^{(k)}$：

$X_0^{(k)} = (x_0^{(1)}, x_0^{(2)}, \cdots, x_0^{(k)})$

比较序列记为 $X_i^{(k)}$：

$X_i^{(k)} = (x_i^{(1)}, x_i^{(2)}, \cdots, x_i^{(k)})$；其中 $i=1, 2, \cdots, n$

① 刘思峰等：《灰色系统理论及其应用》，北京科学出版社，2004 年。

第二步，进行无量纲化处理：因为系统内各因素的数据序列的量纲不同，如果直接比较则很难得出正确的结论。为此，在展开灰关联分析之前，一般要采用初始值或均值化等方法对原始序列进行无量纲化处理。

处理方法：

$X_i^{(k)} = x_i^{(k)} / x_i^{(1)}$ 或 $X_i^{(k)} = x_i^{(k)} / \overline{X}_i \quad i = 0，1，3，\cdots，n$

第三步：求差序列、最大差和最小差。

差序列：

$\Delta_i = (\Delta_i^{(1)}，\Delta_i^{(2)}，\cdots，\Delta_i^{(k)})$

其中 $\Delta_i^{(k)} = | X_0^{(k)} - X_i^{(k)} | \ i = 1，2，\cdots，n$；最大差：$\Delta\max = \max\limits_i \max\limits_k \Delta_i^{(k)}$；最小差：$\Delta\min = \min\limits_i \min\limits_k \Delta_i^{(k)}$。

第四步：计算灰色关联系数 $L_{0i}^{(k)} = \dfrac{\Delta\min + \lambda\Delta\max}{\Delta + \lambda\Delta\max}$，其中 $L_{0i}^{(k)}$ 表示在 k 时刻第 i 个比较序列与参考序列的关联系数，λ 为分辨系数，λ 越小，分辨力越大，一般 λ 的取值区间为（0，1），具体取值可视情况而定。当 $\lambda \leqslant 0.5436$ 时，分辨力最好，通常取 $\lambda = 0.5$。

第五步：计算灰色关联度：由于关联系数是比较数列与参考数列在各个时刻（即曲线中的各点）的关联程度值，所以它的取值不唯一，而信息过于分散不便于进行整体性比较。因此，有必要通过平均值的方式将各个时刻（即曲线中的各点）的关联系数集中为一个值，以此作为比较数列与参考数列间关联程度的数量表示，关联度计算公式如下：

$$R_{0i} = \frac{1}{n}\sum_{k=1}^{n} L_{0i}^{(k)}$$

其中，R_{0i} 表示第 i 个比较序列与参考序列的关联度。

第六步：根据关联度展开分析：先进行关联度按大小排序，如果 $R_{01} < R_{02}$，则参考数列 $X_0^{(k)}$ 与比较数列 $X_2^{(k)}$ 关联性越强。

2. GM（1，1）预测模型构建

为了反映中国 OFDI 对国内产业结构影响的动态变化，采用灰色系统理论中的 GM（1，1）模型进行预测。该模型在小样本、少数据、贫信息的条件下也能对系统中行为特征值的发展变化进行较好的预测，其应用价值在越来越多的社会领域得到体现。参考董奋义等（2007）在《背景值和初始条件同时优化的 GM（1，1）》一文中的建模过程，其原理如下：

（1）假设原始序列：

$X_0^{(k)}=(x_0^{(1)},\ x_0^{(2)},\ x_0^{(3)},\ \cdots,\ x_0^{(k)})$

通过 $x_m^{(i)}=\sum_{j=1}^{i}x_0^{(j)}(i=1,\cdots,k)$ 则生成累加序列：$X_m^{(k)}=(x_m^{(1)},x_m^{(2)},x_m^{(3)},\cdots,x_m^{(k)})$

（2）构造背景序列：

$Z_m^{(k)}=(z_m^{(2)},\ \cdots,\ z_m^{(k)})$

其中，$z_m^{(i)}=\alpha x_m^{(i)}+(1-\alpha)x_m^{(i-1)}$

且 $i=2,\ 3,\ \cdots,\ k$

（3）假定具有近似指数变化规律，则白化微分方程为：

$$\frac{dX_m^{(k)}}{dt}+aX_m^{(k)}=b$$

（4）通过离散化后得到 GM（1，1）灰微分方程：$x_0^{(i)}+az_m^{(i)}=b$，用最小二乘法可解得参数 a 为发展系数，b 为灰作用量。$\hat{a}=[a,\ b]^T=(B^TB)^{-1}B^TY$

其中，$B=\begin{bmatrix}-z_m^{(2)} & 1\\ -z_m^{(k)} & 1\end{bmatrix}$，$Y=\begin{bmatrix}x_0^{(2)}\\ x_0^{(k)}\end{bmatrix}$

（5）得 $X_0^{(k)}$ 的预测公式：

$$\hat{x}_0^{(i+1)}=\hat{x}_m^{(i+1)}-\hat{x}_m^{(i)}=(1-e^a)\left[x_0^{(1)}-\frac{b}{a}\right]e^{-ai}$$

得 $X_m^{(k)}$ 的预测公式：

$$\hat{x}_m^{(i+1)}=\left[x_0^{(1)}-\frac{b}{a}\right]e^{-ai}+\frac{b}{a}$$

（二）变量选取及数据采集

1. 因变量序列（参考序列）选取：产业结构优化指标（X_0）

有关产业结构优化问题的研究，尽管国内外学者在理论上达成了共识：即产业结构的优化主要包括产业结构的高级化与合理化。其具体表现为：第一，产业结构沿着第一、二、三产业逐渐占优势地位方向递进且各产业之间按比例协调发展；第二，产业生产要素类型沿着劳动密集型→资本密集型→技术（知识）密集型逐渐占优势地位的方向演进；第三，产业产品类型由低附加值逐渐向高附加值的方向演进。但是，对于该指标的测度却形成了大量不同的研究成果。

国外最早且影响最大的有关产业结构的测度研究，应该是钱纳里、库兹涅茨等经济学家提出的标准结构概念。他们利用 101 个国家的 1950～1970 年的各产业数据，建立模型并运用统计分析的方法，对样本国家中能反映和影响一国产业结构的主要因素进行回归分析之后提出了一个适用于不同经济发展水平标准结构。这些标准常常被用来解释各国经济增长过程中的产业结构变动情况，也是当前衡量不同国家或地区产业结构是否处于优化状态的参照依据。

国内学者借鉴国外相关的研究成果，针对中国转型经济的特点，对产业结构水平的测度问题展开研究并形成了不少衡量产业结构水平的指标。如潘文卿等（1994）提出了以结构关联经济技术矩阵的最大特征值的倒数定义产业结构水平的测算指标，即 $h = \frac{1}{\lambda}$。实际上该指标更侧重反映产业结构的高度化水平。白雪梅等（1995）用“范数”来描述一个地区的产业结构指标，并通过改变权数的方法，对范数指标进行了修正（即 $S_i = \sqrt{\sum_{j=1}^{n} W_j X_{ij}^2}$）：变多值映射为单值映射。其中 S_i 为产业结构水平，X_{ij} 为 i 地区 j 产业占地区 GDP 的比重，j 产业仅指第二、第三产业。陈静等（2003）将第三产业占 GDP 的比重和人均 GDP 两个指标复合成单一因变量，并称之为产业结构系数，以此综合地代表一国产业结构水平。靖学青（2005）提出用产业结构层次系数（即 $w = \sum_{i=1}^{n}\sum_{j=1}^{i} q(j)$）来测度和刻画产业结构水平，其中 w 表示产业结构高级化水平，$q(j)$ 表示某区域内的 n 个产业由高层次到低层次地加以排列后所得的比例，实际上该测度指标更适合用于不同区域或时期之间的产业结构高度化的比较及其变动状况的考察。

总之，当前国外对该指标的测度体系研究较为系统，但这是基于跨越年限长而且统计口径一致的高质量数据上的，这一点正是当前中国所欠缺的。相对而言，国内学者针对中国的国情所提出的测度体系大部分较为简单，而且存在仅仅用某产业占 GDP 的比例来测度产业结构水平的以偏概全、权数的确定太过主观性等缺陷，致使研究结论可信度与说服力不强。为此，本书借鉴杨晓猛（2006）构建的产业结构的优化指标作为参考序列。[①] 因为该指标的设计与测度是以发展中国家产业结构调整为背景，对中国具有较强的针对性。指标由三级组成，括号中权重由 AHP 法确定（见表 7－5）。

表 7－5　反映产业结构优化的指标及指标权重

层级＼指标	产业结构优化（1）		
一级	1. 产业变动状况（0.25）	2. 就业分布结构（0.3）	3. 产业部门贡献率（0.45）
二级	11. 第一产业增长率（0.25）	21. 第一产业就业人口占总就业人口的比例（0.2）	31. 第一产业产值增量占 GDP 增量的比重（0.2）
	12. 第二产业增长率（0.35）	22. 第二产业就业人口占总就业人口的比例（0.3）	32. 第二产业产值增量占 GDP 增量的比重（0.3）
	13. 第三产业增长率（0.4）	23. 第三产业就业人口占总就业人口的比例（0.5）	33. 第三产业产值增量占 GDP 增量的比重（0.5）

资料来源：根据杨晓猛的《转型国家市场化进程测度的地区差异分析》（载于《世界经济研究》2006 年第 1 期）中的相关指标修正得到。

2. 自变量序列（比较序列）选取

由于先导产业、主导产业、支柱产业及瓶颈产业的 OFDI 对母国产业结构调整的机理不同，因此在理论上应该从以上不同产业中分别选取不同的行业作为比较序列，这样才能得出更客观、更科学的结论。但是根据历年公布的中国非金融类 OFDI 统计公报可知，采矿业（X_1）、制造业（X_2）、交通运输仓储和邮政业（X_3）、信息传输软件和信息技术服务业

① 杨晓猛：《转型国家市场化进程测度的地区差异分析》，《世界经济研究》2006 年第 1 期。

（X_4）、批发和零售业（X_5）、租赁和商务服务业（X_6）六大行业的流量或存量数据均占据总量的90%以上，且这六大行业也分属于以上四大产业群，考虑到要对国内产业结构产生影响，因此，以上述六大行业的存量数据序列进行分析比较合理。

3. 数据采集

参考序列—产业结构优化指标（X_0）的值计算是从2003～2018年分年度按表7－5的权重逐级往上加权求和得到，各项二级指标值均按不变价计算，其结果如表7－6所示。最后对产业结构优化指标（X_0）的初始值无量纲处理（见表7－8）。

表7－6　2003～2018年各年度产业结构优化的分指标及总指标值汇总

指标＼年份	2003	2004	2005	2006	2007	2008	2009	2010
产业变动状况	0.0222	0.0237	0.0240	0.0266	0.0290	0.0211	0.0206	0.0235
就业分布结构	0.0929	0.0943	0.0954	0.0965	0.0972	0.0980	0.0990	0.0997
产业部门贡献率	0.1678	0.1676	0.1685	0.1702	0.1717	0.1707	0.1716	0.1722
产业结构优化	0.2828	0.2856	0.2879	0.2933	0.2979	0.2898	0.2913	0.2955
指标＼年份	2011	2012	2013	2014	2015	2016	2017	2018
产业变动状况	0.0215	0.0182	0.0177	0.0168	0.0161	0.0153	0.0156	0.0149
就业分布结构	0.1010	0.1016	0.1037	0.1055	0.1069	0.1078	0.1089	0.1100
产业部门贡献率	0.1727	0.1733	0.1755	0.1757	0.1807	0.1851	0.1866	0.1868
产业结构优化	0.2951	0.2930	0.2968	0.2980	0.3037	0.3081	0.3110	0.3117

资料来源：根据历年《中国对外直接投资统计公报》整理计算得到。

表7－7　2003～2018年中国六大行业OFDI存量

单位：亿美元

指标＼年份	2003	2004	2005	2006	2007	2008	2009	2010
采矿业	59.76	59.51	86.52	179.02	150.12	228.68	405.80	446.61
制造业	19.92	45.38	57.70	75.30	95.44	96.62	135.90	178.02

续表

年份 指标	2003	2004	2005	2006	2007	2008	2009	2010
交通运输仓储和邮政业	19.92	45.81	70.83	75.68	120.59	145.20	166.30	231.88
信息传输软件和信息技术服务业	109.56	11.92	13.24	14.50	19.01	16.67	19.70	84.06
批发和零售业	66.40	78.43	114.18	129.55	202.33	298.59	357.00	420.06
租赁和商务服务业	19.92	164.28	165.54	194.64	305.15	545.83	729.50	972.46

年份 指标	2011	2012	2013	2014	2015	2016	2017	2018
采矿业	669.95	747.84	1061.70	1237.30	1423.80	1523.70	1576.70	1734.80
制造业	269.64	341.40	419.77	523.52	785.28	1081.10	1403.00	1823.10
交通运输仓储和邮政业	252.61	292.27	322.28	346.82	399.06	414.22	547.68	665.00
信息传输软件和信息技术服务业	95.53	48.20	73.84	123.26	209.28	648.02	2188.90	1935.70
批发和零售业	490.94	682.12	876.48	1029.60	1219.40	1691.70	2264.30	2326.90
租赁和商务服务业	1422.90	1756.90	1957.30	3224.40	4095.70	4739.90	6157.70	5754.70

资料来源：根据历年《中国对外直接投资统计公报》整理得到。

表 7-8　2003～2018 年中国 OFDI 六大行业及产业结构优化序列无量纲化处理结果

年份 序列	2003	2004	2005	2006	2007	2008	2009	2010
产业结构优化	1	1.010	1.018	1.037	1.053	1.025	1.030	1.045
采矿业	1	0.996	1.448	2.996	2.512	3.827	6.790	7.473
制造业	1	2.278	2.897	3.780	4.791	4.850	6.823	8.937
交通运输仓储和邮政业	1	2.300	3.556	3.799	6.054	7.289	8.349	11.640
信息传输软件和信息技术服务业	1	0.109	0.121	0.132	0.174	0.152	0.180	0.767
批发和零售业	1	1.181	1.720	1.951	3.047	4.497	5.376	6.326
租赁和商务服务业	1	8.247	8.310	9.771	15.319	27.401	36.621	48.818

续表

序列＼年份	2011	2012	2013	2014	2015	2016	2017	2018
产业结构优化	1.043	1.036	1.050	1.054	1.074	1.089	1.100	1.102
采矿业	11.211	12.514	17.766	20.704	23.826	25.497	26.384	29.029
制造业	13.536	17.139	21.073	26.281	39.422	54.273	70.432	91.521
交通运输仓储和邮政业	12.681	14.672	16.179	17.410	20.033	20.794	27.494	33.384
信息传输软件和信息技术服务业	0.872	0.440	0.674	1.125	1.910	5.915	19.980	17.668
批发和零售业	7.394	10.273	13.200	15.506	18.365	25.477	34.100	35.044
租赁和商务服务业	71.431	88.202	98.260	161.869	205.606	237.949	309.123	339.091

比较序列——采矿业（X_1）、制造业（X_2）、交通运输仓储和邮政业（X_3）、信息传输软件和信息技术服务业（X_4）、批发和零售业（X_5）、租赁和商务服务业（X_6）六大行业的存量数据均根据 2003 ~ 2018 年各年度《中国对外直接投资统计公报》整理得到如表 7 – 7 所示。最后对六大行业比较序列进行无量纲化处理，其结果如表 7 – 8 所示。

三、实证分析与效率评价

（一）效率测算与评价

按照上述灰关联分析建模步骤，利用灰色系理论应用软件（V2.1），可以求得 2003 ~ 2018 年中国 OFDI 的六大行业与产业结构优化的灰关联度如表 7 – 9 所示。

表 7 – 9　2003 ~ 2018 年中国 OFDI 的六大行业与产业结构优化的灰关联分析结果

关联度、排名＼行业	采矿业	制造业	交通运输仓储和邮政业	信息传输软件和信息技术服务业	批发和零售业	租赁和商务服务业
灰关联度	0.960984	0.919563	0.903427	0.989160	0.942095	0.778637
排名	2	4	5	1	3	6

资料来源：根据表 7 – 8 中的数据利用灰色系理论应用软件（V2.1）处理得到。

从表7-9中的灰关联度排名情况看，中国OFDI的六大行业与产业结构优化的关联度从高到低的排序是：信息传输软件和信息技术服务业（X_4）>采矿业（X_1）>批发和零售业（X_5）>制造业（X_2）>交通运输仓储和邮政业（X_3）>租赁和商务服务业（X_6）。从中可知中国OFDI的六大行业对国内产业结构的优化均起到一定的推动作用，其中作用较强的是信息传输软件和信息技术服务业、采矿业、批发和零售业三大行业，具体分析如下：

1. 战略资源获取型的行业尽管比例不高，但对产业结构的调整作用明显

从表7-9可知，信息传输软件和信息技术服务业的关联度位居第一。由于该行业对外投资大多集中于技术等战略资源获取型行业，虽然起步较晚，但2000年后开始加快，发展到2003年该行业存量达到109.6亿美元，占当年所有非金融类OFDI存量的33%，后来几年有所减缓。但2006年后，科学研究和技术服务业的对外投资逐年提高，每年的存量占总投资的1.5%左右。[①] 应该说，这些行业大部分属于高新技术领域，它们通过接近技术源，到技术领先国家寻求战略资源的对外投资，实现以资本换技术，促进母国的产业技术进步，从而提升产业结构。技术获取型对外投资行业对产业结构优化效应周期较长，但效果明显。

2. 自然资源获取型行业仍然是影响国内产业结构调整的重要医素

从表7-9可知，中国对外投资的采矿业与产业结构优化的关联度位居第二。2003~2010年，采矿业的对外投资流量年均占比24%左右，其中2003年、2006年两年高达48%与40.35%。近年来，中海油、中石油、五矿、宝钢、沙钢等企业通过境外并购和战略联盟等形式，逐步获得境外自然资源的掌控权和使用权，每年源源不断地为国内输入石油、铁矿石及有色金属等基础性资源，这在很大程度上缓解了中国相关产业发展的资源瓶颈，促进了相关产业的改造和提升增值活动，并通过竞争效应、资源配置效应、关联效应等渠道促进其他产业的发展，从而促进国内的产业结构优化。

① 资料来源：根据历年《中国对外直接统计公报》计算整理。下文数据来源与比相同。

3. 市场与效率寻求型行业通过转移国内过剩产能和改善进出口贸易条件，达到优化产业结构的目的

批发和零售业、制造业、交通运输仓储和邮政业及租赁和商务服务业等都与此类型相关。从表 7-9 可以看出它们与国内产业结构优化的关联度排名依次为第三、第四、第五、第六名。批发和零售业、制造业是典型的市场寻求型对外投资行业。批发和零售业与国际贸易相关，制造业与转移产能有关，交通运输仓储和邮政业及租赁和商务服务业很大一部分是服务于这些行业的。2003 年以来批发和零售业及制造业对外投资的年均流量为 14% 及 10% 左右，但从关联度排名来看，这两个行业对国内产业结构优化的贡献度并不理想。这说明出口贸易还是粗放式，制造业对外投资并没在很大程度上起到转移过剩产能的作用。

尤其是交通运输仓储和邮政业、租赁和商务服务业的对外投资，2003 ~ 2010 年它们占对外投资存量的比例平均为 7.1% 及 28.1%。但关联度最低，这是因为中国对外投资的服务业大部分仍停留在传统领域，而物流、投资管理、咨询等现代服务业占比重较低，导致难以带动国内相关产业的发展。

（二）效率预测与评价

为了反映中国 OFDI 不同行业对产业结构优化的动态变化，通过 GM（1，1）模型对中国 2019 ~ 2023 年 OFDI 的六大行业与产业结构优化的关联度进行预测。按照前文中 GM（1，1）模型的步骤对产业结构优化及六大行业共七个指标序列进行往后五年的预测，结果如表 7-10 所示。

表 7-10　2019 ~ 2023 年中国 OFDI 六大行业与产业结构优化的灰关联分析预测结果

行业 关联度、排名	采矿业	制造业	交通运输仓储和邮政业	信息传输软件和信息技术服务业	批发和零售业	租赁和商务服务业
灰关联度	0.847486	0.927088	0.894639	0.948382	0.755624	0.73861
排名	4	2	3	1	5	6

资料来源：根据利用灰色系理论应用软件（V2.1）中 GM（1，1）模型处理得到。

表 7－10 中的数据显示了 2019～2023 年产业结构优化与对外投资的六大行业的关联度排序。前三位是信息传输软件和信息技术服务业、制造业及交通运输仓储和邮政业，后面依次是采矿业、批发和零售业及租赁和商务服务业。我们注意到制造业的关联度由第 4 位上升到第 2 位，采矿业由第 2 位下降到第 4 位，批发和零售业由第 3 位下降到第 5 位。这预示着信息传输软件和信息技术服务业等战略资源获取型对外投资行业对产业结构优化的作用越来越显现，始终居于首位。随着政府不断出台各种鼓励企业“走出去”的政策，尤其是 2006 年政府实施“建立境外经济贸易合作区”的“走出去”战略，若中国制造业加快了走出国门的步伐，转移过剩产能的功能逐渐增强，越来越有利于优化国内产业结构。另外，随着中国人口及经济规模的进一步增大，自然资源一直是中国产业发展的“瓶颈”，因此对外投资的采矿业与国内产业结构优化的关联度仍然位居第 4。对于批发和零售业的关联度下降，预示着未来该行业对国内产业结构调整的作用下降。事实上，2008 年由美国金融危机引发的全球经济危机对中国的贸易所产生的冲击就已经敲响了中国经济再也不能过度依赖外需的“警钟”。

四、小结

通过 GRA 模型对 2003～2018 年中国 OFDI 的六大行业数据与国内产业结构优化的关联度分析，并对五年后关联度的动态变化做出趋势预测，结论如下：

第一，中国 OFDI 的六大行业对国内产业结构的优化均是有效率的。其中效率从高到低的排序为：信息传输软件和信息技术服务业；采矿业；批发和零售业；制造业、交通运输仓储和邮政业；租赁和商务服务业。

第二，战略资源获取型行业的 OFDI 尽管比例不高，但对产业结构的调整最有效。信息传输软件和信息技术服务业的关联度位居第一，但其 OFDI 的投资流量及存量占比较低。

第三，采矿业等自然资源获取型行业的 OFDI 仍然是影响国内产业结构调整的重要因素。采矿业“走出去”在很大程度上缓解了中国相关产业发展的资源“瓶颈”。

第四，市场与效率寻求型行业通过转移国内过剩产能和改善进出口贸易条件，对国内优化产业结构有一定的作用，但收效甚微。制造业对外投资并没在很大程度上起到转移过剩产能的作用。租赁和商务服务业的对外投资大部分仍停留在传统领域，而物流、投资管理、咨询等现代服务业占比太小。

第五，用GM（1，1）模型对中国OFDI的六大行业与产业结构优化的关联度进行5年后的预测后发现，之前的关联度排序发生了如下变化：信息传输软件和信息技术服务业仍然位居第一；制造业由原来的第4位上升到第2位，采矿业由第2位下降到第4位。这意味着，战略资源获取型行业OFDI对国内产业结构优化的作用越来越显现；另外，随着中国制造业加快走出国门的步伐，转移过剩产能的能力逐渐提高，越来越有利于优化国内产业结构。

第八章

中国 OFDI 的产业投资基准分析

在前面各章在对当前国际的经济形势、国际产业转移的新趋势、新特点等外在条件，以及国家、产业及企业等各层面的内在客观条件作出分析之后，本章结合中国企业 OFDI 的各种动因与产业导向以及当前产业投资存在的问题及形成的产业效应，提出中国企业 OFDI 产业投资的基准及其应用框架。

第一节　中国OFDI的产业投资基准

OFDI 的产业投资基准是一国在开展对外投资时的基本准则。它具有方向性、战略性的地位，是国家正确制定 OFDI 政策、企业正确制定跨国经营战略的前提与基础。本节结合前文的分析，并借鉴国内外学者的研究成果，提出了中国企业 OFDI 产业投资的五大基准。

一、产业比较优势基准

产业比较优势基准指中国在进行 OFDI 的产业投资时，应充分利用在国际产业梯度中的相对级差优势展开，大力开展对更低产业梯度国家的投资，转移国内边际产业以腾出更多的资源及市场空间发展国内更有优势的产业及急需培育的新兴产业，进而实现国内产业结构的优化与升级。

（一）产业比较优势基准的理论依据

产业比较优势基准的主要理论依据是产业比较优势理论，而产业比较优势理论源于比较优势理论及日本学者小岛清依此提出的边际产业扩张论。该理论将边际产业定义为在本国国内已经或即将丧失比较优势，而在东道国仍具有显在或潜在比较优势的产业。在对外投资时，投资国应将这些边际产业转移到国外，为国内尚处在发展且充满潜力的优势产业留出空间。通过边际产业的转移，投资国和东道国都能实现各自产业结构的优化升级。日本正是在该理论的指导下开展OFDI，极大地促进了经济增长与产业结构的转型。中国当前的经济状况与当年小岛清理论所描述的日本具有相似之处，国内存在大量的边际产业，许多产业的产品出现过剩，产业发展模式亟待转变，产业结构亟待优化升级，因此，小岛清的理论仍然值得我们借鉴。

（二）产业比较优势基准的应用

第三章对产业的国际竞争力分析已表明，虽然中国产业整体处于中等偏后的水平行列，但各项竞争力排名均优于大部分发展中国家，甚至超过西班牙、意大利及葡萄牙等发达国家。尤其是中国制造业的国际竞争力还居于世界主要经济体中游偏上的水平，说明中国可以利用自身产业的比较优势大力开展OFDI。在应用产业比较优势基准进行对外产业投资时应注意发挥以下三大优势：

1. 产业集群优势

Porter（1990）在《国家竞争优势》中首先提出产业集群概念。其核心思想是产业内相关企业在一定空间范围内的高度集中，既可以降低企业的制度成本（包括生产成本、交换成本），又可以提高企业规模效益并实现范围经济，进而提高产业整体和企业的市场竞争力。Porter指出，同一产业的相关企业群聚在一起形成产业集群后，企业通过降低成本、提高效率、刺激创新、加剧竞争等途径，形成一种集群竞争力，这种竞争力是集群外企业所无法拥有的，最终提升了整个产业的竞争能力。

相对西方的跨国集团公司而言，中国对外投资的企业（除了几大垄断的国企外）普遍存在规模偏小，实力较弱、竞争力不强的特点。因此，政府一方面要积极培养实力雄厚、竞争力强的跨国企业，另一方面应探索以产业集群的方式开展对外投资，将各企业的分散优势通过集群的方式整合起来形成产业的整体优势，提高产业的竞争力，最终拓展中国对外产业投资的空间。

2. 产业区位优势

产业区位优势是指投资国的某产业相对于东道国（或地区）而言具有的比较优势。产业的比较优势理论指出，一国 OFDI 的产生并不需要具备所谓的全球优势，只要该产业在该区域具有一定的比较优势就可以进行，而且可以实现投资国与东道国的双赢。前文的中国产业竞争力分析表明，中国产业（尤其是制造业）可以在发展中国家发挥比较优势。因此，中国在 OFDI 进行产业投资时，必须充分发挥产业的区位优势，将产业投资与区位选择有机地结合起来，这是扩大中国 OFDI、转移边际产业的一条重要途径。

3. 低端产业链优势

前文的研究中已指出，21 世纪以后国际产业转移凸显出以价值链的方式在全球范围内重新布局的新趋势，而中国作为发展中的大国凭借劳动力低成本的比较优势长期居于 U 形产业价值链的低端制造环节。从长远来看，提升中国在全球产业价值链中的地位，使中国产业不断往产业微笑曲线中的研发设计、营销渠道及售后服务等高附加值环节转移成为产业发展的方向。但是，据世界银行相关报道，在未来 20 年中，中国作为发展中国家的大国，劳动力要素的供给仍然具有无限性，劳动密集型产业的比较优势仍然长期存在，但同时也要接受来自印度尼西亚、印度及巴西等发展中国家的挑战。在某种情况下，正是这种低端产业链中的低成本优势，为中国对外投资进行产业链的延伸提供了有利条件。

例如，正是由于制造环节的成本优势，中国成为全球 IT 业零部件的生产基地。中国IT业龙头——联想集团借助该优势，2004年成功收购蓝色巨人IBM的PC业务，因此获得了IBM的品牌及营销渠道，实现了IT产业价值链的提升，并使总规模一跃成为全球PC业第三。[①] 2008年危机后，低端产业链的“中国优势”日渐凸显。中国PC业凭借制造端的产业链优势，快速实现规模化低成本扩张，据市场调研公司IDC的数据显示，2018年，中国市场PC出货量为全球第一，联想在全球PC业市场排名第一。[②]另外，由于国内多晶硅企业规模效应的显现及多晶硅原材料的瓶颈突破，中国光伏产业中一批龙头企业凭借这种“中国优势”成为全球光伏市场的引领者。“一带一路”倡议使中国光伏产业境外拓展迎来巨大机遇，截至2016年，中国光伏企业已在20多个国家（地区）开设境外工厂，合计产能超过5GW。中国对巴基斯坦、印度、智利、土耳其等新兴市场出口显著提升，降低了美欧“双反”的影响。[③]

二、产业后发优势基准

产业后发优势基准指应利用一国经济发展处于相对落后、产业技术水平与结构处于国际较低梯级水平而形成的所谓后发优势，积极主动地到产业技术水平及结构梯度较高的发达国家或地区开展获取先进技术、管理及品牌等战略资源的对外投资，再通过示范或波及效应推动国内产业技术水平的进步与结构升级，并在更高的起点上进行技术自主创新，实现产业的跨越式发展。

（一）产业后发优势基准的理论依据

产业后发优势基准的理论依据主要源自产业后发优势理论及技术创新与产业升级理论。产业后发优势理论指出通过对发达国家或地区的投资，使母国可以充分利用当地先进的科技成果、富余的资本、发达的市场体系及知名的品牌等资源实现产业的跨越式发展，进一步通过技术的学习及创

① 资料来源：中国并购公会，http：//www. ma－china. com/。

② 资料来源：国际数据公司（IDC）官网，http：//www. idc. com. cn/index. jsp。

③ 资料来源：中国工业与信息化部官网，http：//www. miit. gov. cn/。

新，进而赶上甚至超越先发展的国家或地区，这是得益于落后国家或地区具有的后发优势。

而技术创新产业升级理论主张，发展中国家为获得更复杂的技术必须通过向发达国家开展对外投资，实现技术积累与技术创新，最终实现母国的产业结构升级和国际竞争力的提升。这里需要指出，依据产业后发优势基准开展的 OFDI，其目的不是着眼于获取当前利润，而是最大化地获取逆向技术外溢效应，达到提升国内产业整体技术水平及产业优化升级的长远目标。

（二）产业后发优势基准的应用

当前，国际产业的竞争更多地体现为产业技术竞争，技术进步已成为一国产业升级的根本动力，这也成为制约中国产业升级的关键因素之一。经济发展表明，引进技术和自主创新是一国技术进步的两条基本路径。从前者看，前文研究已表明，中国自改革开放以来主张的“以市场换技术”的引资策略虽然发挥了一定作用，但也未达到预期的目的。中国通过对外贸易的方式获得的先进技术非常有限；通过技术许可的方式进行技术引进时又交易成本高且不确定性因素多；加之，基于意识形态等非经济因素干扰，发达国家或地区对中国进行技术封锁和贸易歧视，导致即使技术购买成功，中国所得到的也往往是二流甚至三流技术，而绝非核心技术。

从目前来看，中国经济正处于转型的关键时期，产业结构的优化升级成为经济持续增长的必然要求，而产业技术的进步与升级仅仅依靠自主研发创新、引进外资、技术许可和国际贸易难以满足需要，为此，中国利用产业后发优势对发达国家开展逆向投资，把产业链延伸到技术前沿的发达国家或地区，便成为目前获取先进科技与管理技术最有效和主动的途径之一。这种后发优势主要通过直接获取国外先进的技术成果（如专利、品牌等）和管理经验、雇用当地高技术的科技人才直接参与技术研发、跟踪最新国际科技动态及建立技术密集型国际生产体系等多种方式，带动国内高新产业发展或进行传统产业的技术升级与改造，从国际生产的需求和供给两侧推动国内产业结构的调整，实现产业跨越式发展。

例如，截至 2018 年华为已在全球设立数十个研发中心，主要包括法国、日本及德国等发达国家。在德国，华为设有面向市场的产品开发基地和尖端技术研究基地。

三、产业市场扩张基准

产业市场扩张基准指无论利用产业的比较优势进行边际产业转移的顺梯度投资，还是利用产业的后发优势开展逆向投资，以获得技术优势，两者最终都应通过市场扩张才能形成最终的产业优势。

（一）产业市场扩张基准与其他基准的关系

根据产业比较优势基准进行 OFDI 的产业投资，实质上就是利用不同国家产业发展水平的梯度差异，为国内的边际产业在全球范围内寻找市场空间，延长产品的生命周期，同时也为国内比较有优势的产业和急需培植的新兴产业留出资源与发展空间。而在产业后发优势基准下指导 OFDI 进行产业投资时，主要强调的是本国亟须培植的先导产业通过进入发达国家逆向投资，以获取核心技术，最终形成产业的技术优势，但这其中市场是其关键要素，因为如果技术优势不能转化为市场优势，产业优势无从体现。为此，不管是优势型顺梯度对外投资还是学习型的逆梯度对外投资，都应该考虑是否有利于产业市场扩张这一基准。

总之，产业比较优势基准强调边际产业的转移，引导产业退出；产业后发优势基准要求获取境外技术资源，提升母国产业技术水平，支持产业进入；而产业市场扩张基准是为这些产业的退出与进入提供广阔的市场空间，最终实现以市场扩张带动产业扩张，使 OFDI 成为中国产业升级与结构优化的重要推动力。

（二）产业市场扩张基准的应用

众多研究表明，在目标市场的扩张方面，一国的 OFDI 对投资国的影响具有多重性。在东道国开展的投资，有时当地的生产会在一定程度上替代原来对该国市场的出口，但是更多的经验表明，总体而言，OFDI 对母国的市场扩张起到了显著的推动作用。这主要基于三方面的因素：第一，OFDI 与外贸出口相比，可以绕过东道国或第三国的贸易保护壁垒，有效规避贸易摩擦。第二，OFDI 与外贸出口相比，可以节约各种综合费用，发挥成本优势，增强产品在东道国市场的竞争优势。因为对外投资可以利用当地廉价的原料、劳动力等资源，降低生产成本，同时减少物流、营销等各种费用，这些为占领东道国市场创造了成本和价格的优势。第三，OFDI 通过产业链中各环节中的前向和后向联系，通过产业的关联效应可以带动母国原材料、设备及中间产品的出口，实现国际市场的扩张。如果具有后向关联度较高的产业，则在选择该产业最终产品开展 OFDI 时，就能带动母国的中间产品或初级产品的生产，进而通过这种内部交易出口方式，为本国产业发展拓展国际市场空间；反之，对前向关联度较高的产业，选择该产业的初级产品对外投资，则有利于为母国的中间及最终产品的生产提供原材料等资源。

四、产业发展安全基准

产业发展安全基准是绝大多数国家在 OFDI 时考虑的一个基准，遵循这一基准是为确保本国国民经济持续、稳定发展及产业结构调整所需要的大量资源供给，尤其是对于自然资源贫乏或资源消耗极大的国家（如中国、美国与日本等），产业发展安全基准更显重要。

（一）产业发展安全基准的重要性

前面章节中已经提到，近年来，随着中国经济规模快速扩大，国内自然资源的短缺越来越成为经济持续发展及产业结构优化升级的“瓶颈”，甚至成为威胁产业发展的安全问题。中国虽然资源种类比较齐全，但是人均占有资源却相对贫乏。不仅石油、天然气、黑色或有色金属矿产等工业资源成为世界上最大的进口国，据统计，当前石油、铁矿石及精铜矿等外贸依存度均已超过60%，而且土地、水、森林、渔牧等农业资源也日益紧张。[①] 由于采用进口方式获取资源往往缺乏主动权并使成本大大提高，有

① 资料来源：中国节能监察信息网，http：//www.cecs.gov.cn/index.php；中国工信部网，http：//www.miit.gov.cn。

关铁矿石进口的艰难谈判过程，已充分体现了这一点。因此，中国应该在产业发展安全基准的前提下，通过资源寻求型的OFDI，从境外直接将获得的资源输入国内，以确保国内资源供给的稳定性，进而保证国内产业发展的可持续性与安全性，并形成经济发展与结构调整互动的良性循环。

（二）产业发展安全基准的应用

依照产业发展安全基准，中国企业应从两方面开展OFDI：一是寻求能源、矿产等工业资源；二是寻求土地、森林及渔牧等农业资源。随着中国经济的高速增长，能源、矿产等工业资源需求量的迅速膨胀与国内相关资源供给短缺的矛盾日益加剧，为缓解这种矛盾而实施的进口战略又深受世界政局、汇率波动及市场供求等诸多不利因素影响与制约，为此，中国应将能源及矿产等资源开采业的OFDI置于国家的重要地位，从战略高度在境外开展与发达国家竞争石油、矿产等资源的对外投资。

例如，2008年由于国际金融危机爆发，部分国际采矿、能源等企业出现了财务危机，以中铝为代表的中石油、五矿、宝钢、华能等国有大型企业加快了境外矿产、石油等对外投资的步伐。中铝通过两次收购力拓集团股权，增加了包括铁矿、铜矿等部分战略性核心资源的话语权。虽然有些项目出现了暂时的亏损，但是，如果从战略高度、长远利益考虑还是值得的。近两年虽然采矿业对外投资有所缩减，但仍是主流，中国相关企业不间断发起的对外并购就足以证明。例如，仅2018年，鹏欣资源成功收购大股东旗下的南非奥尼金矿，该矿保有资源储量包括矿石量7131万吨及黄金金属量501.74吨，金属储量价值高达1740亿元。紫金矿业要约收购加拿大Nevsun公司和塞尔维亚铜矿，涉及金额26.5亿美元。[①] 没有这些资源保证，不用说国内产业结构调整，恐怕国内经济的发展也会受到阻碍，国家的安全也会受到威胁。

另外，中国是一个地少人多，同时又正处于发展转型阶段的经济大国，农业仍然是国家经济发展与社会安全的基础。近年来，粮食危机成为

① 资料来源：中国矿业报（电子版），http：//www.zgkyb.com/。

能源危机、次贷危机之后全球关注的又一焦点，由此所导致的部分国家社会政治的不稳定性日益显现。国家统计局数据表明，2004 年以来，中国农产品贸易已经进入逆差时代，而且逆差额逐年增加，近年来中国每年进口的粮食相当于在国外租种 6 亿多亩的耕地产量。因此，发展农业的 OFDI，加快农业“走出去”步伐应成为中国 OFDI 基本准则。

五、产业结构调整基准

产业结构调整基准就是要求企业在进行 OFDI 的产业投资时，应与国内产业结构调整的方向相耦合。按这一基准要求，应加大战略资源寻求型的先导产业的对外投资，因为这些产业是当前中国产业结构升级的“引擎”。

（一）产业结构调整基准的重要性

进新时代后的中国经济步入了新常态，转变经济增长方式，调整产业结构成为中国经济持续发展再也绕不过的“坎”。如果说，在过去借助 OFDI 调整国内产业结构的方式，已被许多国家的发展实践所证明，那么，在国际分工进一步细化、产业全球化日益深化的今天，这便成为必不可少的路径之一。因此，推动国内产业结构的优化升级，调整中国对外投资的产业结构，应成为现阶段中国 OFDI 产业投资的基本准则。

由资本相对过度积累理论可知，中国作为发展中国家的大国，具有典型的二元经济结构特征。与西方发达国家的资本过剩型对外投资不同，中国企业的对外投资大多属于非资本过剩型的跨国投资，由此带来对外投资的机会成本更高，随着中国经济的不断发展与完善，在国内的投资机会日益增加，这种对外投资的机会成本还会进一步上升。而产业结构的调整与升级是当前中国经济发展转型，进一步提高经济运行效率与经济效益的关键所在，进而也是降低对外投资机会成本的最终选择。

（二）产业结构调整基准的应用

由于各产业的发展状况、门槛高低及企业对外投资的动机、战略及方式等不同，可能导致对外投资的产业结构与国内产业结构调整的方向不一致。因此，政府应该努力创造外部条件，企业应积极利用比较优势、后发优势或市场优势，在政府产业政策引导下开展对外产业投资。依据产业结构调整基准，当前中国 OFDI 的产业投资有两个方向：第一，发挥比较优势，转移边际产业与过剩产能，利用境外廉价生产要素或巨大的市场需求，重新获取产业的发展优势，为国内产业结构升级腾出经济资源空间。第二，发挥后发优势，努力开展学习型对外投资，积极开展技术密集型产业或高附加值的产业环节的 OFDI，利用并购、新建或设立国外研发中心等方式，近距离接触与获得国外的先进技术和管理经验，通过逆向溢出效应，提升本国企业竞争力及产业技术水平，促进国内产业结构调整或产业链的升级，最终实现产业跨越式发展。

第二节　产业投资基准的“金字塔”模型及运用架构

一、产业投资基准的“金字塔”模型

（一）构建产业投资基准的“金字塔”模型的意义

以上五大基准是综合国外经验并结合中国当前所面临的国际国内环境得出的结论。应明确的是，这五大基准并非孤立的，而是相互关联、相互影响的综合体。这也意味着进行 OFDI 的产业投资时，应该注意各个基准的综合运用，而并非仅遵循某一个基准。因此，分析五大基准之间的逻辑关系，对减少中国企业开展对外产业投资时的片面性或盲目性，以及构建中国多层次的 OFDI 格局，最终实现 OFDI 的目标具有十分重要的意义。

（二）五大基准之间的逻辑关系分析

前文已经提到，产业比较优势基准强调边际产业的转移，引导产业的

退出，其目的一方面延长产品的生命周期，为国内的边际产业在全球范围内扩展市场空间，另一方面为国内其他优势产业腾出市场空间。产业后发优势基准要求获取境外先进技术资源与管理经验，提升母国产业技术水平，支持产业进入，进而提高产业竞争力，实现产业市场整体扩张。换言之，产业比较优势与后发优势基准最终还需借助市场扩张基准，使产业优势转为市场优势后才能实现对外投资的目标。

产业发展安全基准是为本国国民经济持续、稳定发展及产业结构调整所需要的大量资源供给提供保障。尤其是对于自然资源贫乏或资源消耗极大的国家（如中国、日本及美国等），产业发展安全基准更显重要。近年的实践已充分证明以直接进口方式填补国内资源的“缺口”，会使中国处于相当的被动性与不稳定性。随着中国经济规模快速扩大，国内的工业与农业资源的短缺越来越成为经济持续发展及产业结构优化升级的“瓶颈”，甚至威胁产业发展的安全。因此，产业发展安全基准是其他所有基准的必要前提，只有在该基准的框架下，产业优势才能发挥，产业结构调整才有基础。

如果说，前四大基准是 OFDI 产业投资时的直接引导与基本约束，那么，产业结构调整基准则是间接的引导并对它们形成最终的约束。换言之，前四大基准最后都应收敛于产业结构调整基准。产业比较优势基准要求在 OFDI 的产业投资时发挥产业的现有优势，产业后发优势基准要求激发产业潜在优势，但两者应在产业结构调整基准的约束下，通过转移国内边际产业，利用境外廉价生产要素与巨大市场优势，使边际产业获得新发展优势，或开展学习型 OFDI，获得国外先进技术与管理经验，提升产业技术水平，拓展产业的市场空间，通过牵引与推动两股力量的作用，最终助推实现国内产业结构升级以及经济增长方式转变的目标。

（三）产业投资基准的“金字塔”模型

综合上述五大基准之间的逻辑关系分析，我们可以将其描述成图 8－1 的产业投资基准的“金字塔”模型。

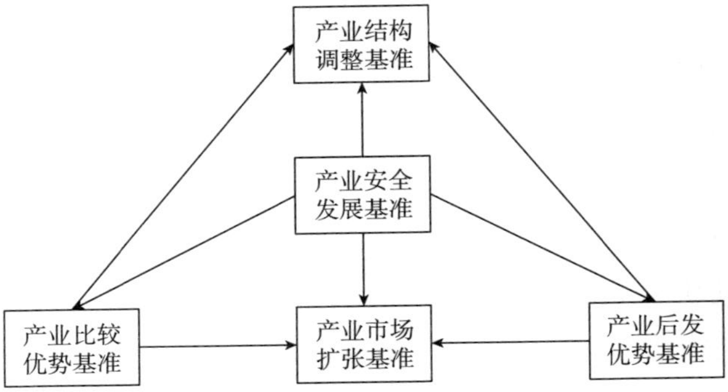

图 8－1　产业投资基准的“金字塔”模型

二、“金字塔”模型的运用架构

由产业投资基准的“金字塔”模型可知，企业 OFDI 时应该在综合考虑多个基准的条件下进行产业投资。但是，由于企业的发展阶段、对外投资的动因及所属产业在国内的地位不同，OFDI 时所遵循的产业投资基准的侧重点不一样，因此，很有必要构建产业投资基准的适用体系，以便有效地实现不同企业 OFDI 的动因，发挥产业群内各产业的优势及作用，并最终实现企业的利益最大化、国内产业结构优化升级、国民经济可持续发展的多元目标。

（一）产业比较优势基准：适用于主导产业内效率与市场寻求型的 OFDI

本书第四章中已经提到，主导产业是提升产业结构及转变经济增长方式的中坚力量，具有增长快、带动力强、比较优势、规模优势及经济贡献大等产业特征。具体对中国而言是一些影响力大或附加值高的劳动、技术与资本密集型产业，如纺织、家电、金属冶炼及通信设备等制造业。由于主导产业中许多行业早已进入现代化、标准化及规模化的成熟发展阶段，在技术、管理方面与许多发展中国家相比具有较强的比较优势，而在国内处于产能过剩与相对劣势状态。通过发挥比较优势，将边际产业或产业链的生产环节转移到产业梯度更低的国家或地区，利用东道国廉价的生产要素，通过降低生产成本、提高生产效率、绕过贸易壁垒、拓展与巩固国际市场，达到延长产业生命周期或提升产业价值链的目的。因此，比较优势基准成为主导产业群内企业开展对外投资的首要依据。

（二）产业后发优势基准：适用于先导及支柱产业内战略资源寻求型的 OFDI

先导产业是引领一国产业发展与结构调整的方向，是先进技术的代表，是国家必需先行发展的产业，具有产业增长潜力大、对经济增长贡献的弹性高、对国内产业升级的牵引力强等特征。因此，先导产业应在政府的优先培育和扶持下，成为率先“走出去”的先行者，通过学习型 OFDI，充分利用发达国家的先进技术、品牌、管理及制度等战略性资源进行学习及创新，实现本产业的跨越式发展，进一步通过技术的逆向外溢效应和扩散效应，推动母国产业的技术进步与产业升级，实现落后国家或地区所特有的后发优势。

科学研究、技术服务、信息传输、计算机服务和软件业等属于典型的先导产业，它们对外投资带给国内产业的正效应最强，理所当然应在后发优势基准下积极开展对外投资；另外，部分支柱产业（如交通运输、仓储、批发和零售等服务业）也应该开展先进的服务技术、信息及管理等战略资源寻求型的对外投资，借鉴现代服务理念，对仓储、运输及商贸等产业链加以整合，发展现代物流与商贸服务业，实现传统服务业向现代服务业的跨越式发展。

（三）产业市场扩张基准：适用于主导及支柱产业内市场寻求型企业的 OFDI

当前中国主导产业中的纺织、家电、电气、机械等行业呈现出对外依存度高、关联效应强、产能过剩等特点，而各种技术、绿色及社会型等现代非关税壁垒又层出不穷，成为近年来中国产品出口的新障碍。尤其是 2018 年由美国发起的中美贸易战，更有贸易保护主义重新抬头之势。因此，在市场扩张的基准下，该产业开展市场寻求型的 OFDI 是突破贸易壁垒、维护与开拓市场的一条新途径。另外，部分具有一定比较优势的支柱产业（如工程承包型建筑业、高铁及电力生产等）通过大量对外工程承包和自身竞争力提升，既能带动大量劳务输出解决就业，又能带动各种建筑材料、配套设施及工程机械的出口，实现市场扩张的目的。

（四）产业发展安全基准：适用于瓶颈产业内自然资源寻求型企业的 OFDI

瓶颈产业是指在国民经济中发展滞后或衰退，但同时在国家产业发展中又不可或缺的一些基础性产业，如煤炭采选业、石油和天然气开采业、金属矿采选业等。这些产业往往处于产业链的最上游，对其下游的产业存在严重的制约作用，甚至影响整个国民经济正常运行。虽然中国地大物博、资源丰富，但是人均资源禀赋相当匮乏，更有许多自然资源本身的储量均低于世界平均水平。近年来，国内石油、铁矿石等自然资源的供需矛盾日益凸显，资源的持续短缺已成为其他产业进一步发展的瓶颈。然而，由于国际市场上对资源的激烈争夺，通过传统贸易形式进口资源，深受国际市场供应的不稳定及价格波动的冲击，进口企业总处于话语权缺失的被动地位，那么，瓶颈产业通过采取资源寻求型的对外投资直接获取资源的方式，便成为突解资源瓶颈问题的重要途径。这一点也被日本、美国等西方发达国家的发展过程所证明。

对以上产业投资基准的运用分析后，可以简单归纳如表 8-1 所示。

表 8-1　当前中国 OFDI 产业投资基准的运用架构

基准	适用投资动因类型	适用产业群类型	最终目标
比较优势	寻求效率与市场类	主导产业	企业实现利润最大化 产业实现结构优化 国家实现可持续发展
后发优势	寻求战略资源类	先导产业、支柱产业	
市场扩张	寻求境外市场类	主导产业、支柱产业	
发展安全	寻求自然资源类	瓶颈产业	

第九章

中国 OFDI 的产业投资策略及政策优化

产业投资基准的“金字塔”模型及运用框架只是指明了当前中国 OFDI 的产业投资方向，而真正要实现对外投资的产业布局，还需可操作性的具体策略及配套的政策支持。由于中国 OFDI 动因具有多元性，即企业要实现自身的投资动因、产业要实现结构升级及国家要实现可持续发展，为此，必然要求策略的制定与政策的供给是多层次的。

第一节　企业层面：主体多元化与投资方式创新策略

一、推动对外投资主体多元化，使之符合产业投资的导向与基准

（一）逐渐改变国企占主力，而民营企业处于“散兵”作战的局面

据统计，在 2006 年中国 OFDI 存量中，国有企业占比 81% 处于绝对主力，到 2018 年国企存量占比仍然达 48% 近半壁江山。2017 年，在大型并购和增资项目的拉动下，中央企业和单位对外投资 532.7 亿美元，同比增长 73.4%。[①]

① 资料来源：根据《2018 年中国对外直接投资统计公报》整理。

进一步分析发现，在中国非金融类 OFDI 中央企业的对外投资行业绝大多数属于自然资源寻求型的瓶颈产业；而私营、民营等企业的对外投资主要分布于先导产业、主导产业及支柱产业中的制造业、批发和零售业、租赁和商务服务业等，但它们对外投资的存量占比却刚刚过半即 52%，充分说明这些私营、民营等企业仍然处于小规模的“散兵”作战状况；先导产业内的科学研究、信息传输、计算机服务和软件业要率先“走出去”的目标未达到，主导产业内各种制造企业的比较优势未有效发挥，换言之，当前投资主体的分布格局与产业投资导向及基准不吻合。因此，由于先导产业中的技术寻求型对外投资作用强、风险高，政府应加大财政、金融等各种政策的支持力度，提高对外投资主体的积极性；对于主导产业及支柱产业中的小规模技术及劳动密集型行业，由于具有一定比较优势，并且这些行业中的企业多为民营中小企业，政府应提供畅通的信息渠道、法律支持，引导它们利用东道国的有利条件，在项目审批、信贷等方面给予优惠，积极鼓励过剩产业的转移或生产环节转移。①

（二）引入民营成分或企业，淡化国企的政治身份

对于瓶颈产业中的煤炭、石油、天然气及金属矿等采选行业，加快引入民营企业，形成国有企业与民营企业共同“走出去”的局面。应该说，改革开放的 40 多年里，国有企业始终是中国经济的核心，特别是在能源、矿产资源及金融等国民经济的关键领域和产业中发挥了重要作用。当初由于民营企业的规模整体偏小，实力偏弱，国有企业义不容辞地率先“走出去”开展寻求资源的 OFDI，这对缓解国内在发展过程中资源供给不足的矛盾起到了支柱性作用，同时也为民营企业的对外投资起到示范作用。

但是，随着中国经济的崛起，西方国家特别是发达国家提出的“中国威胁论”又引发世界各国的关注。近年来，中国企业对各国的对外投资，尤其是国有企业在进行石油、金属矿等事关国家安全的资源类对外投资中屡遭受阻或失败。2005 年，中海油竞购美国的优尼科石油公司失败；2009

① 资料来源：根据《2018 年中国对外直接投资统计公报》整理。

年，中铝第二次注资计划失败，使其将力拓集团的持股比例由 9.3% 提高至 18% 的计划落空；2010 年，中海油竞购加纳 Jubilee 油田 23.5% 股权交易失败；2010 年，中化集团收购加拿大钾肥项目失败；2011 年，中石油收购加拿大峻岭油区资产 50% 的权益项目遇挫及 2011 年以来华为因被外界声称有军工背景而在美国多次并购受阻等，探究这些失败案例发现，其背后的原因或多或少与国有企业的政府身份有关，使得东道国政府与民众对其投资行为赋予国家意志的主权投资行为，而加以抵制与阻拦。①

总之，投资主体要从对外投资的失败案例中吸取教训总结经验，通过各种渠道（包括重要媒体、中介机构及政府部门等）进行公关，化解因文化的差异而形成主观上的抵制情绪，澄清自己作为投资主体的纯商业行为与目的，再结合政府的外交策略，促成对外直接投资的顺利开展。另外，继续深化国有企业改革或直接引入民营企业参与石油、天然气等能源产业的对外投资，彻底消除东道国对投资主体身份的顾虑，是避免当前垄断国企在对外投资中因政治风险而频频受挫的有效途径之一。

二、创新对外投资进入模式，提高对外投资的成功率

（一）“一带一路”建设的重要载体和平台：境外经济贸易合作区成为企业集群方式“走出去”的新模式②

1. 境外经济贸易合作区：中小企业“走出去”的新平台

“十一五”时期后，商务部为策应国家加快实施“走出去”战略，于 2005 年底推出“建立境外经济贸易合作区”开展对外直接投资的新合作举措，先后出台了多项配套的政策措施，鼓励中国企业到境外经济贸易合作区投资经营。境外经济贸易合作区是由商务部主导，国内某行业龙头企业为投资主体，到与中国关系友好且政治稳定的国家（大部分为“一带一路”沿线的发展中国家）建立的出口加工区、工业园区、科技园区、自由

① 资料来源：中国并购公会，http：//www.ma－china.com/。

② 资料来源：根据商务部和中境外经贸合作区官方网站相关资料整理；以及参考洪联英：《我国境外经贸合作区建设与企业“走出去”战略》，《国际经贸探索》2011 年第 3 期。

贸易区及资源开发合作园等各类经济贸易合作区域，然后由牵头企业开展对外招商，吸引国内外相关企业到经济贸易合作区投资经营，最后形成产业链较完整、辐射和带动能力强的产业集群园区。

“一带一路”倡议推出后，境外经贸合作区成为中国企业开展对外投资合作的创新方式，日益成为共商共建的重要载体和平台，既受到了很多东道国的欢迎和支持，也深受中国企业特别是中小企业“走出去”的广泛青睐。据统计，截至2018年，商务部先后分三批次让中国企业在46个国家共建了初具规模的境外经贸合作区113个，累计投资366.3亿美元，入区企业4663家，总产值1117.1亿美元，上缴东道国税费30.8亿美元。同时，中国境外经贸合作区严格遵守当地的劳动法和安全标准，88%的中国境外经贸合作区要求其公司为当地雇员提供社会和健康保险并确保工作安全，93%通过入区企业雇佣当地员工的方式加强与社区的联系，79%向当地社区的发展项目捐资。这些经贸合作区都根据东道国的资源禀赋和实际需求，并结合自身优势进行产业投资定位（见表9-1）。

2. 境外经济贸易合作区的四大优势

境外经济贸易合作区为企业OFDI提供了一个全新的平台。这种对外投资模式与企业单打独斗及恶性竞争相比，至少具有如下四大优势：

（1）以集群的方式“走出去”降低了谈判、交易等各种成本，增强了抵御各种风险能力，极大地提高了企业特别是中小企业对外投资的成功率。因为境外经贸合作区是以两国政府之间的协议为基础，等于有政府的支持作后盾，相对于某企业单枪匹马地在一个变幻莫测、竞争激烈的国际市场中闯荡所面临的风险与压力而言，不可同日而语，这无疑增强了企业全球竞争力，提高了它们在境外投资的成功概率。

（2）企业以“抱团”方式聚集在一起有利于发挥企业集群效应。由于同属一条产业链或相关产业的上下游企业的“抱团”走出去，有利于企业之间产生互补或协同效应、减少恶性竞争投资所导致的资源浪费，同时，企业集群后形成的整体，其竞争力得到增强，与东道国政府谈判的能力提高，进而有利于争取到更多的优惠政策，提高对外投资的效率，并产生规模经济效益。

（3）境外经贸合作区的建立有利于形成产业集群效应。境外经贸合作区主要建于东南亚、非洲及东欧等地区的欠发达国家，合作区的产业主要定位于纺织服装、家用电器、机械制造、汽车配件及建筑材料等边际产业或木材、能源及矿产资源等瓶颈产业，既有利于形成产业集群效应，充分发挥中国产业的比较优势，实现国内过剩产能的转移，又能促进东道国经济的发展，最终实现互惠互利。

（4）境外经贸合作区的建立能绕过各种贸易壁垒，避免过度依赖外需所导致的贸易摩擦和争端。随着中国的外贸顺差与外汇储备的激增，由此引发的各种矛盾已成为影响中国经济运行和困扰政府实施宏观调控的棘手问题，尤其在2008年危机后，各种贸易保护主义重新抬头，贸易形势进一步恶化。企业通过进入境外经贸合作区实现OFDI，既有利于规避贸易摩擦，实现贸易替代，又能消化过多的外汇储备，缓解人民币升值的压力，同时减少国内充足的流动性，抑制当前经济中持续的通货膨胀趋势。

表9－1　截至2018年中国境外经贸合作区（部分）的产业定位概况

<table>
<tr><th colspan="2"></th><th>合作区名称</th><th>牵头企业</th><th>产业定位</th><th>区位</th></tr>
<tr><td rowspan="5">第一批</td><td>1</td><td>赞比亚中国经贸合作区</td><td>中国有色矿业集团</td><td>主区以有色金属、型材加工、仓储、物流为主导产业，分区以商贸服务、现代物流、加工制造、房地产开发等</td><td>非洲</td></tr>
<tr><td>2</td><td>泰国罗勇工业园</td><td>中国华立集团</td><td>汽配、机械、家电等制造业</td><td>东南亚</td></tr>
<tr><td>3</td><td>巴基斯坦海尔—鲁巴经济区</td><td>海尔集团</td><td>家电、汽车、纺织、建材、化工</td><td>南亚</td></tr>
<tr><td>4</td><td>柬埔寨西哈努克港经济特区</td><td>红豆集团、无锡光明集团、无锡益多投资公司、华泰投资公司</td><td>以轻纺服装、机械电子和高新技术为主；同时，发展保税、物流等配套服务业</td><td>东南亚</td></tr>
<tr><td>5</td><td>尼日利亚广东经贸合作区</td><td>广东新广国际集团</td><td>家具、建材、陶瓷、五金、医药、电子等制造业</td><td>非洲</td></tr>
</table>

续表

		合作区名称	牵头企业	产业定位	区位
第一批	6	毛里求斯晋非经贸合作区	山西晋非投资公司	信息商务服务、物流贸易、生产加工、社区服务及配套生活服务	非洲
	7	俄罗斯波罗的海经贸合作区	上海实业集团	以房地产开发为主，建成宾馆、商贸、办公、餐饮、文化、教育和休闲等设施	俄罗斯
	8	俄罗斯乌苏里斯克经济贸易合作区	康吉国际投资公司	轻工业、木材加工业和家电业	俄罗斯
第二批	9	委内瑞拉库阿科技工贸区	山东浪潮集团	电子、家电和农机机械产业	南美
	10	尼日利亚莱基自由贸易区—中尼经贸区	中非莱基投资公司	商贸物流、机械制造、房地产	非洲
	11	越南中国（深圳—海防）经贸合作区	中航集团、中深国际公司、海王集团	纺织轻工、机械电子、医药生物	东南亚
	12	越南龙江工业园	前江投资管理公司	纺织轻工、机械电子、建材化工	东南亚
	13	墨西哥中国（宁波）吉利工业经济贸易合作区	浙江吉利美日汽车	汽车整车、零部件生产	南美
	14	埃塞俄比亚东方工业园	江苏永元投资公司	冶金、建材、机械等行业	非洲
	15	埃及苏伊士经贸合作区	天津泰达投资公司	石油装备、纺织服装、运输工具、机械电子和新型材料	非洲
	16	阿尔及利亚中国江铃经贸合作区	中鼎国际、江铃集团	汽车、建筑材料等	非洲
	17	韩国韩中工业园	重庆东泰华安国际投资有限公司	汽车、摩托车、船舶零部件，以及生物技术、物流及批发业等。	东北亚
	18	中国—印度尼西亚经贸合作区	广西农垦集团	家用电器、精细化工、生物制药、农产品精深加工、机械制造及新材料相关产业	东南亚

续表

		合作区名称	牵头企业	产业定位	区位
第二批	19	中国印度尼西亚聚龙农业产业合作区	天津市邦柱贸易有限责任公司	农业种植开发、农产品初加工、精深加工，同时配套发展仓储、物流等产业	东南亚
	20	印度尼西亚卡拉旺产业园	华夏幸福基业股份有限公司	汽车及零部件、绿色建材、都市食品、消费电子、现代物流以及中小企业创新	东南亚
	21	中俄托木斯克木材工贸合作区	烟台西北林业有限公司、中国国际海运	木材加工、林地抚育采伐	俄罗斯
第三批	22	吉布提国际自贸区	招商局集团、大连港集团	物流、贸易、汽车、机械、建材、海产加工、食品加工等	非洲
	23	塞尔维亚中国工业园	中国路桥工程有限责任公司	食品加工行业、纺织服装行业、家居建材行业、皮革行业、汽车零配件行业、家用电器行业、消费电子行业、新能源行业等	欧洲
	24	埃塞俄比亚—湖南工业园	长沙福田、三一重工、湖南领信钢构	装备制造、轻工纺织、建材建工、家具家电、农产品加工、配套服务业	非洲
	25	中俄农业产业合作区	东宁华信经济贸易有限责任公司	种植、养殖、加工	欧洲
	26	中国—白俄罗斯工业园	中工国际工程股份有限公司和哈尔滨投资集团有限责任公司	电子信息、生物医药、精细化工、高端制造、物流仓储等产业	欧洲
	27	中材赞比亚建材工业园	中材水泥	水泥、建材	非洲
	28	毛里求斯天利经济贸易合作区	山西省天利实业集团	生产加工、商务办公、贸易物流	非洲

资料来源：根据商务部和各境外经贸合作区官方网站相关资料整理。洪联英：《我国境外经贸合作区建设与企业“走出去”战略》，《国际经贸探索》2011 年第 3 期。

（二）联合并购：开辟企业“走出去”的新路径①

1. 联合并购：跨国并购的新模式

自 20 世纪 90 年代以来，跨国并购迅速发展，规模日益扩大，至 2000

① 有关各种并购资料来源：根据国家商务部网站、中国并购公会及清科研究中心网提供的数据整理。

年末全球跨国并购金额创历史新高，达1.14万亿美元，成为国际直接投资的最主要方式。进入21世纪后，由于受世界经济的低迷以及美国“9·11”事件的影响，全球跨国并购势头有所回落。与此相反，中国加入WTO以后，中国企业的跨国并购发展迅速，尤其是2008年国际金融危机后，这种势头更为迅猛。据商务部统计，2003年跨国并购额占当年中国OFDI的流量为55.8%，2008年达到67.9%的历史新高，之后的2009～2018年跨国并购额虽然有所下降，但年均占比仍然达到31.5%。显然，跨国并购已成为中国企业“走出去”境外投资的主要方式之一。[①]

近年来，联合并购即通过合资、合作或结成战略联盟等形式进行的跨国并购，又日渐成为国际跨国公司实现境外扩张的主要方式之一。Porter（1985）指出，企业合作可以协调各方的产业价值链，扩展产业价值链的有效范围，从而使潜在竞争优势得以发挥，这种方式对发展中国家的实力较弱的企业进行跨国并购时更为重要。

2. 联合并购的三种方式

企业采用联合并购“走出去”的具体方式可分为以下三种：

（1）与本国企业联合并购。本国企业在文化与根本利益上基本取向一致，合作的可能性大，联合起来有利于增强企业的竞争优势，共同抗衡国外大型跨国公司，提升其境外并购能力。同时，联合并购由于有双方的参与，因此，在对并购项目的价值评估、未来收益的估值等可行性方面会更加谨慎与理性，进而有利于减少并购风险。例如，2008年武钢、宝钢、鞍钢和首钢合资组建的北京钢企联合矿产投资公司，改变了国内钢企在境外寻求矿产资源时相互竞争及单打独斗的局面，开启中国钢企向境外开发矿产资源的新时代。2011年，太原钢铁联合宝钢与中信收购世界上最大铌公司——巴西矿冶的股权。2009年7月，中海油联合中石化成功收购美国石油公司的资产，开创了中国石油公司“走出去”的新模式。2014年，中国五矿联合中信金属及国新国际收购秘鲁邦巴斯项目全部股权。2017年，

---

① 资料来源：根据历年《中国对外直接投资统计公报》整理。

中远海运联合上海国际港务集团收购东方海外 90.1% 的股权等。

（2）与外国（东道国或第三国）企业联合并购。尤其是本国企业要并购的目标是资源型企业或高科技项目时，不仅有东道国同类企业的排斥与干扰，而且政府往往也以维护“国家安全”为由进行政治干预，最终导致并购失败。2005 年的中海油并购美国优尼科公司、2009 年西色国际收购美国金矿公司 First Gold、2011 年华为对美国三叶公司的资产收购等案例最终均以维护“国家安全”的名义被挡在美国国门之外。而通过与东道国企业合作，不仅可以消除因意识形态、政治及文化等各种差异所形成的主观抵制情绪，还能取得并购目标企业的信任；同时，东道国企业因为拥有灵通的信息渠道；熟悉本地的商业惯例、法律法规和文化习俗等本地优势，更易取得东道国政府和民众的支持，克服各种进入障碍，降低政治、市场及技术等各种风险，提高并购成功率。例如，2009 年，吉恩镍业联合加拿大黄金布鲁克收购加拿大皇家矿业公司 100% 股权；2012 年，中国海油联合加拿大联邦工业收购加拿大尼克森石油公司等。

联合并购能实现优势互补。通过与第三国企业联合并购，变竞争对手为合作伙伴，这样既可以减少国际社会对中国企业并购动机的误解；又可充分发挥各自的优势。例如，中国资源型企业一般开采技术成熟，资金充足；而第三国企业特别是跨国资源型企业往往具有并购经验与国际人才丰富，资本运作与整合能力极强等特点，联合并购能实现优势互补。例如，2008 年，中国铝业联合美国铝业成功收购力拓 12% 的股份，象征着中国企业进入国际矿业市场迈出了历史性的一步。2009 年，中国海油联合泰国国家石油公司收购阿尔及利亚 Hassi Bir Rekaiz 勘探许可权；2015 年，中国化工联合俄罗斯国家石油公司收购意大利倍耐力（Pirelli）26.2% 的股权；2017 年浙江吉利控股集团联合马来西亚 DRB - HICOM 集团收购宝腾控股（PROTON Holding）的 49.9% 股份以及英国豪华跑车品牌——路特斯集团（Lotus Group）的 51% 股份等。

表 9-2　2004～2019 年我国企业联合其他企业开展跨国并购的部分案例

	年限	并购主体	合作方	并购目标
与本国企业联合	2004	武汉钢铁	马钢、沙钢、唐钢	必和必拓转租的澳大利亚 Jimblear 铁矿石矿 40% 的股权
	2005	中国石油	中国石化	加拿大卡纳石油公司
	2008	中国五矿	江西铜业	加拿大北方秘鲁铜业公司
	2009	中国海油	中国石化	美国马拉松安哥拉油田 20% 权益
	2010	中国铁建	铜陵有色	加拿大科里安特资源有限公司约 96.9% 的股份
	2011	太原钢铁	宝钢、中信	世界上最大铌公司——巴西矿冶的股权
	2014	中国五矿	中信金属、国新国际	邦巴斯项目全部股权
	2015	万达集团	盛开国际体育	士盈方体育传媒集团 100% 的股权，万达集团控股 68.2%
	2017	中远海运	上海国际港务集团	东方海外 90.1% 的股权
	2017	中国财团	厚朴投资、万科集团、高瓴资本、中银集团	新加坡上市公司普洛斯 100% 的股权
	2018	安踏体育	方源资本、Anamered Investments、腾讯	芬兰体育品牌亚玛芬集团 Amer Sports 的全部股份
	2019	天水华天科技	甘肃省电力建设投资、杭州士兰微电子、杭州友旺电子、上海贝岭、无锡硅动力微电子	马来西亚 Unisem（友尼森）公司
与东道国或第三国企业联合	2005	中国石油	印度石油天然气公司	加拿大石油公司持有的叙利亚艾尔-福瑞特石油公司 38% 的股权
	2006	中国石化	俄罗斯石油公司	俄罗斯“TNK-BP”石油公司旗下的乌德穆尔特石油公司
	2006	中国海油	BHP Billiton 有限公司	澳大利亚 outer browse 盆地勘探区块的 25% 的权益转让协议
	2008	中国铝业	美国铝业	力拓 Rio Tinto
	2009	中国石油	哈萨克斯坦国家石油公司和天然气公司	哈萨克斯坦曼格什套油气公司的全部股份
	2009	吉恩镍业	加拿大黄金布鲁克	加拿大皇家矿业公司 100% 股权

续表

	年限	并购主体	合作方	并购目标
与东道国或第三国企业联合	2009	中国海油	泰国国家石油公司	阿尔及利亚 HassiBirRekaiz 勘探许可权
	2012	中国海油	加拿大联邦工业	尼克森石油公司
	2015	中国化工	俄罗斯国家石油公司	意大利 Camfin S. p. A. 持有的倍耐力（Pirelli）26.2%的股权
	2017	吉利控股集团	马来西亚 DRB－HICOM 集团	宝腾控股（PROTON Holding）49.9%的股份以及英国豪华跑车品牌路特斯集团（LotusGroup）51%的股份
与金融机构联合	2004	联想集团	TPG、General Atlantic	IBM　PC 业务
	2005	中国石油	（美）花旗银行	哈萨克斯坦 Petro Kazakhstan
	2006	中国建行	（美）摩根士丹利、中金公司	美洲银行
	2008	中联重科	弘毅投资、（美）高盛、（意）曼林达基金	意大利 CIFA 公司
	2009	烟台万华	（香港）合成国际	匈牙利博苏化学部分股权
	2009	中国铝业	（日）野村证券、（美）黑石集团、（美）摩根大通（中外）中金公司	力拓 Rio Tinto
	2010	吉利汽车	（英）洛希尔、（英）富尔德、（美）德勤	沃尔沃 Volvo
	2012	光明食品	Lion Capital LLP 基金	维多麦（Weetabix）60%的股份
	2015	海航集团	（欧）PAI Partners	瑞士国际空港服务有限公司（Swissport International Ltd）100%的股权
	2017	中投公司	（美）黑石集团	物流地产公司 Logicor
	2017	中国华信	嘉能可财、卡塔尔投资局	俄油公司 14.16%的股份

资料来源：根据国家商务部网站、中国并购公会及清科研究中心网提供的数据整理。

（3）在私募股权（PE）和风险投资基金（VC）等金融资本的“护航”下出海并购。PE、财务管理及资产管理等金融资本参与跨国并购，已成为自20世纪90年代中期全球第五次并购浪潮以来最大特点。黑石、凯雷、KKR及TPG等PE机构及花旗、高盛及摩根士丹利等金融机构频频出现在国际并购舞台上，促成了一系列并购成功的案例。与产业资本相比，金融资本参与企业跨国并购至少具有以下三大优势：融资、风险管理及并购服务，这些正是中国企业“走出去”的“短板”。尤其是风险管理及并购服务往往是决定一起并购成功与否的关键所在。一个好的财务顾问不仅仅具有强大的融资能力，更为重要的是凭借其良好的跨国人脉与金融网络、很高的信誉度、对目标市场及行业的深度认知等优势最终能为并购做出的关键决策而提供核心信息。

近年来，金融资本在跨国并购中的作用也开始被中国企业利用，而且也有不少成功案例。例如，2004年，联想能成功并购IBM PC部门，与其引入TPG、General Atlantic等金融机构作为战略合作者有重要的关系。时任联想集团董事长柳传志对此这样评价：“PE在此次收购中不仅提供了3.5亿美元的战略投资，更重要的是这代表了这批美国投资机构对此次收购的信心，进而对稳定资本市场、确保公众及政府对本次收购保持积极态度起到十分重要的作用。”2008年，中联重科联合弘毅投资、高盛和曼林达基金成功完成对意大利CIFA公司的全资收购，中联重科也因此从全球行业排名第五一跃成为全球最大的混凝土机械制造企业。2009年，中国铝业联合野村证券（日）、黑石集团（美）、摩根大通（美）及中金公司并购力拓Rio－Tinto。2012年，光明食品联合Lion Capital LLP基金收购维多麦（Weetabix）的60%股份。2015年，海航集团联合PAI Partners（欧）收购瑞士国际空港服务有限公司（Swissport International Ltd）100%的股权。2017年，中国华信联合嘉能可财团及卡塔尔投资局收购俄油公司14.16%的股份等。

2004～2019年我国企业联合其他企业开展跨国并购的部分案例情况如表9－2所示。

第二节　产业层面：产业投资与其地位及区位相匹配策略

一、产业投资与其国内产业地位的协调策略

从第五章对中国 OFDI 的产业结构分析中我们知道，无论从流量还是存量看，2003～2014 年，始终居于前六位的分别是租赁和商业服务业、金融业、采矿业、批发和零售业、交通运输仓储和邮政业及制造业六大行业，直到 2015 年开始，信息传输软件和信息技术服务业的每年流量超过交通运输业而进入前六位。据统计，2018 年末，前六大行业存量占中国 OFDI 的总存量分别为 34.1%、11%、8.8%、11.7%、9.8% 及 9.2%，合计 84.6%；而同期属于先导产业的信息传输软件和信息技术服务业占比均偏低，科学研究和技术服务业就更低，处于主导产业的制造业却仅占 9.2%。[①] 这说明当前 OFDI 的产业布局与中国各产业的地位仍不协调。为此，本书针对存在的问题，结合产业投资的基准，做出如下产业投资的调整策略：

（一）先导产业：发挥后发优势，提高高新技术产业的对外投资比例及加快现代服务业的发展

先导产业引领一国产业发展与结构调整的方向，对一国的产业正效应最强。但是，中国的先导产业不但不具备雄厚的实力，更缺乏“走出去”的比较优势。为此，先导产业应在政府的培育与扶持下遵循后发优势基准，主动在技术、管理及智力资源密集的发达国家或地区开展对外直接投资，通过学习及创新实现本产业的跨越式发展，进一步通过技术的逆向外

① 资料来源：根据历年《中国对外直接投资统计公报》整理。

溢效应和扩散效应，推动母国产业的技术进步与产业升级。

科学研究、技术服务、信息传输、计算机服务和软件业等高新技术行业属于典型的先导产业，它们的对外投资带给国内产业的正效应最强。所以，应在政府的扶持下提高对外投资的比例，使其在国民经济发展及产业结构调整中起到“引擎”的作用。

现代服务业是新经济的体现者，已成为当今国际直接投资的主要流向及新趋势。而先导产业中的租赁、商业及金融等服务业尽管占当前中国对外投资的比重大，但仍然以贸易型或市场扩张型的传统服务业对外投资为主，而以知识、技术、管理等高附加价值为主的现代服务业所占比重极低。现代服务业优先“走出去”既可为其他产业“走出去”提供更好的服务，同时对国内产业结构的优化及提高产业竞争力具有十分重要的作用。

（二）主导与支柱产业：发挥比较优势，实现边际产业转移或产业价值链提升

在中国，绝大部分制造业属于主导产业，在国民经济中处于主导地位，理应成为中国 OFDI 的主体产业。中国制造业在国际产业竞争力中处于中游地位，这一特点决定了该行业向下投资能发挥比较优势，实现边际产业转移，向上投资通过寻求战略资源达到提升产业价值链目的。与许多发展中国家相比，当前中国的轻纺、家电、电子、机械、化工及医药等制造业积累了大量的成熟适用技术，相应产品也趋于标准化，易于被这些发展中国家所接受。但是，这些产业在国内面临生产能力过剩、产业优势逐渐递减的趋势。为此，通过 OFDI 将边际产业或产业中某环节转移，既可延长产业或产品的生命周期，调整制造产业的结构，又可规避各种出口贸易障碍，巩固与开拓境外市场。

但是，对于主导产业在转移某些拥有比较优势的边际行业的同时，更应加大对西方发达国家或地区学习型的对外投资，以获得国外的高新技术、先进管理、知名品牌及市场渠道等战略资源，这是实现产业升级或提升产业价值链的根本动力。在产业结构调整基准下，一方面，制造业应该加强研发环节的对外投资，充分利用发达国家或地区的技术与智力资源优势，跟踪技术前沿，

获取先进技术，对传统制造业进行技术改造并推动产业升级；另一方面，“走出去”并购知名品牌，借此快速获取国际市场渠道，提升产业价值链。

近年来，以海尔、TCL 为代表的家电制造业，以联想、腾讯、百度及阿里为代表的 IT 产业，以华为、中兴等为代表的通信设备制造业以及以上海汽车、吉利汽车等为代表的交通设备制造业在美国、欧洲或日本等发达国家或地区通过并购、参股合作、设立研发机构等方式进行 OFDI，很快在品牌、技术、管理、产品、战略联盟和运营等各方面得到极大改善，产业链逐级向高附加值环节提升。这些对外投资既极大地增强了自身竞争力，又提升了国内相关产业的技术水平。

另外，当前支柱产业中的交通运输、批发零售业占对外投资的比重合计在 20% 以上，这与中国的出口贸易有关。由于其规模在国民经济中占绝对优势，因此，管理创新、提高效率、引进新技术等也应成为它们对外投资的主要任务之一。交通运输业通过对外投资引进学习发达国家的先进管理、网络优化思路，不断向现代物流业发展；批发零售业引入先进网络技术，从传统的商业模式向现代电子商务发展。例如，近年来，中远集团通过对外投资，不断地并购境外的港口码头，其境外资产和收入均已超过总量的半数以上。现已形成以中国香港、美洲、欧洲、新加坡、日本、澳洲、韩国、西亚、非洲九大区域公司为辐射点的全球物流架构，具有完整的国际航运、物流码头、船舶修造等全球产业链。

（三）瓶颈产业：巩固已有项目，并进一步拓展能源、采矿等产业的对外投资

按照产业发展安全基准，瓶颈产业内能源、采矿等企业参与国际资源的开发与合作的任务是长期的。当前一方面应充分利用与经营好已经在境外建立的一批资源开发项目。据统计，2002～2018 年，中国企业在境外已完成的能源、采矿等资源项目的并购达 203 起，已公布的并购金额达 2114 亿美元。[①] 应该说这些项目的投入使用极大地缓解了国内资源供给的瓶颈

① 资料来源：中国并购公会，http：//www. ma－china. com/。

问题，为国内经济的持续快速发展做出了重要贡献。但是根据相关资料分析，这些项目中有不少项目仍处于亏损经营状态，产出效益与投资前的预期差距较大，因此，如何发挥现有资源项目的作用，改善经营、提高效率、挖掘潜力，最终实现企业 OFDI 的目标，成为能源、采矿等企业对外投资的当务之急。

另一方面，我们应理性且有选择地继续在境外建立一批资源开发和生产供应基地，以便解决国内相关资源长期供应不足的矛盾，保障国内产业升级与国民经济持续发展的安全。由于进口资源的价格波动及供应的不稳定性，采取在矿产资源丰富的国家或地区直接投资代替进口的措施以弥补资源的“缺口”便成为许多国家的必然选择。能源、矿产等资源被大多数国家视为事关国家安全，因此，在近年来的矿产或能源并购中受阻或失败的案例始终居于首位。典型的有 2005 年中海油并购美国尤尼科失败、2009 年中铝二次注资力拓以失败告终等。

总结以往矿产资源的并购经验与教训发现，回归理性，有选择性地对外并购（包括项目、时机及区域等选择）是影响顺利并购的重要因素。2008 年金融危机后，西方许多国家经济因此受到重挫，国际市场对能源、矿产品的需求锐减，价格大幅度下跌，许多矿产公司股价暴跌，企业资金链吃紧，甚至亏损。为此，许多国家政府降低对外国企业的投资门槛，甚至美国能源部的高官公开对媒体表示：欢迎中国对其石油和天然气领域进行投资。2011 年 2 月，中海油成功购入了美国切萨皮克公司油气项目 1/3 的权益，终于迈出了进入美国的第一步，2012 年 7 月中石化以 24.4 亿美元收购美国戴文能源页岩气项目，2014 年中国五矿集团收购秘鲁邦巴斯项目是中国金属矿业史上迄今实施的最大境外收购。应该说，后金融危机时代中国资源类企业“走出去”购买包括矿山、能源、土地在内的自然资源，对于进一步缓解国内存在的资源紧缺状况，增强在全球资源方面的话语权恰逢其时。但是，我们仍要保持清醒的头脑，从更长远目标出发，对投资项目以及项目所在区域等因素加以考察，以防止因捡“馅饼”心理而落入对方的“陷阱”之中。①

二、产业投资与东道国区位匹配策略

由于不同的国家或地区的自然资源、经济发展程度、市场结构等因素存在较大差异，因此，各国的产业发展程度也表现出很大的差异。为此，在 OFDI 中应根据不同的区域选择不同的产业，以发挥国内产业的比较优势、实现后发优势或 OFDI 的其他目标。前文的分析已指出，当前中国 OFDI 的部分产业投资与区位出现错位现象。据统计，作为中国主导产业的制造业，从 OFDI 流量与存量的区域分布看，中国香港、欧盟及美国三大经济体的占比始终超过半壁江山，这显然不利于发挥制造业的比较优势。因此，我们应该针对不同的区域，结合中国产业的特点及 OFDI 动因，制定出不同产业投资的区位策略。

（一）亚洲策略：“一带一路”倡议下的全方位 OFDI

亚洲是“一带一路”沿线国家占比最多的区域，由于历史及地理因素，亚洲许多国家在政治、经济、文化、社会、体制等各方面与中国具有高度相似性，并且华人分布多而广，历史上也早已交往频繁、相互支持，形成了很多共同利益，这些为中国顺利开展对外投资降低成本、扫除一些非经济障碍因素提供了极其有利的条件。同时，亚洲国家经济发展水平梯度齐全。既有高度发达的日本，也有新兴的韩国、新加坡、中国台湾及中国香港等工业化国家或地区，还有中等发达的泰国、马来西亚等国家，更有越南、老挝、柬埔寨、印度及巴基斯坦等欠发达国家。中国的经济、产业及资源结构等与亚洲的其他国家具有很强的互补性。因此，在较长时期内，亚洲市场仍然成为中国 OFDI 的主战场，并且产业投资可选范围广。

1. 日本、韩国、新加坡及中国香港：寻求战略资源及小规模技术产业投资区

上述四国或地区均属于亚洲发达的经济体，在 IT、家电、汽车等制造

① 资料来源：中国并购公会，http：//www. ma - china. com/。

业以及金融、物流等现代服务业具有全球领先优势，是开展战略资源寻求型产业对外投资的重要区域。同时，日本与韩国在产业结构不断升级后，中国可以利用其某些劣势产业与低技术结构产品（如玩具、手工艺品等）市场上出现的空缺，进行小规模技术渗透型的产业对外投资；而新加坡由于产业结构单一，制造业除电子产品为主外，其他制造业占比很低，因此，中国可以选择产品技术成熟的生化医疗、航空航天、中医药、新材料、节能环保及海洋技术等产业进行投资，这些领域既是中国重点发展的产业，同时也是新加坡政府大力支持的产业，并且可以借助新加坡在国际贸易的自由，顺利拓展中国产品的国际市场。

2. 东盟及印度、巴基斯坦等南亚国家：边际产业或制造业加工转移基地

越南、泰国、柬埔寨及老挝等东盟成员国及印度、巴基斯坦等南亚国家的经济发展大都比中国“慢半拍”，随着中国与东盟及南亚各国建立的良好合作机制的推进，今后必将成为中国 OFDI 的重要地区。与中国相比，由于这些国家大部分具有产业梯度低或者产业互补性强等特点，而且劳动力资源比较丰富，因此，根据产业比较优势基准，这些地区应成为边际产业或劳动密集型产业加工环节转移的基地。中国的纺织业可以利用印度丰富的劳动力资源及其在国际市场上的优势地位开展对外投资，以此拉动国内纺织业的发展；印度软件业发达、技术人才储备丰富，为中国软件外包领域合作提供了条件。另外，当前要充分利用中国在越南、泰国、柬埔寨及巴基斯坦等国建立的境外经贸合作区这个平台，拓展对东南亚国家的直接投资。

3. 中亚及海湾地区：能源、矿产等瓶颈产业的对外投资要地

中亚、西亚特别是海湾地区的国家，石油、矿产等自然资源占有量居世界前位，是中国能源、矿产等瓶颈产业对外投资重要目的地。正是由于资源的原因，成为兵家常争之地，导致海湾成为全球最动荡的地区之一，对外投资的政治风险大，当前中国在这些国家的直接投资占比较小。但是从长远来说，海湾地区仍然是自然资源寻求型对外投资的战略要地。

（二）美洲与欧洲策略：技术密集型产业与传统制造产业并重投资

美洲与欧洲是当今世界经济最发达的地区，同时也是经济发展水平落

差较大的地区。北美较发达，美国是当今世界最发达的经济体，而中美与南美的许多国家较落后，西欧、北欧等地较发达，东欧、南欧等地的许多国家逊色一些。因此，中国对美洲与欧洲市场的投资有两个方向：技术密集型产业及传统制造产业的直接投资。从区域发展角度，美洲当前主要考虑投资于北美自由贸易区及南方共同市场；欧洲主要考虑欧盟及东欧的俄罗斯等国家或地区。

1. 美国：战略资源寻求型产业的投资重地

众所周知，美国历来对向中国技术转让存在严重的戒备，一贯采用技术封锁或高度垄断方式加以保护。2011 年 2 月，华为收购美国三叶公司失败，这是华为第三次被美国境外投资委员会挡在国门之外。[①] 尤其是 2017 年美国进入特朗普政府时代变得更明显，中兴与华为事件就是鲜明的例证。美国的高科技产业及服务业在当今世界仍处于领先地位，虽然当前中国对美国的投资受阻，但长远来说美国仍然是战略资源寻求型产业的投资要地。因此，中国必须改变进入方式，通过合资、合作或第三方企业等途径加大对前瞻性高科技产业或先进服务业的学习型投资，以获取一般的技术贸易、技术转让等方式得不到的先进技术和管理经验，进而提升国内产业技术水平及加速产业结构的调整。

2. 加拿大、巴西等北美与南美：劳动密集型产业转移及转口贸易投资区域

对于同属于北美贸易自由区的加拿大与墨西哥，通过转移劳动密集型产业，一方面可以满足当地市场的需求，另一方面可以利用北美自由贸易协定的有利条款，采用转口贸易绕道进入美国市场，发挥中国制造业的生产潜力，并扩大在北美市场的占有率。对于南美这个巨大的共同市场，当前巴西、阿根廷及智利等国家是中国 OFDI 产业投资的主要目标市场。由于这些国家的产业水平低且结构单一，因此是轻纺、食品、电子、机械及汽车零配件等传统制造业转移的目的地，实现当地生产就地销售，充分开发南美共同市场。

---

① 资料来源：中央电视台经济频道系列纪录片——《跨国并购（第一集国家之门）》。

3. 欧盟：逐渐提高战略资源寻求型比重，扩大有竞争力的传统制造业投资

欧盟既是中国的最大贸易伙伴也是部分最新技术的高地，如德国的先进制造业，荷兰的芯片光刻机等都是世界顶尖。尤其在2018年美国发动对华贸易战以来，中欧合作关系变得尤为重要。欧盟各国在投资政策上普遍限制较少，而且对外资给予国民待遇，中东欧多数国家也相继出台了鼓励投资的政策法规。因此，中国企业应结合欧盟、中东欧等国家的产业政策及结构特征，选择高新技术产业、先进制造业等，开展以寻求技术、管理、品牌等战略资源的对外投资；同时，扩大在欧洲市场有竞争力的传统产业的直接投资，以克服欧盟日益增多的各种关税与非关税贸易障碍，提高中国产品的市场占有率。

（三）非洲策略：重点转移“边际产业”与开展“瓶颈产业”的OFDI

非洲大多数国家工业化水平、产业与技术梯度均低于中国，同时拥有丰富的劳动力资源及石油、矿产、森林等自然资源，加之中非之间的政治友好关系、经济互补性强等条件，为此，中国在非洲的产业投资策略主要有两个方向：

1. 根据产业结构调整基准

向非洲转移国内产能过剩、具有成熟技术的轻工、纺织、服装、家电、五金等传统制造业，实现边际产业的转移，推动国内产业升级。当前中国企业应利用在非洲的对外投资已经形成的较好基础，尤其要利用已建立的“赞比亚中国经贸合作”等11个境外经贸合作的平台加快中国的成熟技术及具有低成本竞争优势的产业转移，借助非洲国家在欧美贸易中各种优惠条件实现转口贸易。

2. 根据产业发展安全基准

为了缓解中国当前石油、铁矿石等自然资源供求矛盾，瓶颈产业内的相关企业应充分利用非洲这方面的优势进行石油、矿业、林木及海产品等各种资源的开发与利用。

为缓解中国经济增长与产业发展中日益突出的资源供求矛盾，瓶颈产业有选择地投资于石油、铁矿石等自然资源开发业，以充分利用非洲丰富

的石油、矿业、森林以及海产等各种资源。中国石油企业早已与苏丹进行石油开发方面的合作，2005 年，中石化就已获得苏丹油田钻探权，并获得较好收益。2006 年，中海油以 24 亿美元收购尼日利亚 Oil&Gas Assets。2009 年，中石化以 72.4 亿美元收购瑞士在尼的 Addax 公司。2012 年，中石化以 24.6 亿美元收购道达尔在尼的海上油田权益。截至 2018 年，中海油在尼日利亚的投资已经超过 140 亿美元。对于作为世界第六大原油生产和输出国的尼日利亚，中国相关企业当前应依托中国在尼建立的 2 个中尼经贸合作区，进一步加大石油、矿业等资源的开发合作力度。①

第三节　政府层面：完善组织与信息平台、完善法律与政策体系

在市场经济条件下，OFDI 的产业投资目标是通过各跨国企业的投资行为来实现的。而跨国企业的投资活动往往是由自身的动机及市场信号所决定。问题在于其动机及国际市场的信号与一国所要求的产业投资方向往往并不一致，根据发展中国家 OFDI 的综合动因模型知道，如果政府对企业的 OFDI 行为加以引导，特别是通过产业政策的驱动，既可实现企业自身的经济利益，又可实现国家产业结构升级等的宏观利益，为此，政府可以从组织的构建与培育、完善政策与法律保障体系、构建信息共享平台三个方面支持企业开展 OFDI 活动。

一、完善与培育组织

（一）组建专门的机构，加强对外投资的统一协调与宏观管理

针对当前对外投资受商务部、发改委、财政部、外汇管理局及企业主

① 资料来源：商务部网站，http：//www.mofcom.gcv.cn。

管部门等多部门管理的现状，建议将这些相关职能部门分离出来，单独建立一个权威专门的对外投资管理机构（如中国对外投资管理委员会、中国对外投资管理中心等）。由该机构统一领导、组织和协调全国对外投资活动，确保对外投资的各项活动按国家宏观规划要求进行健康、高效、有序地发展。其具体职能包括从中国整个社会经济发展的目标出发，制定对外投资的战略、方针、政策及有关法律制度；综合运用各种手段对投资规模、结构（包括产业、地区及主体等结构）及国有资产的安全等进行引导、调节及监督等管理活动；为对外投资企业提供国际市场行情、动态及各国政治、经济、文化等与投资环境有关的信息与咨询服务。

（二）加强商会或行业协会的组织与协调功能

商会或行业协会是成熟市场经济体制中一种重要的经济治理方式，是沟通政府与市场的桥梁，在诸多方面具有政府与其他机构不可替代的作用。例如，在对本行业的熟悉程度、对市场的判断能力、选择恰当的投资方向、对本行业技术人才的储备以及避免同行业的恶性竞争等各方面具有相当的优势。为了协助中国对外投资的管理，2004 年就成立了全国性的对外投资企业协会，即中国产业海外发展和规划协会（以下简称中国海外发展协会）。多年来它在分担政府的部分职能，加强对外投资企业与政府、企业与企业之间的信息沟通及经验交流、避免因政府参与过多而引起西方国家对中国的市场经济地位提出质疑等各方面起到了积极的作用。为了进一步发挥该协会的作用，应该对协会各方面工作加以完善。当然，中国在开展对外投资活动时也可以考虑现有的各种商会或行业协会的组织与协调作用。例如，在东道国商会的协调下，将处于同一产业链中的不同环节的企业及金融、保险等现代服务业实行集群式对外投资，以实现产业集群所带来的资源共享、降低进入成本、提升企业竞争力的效应。

（三）培育具有国际视野的中介服务机构

由于 OFDI（尤其是跨国并购）涉及的环节多，面对的环境复杂，如东道国的政治、经济、文化、社会及法律等，如果没有资产评估、投资银行、财务顾问及法律咨询等中介机构的参与，仅靠孤军奋战很难取得成功。当今，几乎所有发达国家的企业跨国并购都是在一些中介机构的参与下完成的。但是，中国在国际法律、国际财务管理等领域为跨国并购提供服务的中介机构稍缺少，以至于大型跨国并购的中介服务基本上是由（美）花旗银行、（美）摩根士丹利、（美）摩根大通、（美）黑石集团、（英）洛希尔、（英）富尔德、（日）野村证券、（意）曼林达、（香港）合成国际等境外的投资银行、股权基金或财务公司所垄断。

中国能提供跨国并购服务的中介机构主要集中在少数的投资银行，并且绝大部分业务仍然停留在上市推荐、承销和二级市场的经纪与自营等，对于资产管理、项目融资业务却很少开展。因此，政府要积极组建法律、财务、资产评估及股权基金等中介服务机构，大力支持已有的中介机构的发展，扩大各种中介组织的队伍，提升中介工作人员的专业水平，积极培育大型的投资银行，为中国企业的对外投资提供更好的服务。

二、完善对外投资的信息共享平台

2015 年 12 月 9 日，商务部的“走出去”公共服务平台正式上线，同时在线发布《对外投资合作国别（地区）指南（2015 版）》。该平台是在原有对外投资和经济合作网站的基础上进一步整合资源，把公共服务的流程和信息统一进行梳理形成的。该平台下有十大板块，分别是服务“一带一路”、国别（地区）指南、境外经贸合作区、投资合作促进、境外安全风险防范、统计数据、政策法规及业务指南、在线办事与咨询、双随机、一公开及不良信用记录。这对充分了解东道国的政治、经济、法律、文化、社会习俗及引进外资政策与中国的外交及经贸合作等各种信息有很大帮助，为企业顺利开展对外投资提供了良好的信息共享条件。由于这些信息的来源涉及的渠道及部门繁杂，仅靠企业自身力量完全办不到，因此，政府相关部门应积极配合该平台及时全面地提供相关信息，使对外投资企业通过此平台迅速获得与投资相关的各种信息及咨询服务，如东道国的政局状况、引进外资的政策、产业发展情况、市场动态等信息。

2004 年以来，商务部联合发改委及外交部先后四次发布《对外投资国别产业导向目录》，2015 年以来，中国出口信用保险公司资信评估中心每年发布《国别投资经营便利化状况报告》，这些信息的发布为企业 OFDI 时进行在某区位的产业投资起到了很好的指导作用。[①] 在西方，有许多国家已成立专门的机构，为本国企业的对外投资提供信息服务，如美国的境外私人投资公司、日本的境外投资研究所、韩国的境外投资调查部及境外投资洽谈中心等机构就是为境外投资企业提供经济信息与情报服务，甚至还为境外投资者提供项目投产前的论证考察、施工设计、组织实施及项目投产后的市场动态及产品销售渠道等全过程的信息咨询与操作服务。

该信息中心的信息主要来自以下几条途径：一是国务院相关的职能部门（如商务部、发改委、外汇管理局、财政部等），由于具体负责对外投资的相关业务管理，因此是信息的主要来源。二是发挥中国现有的各种驻外机构的作用。例如，外交部驻世界各国的使领馆、中央各新闻媒体的驻外机构、中央金融机构驻外机构等都是较好的信息来源渠道，改变过去只对政府相关部门传达信息的做法，把能公开的信息尽可能输入该信息中心，这样可以更好地为企业从事对外投资服务。三是发挥商会及行业协会作用。商会与行业协会往往在了解本行业或本区域内的企业、行业及市场等信息方面更有优势，能为国内企业的境外投资提供更具体的信息。四是联合国、国际货币基金组织、世界银行等国际组织都拥有相当规模的国际经济信息，而且可靠、客观及稳定。五是国内外著名的中介咨询公司也是提供信息的重要渠道之一。

三、完善政策与法律保障体系

（一）完善与调整 OFDI 的产业政策与《对外投资国别产业引导目录》

1. 进一步完善与调整现已发布的《境外投资产业指导政策》[②]

随着中国 OFDI 的速度加快，对外投资对国内的经济影响日益扩大。

① 资料来源：商务部网站，http://www.mofcom.gov.cn。

② 资料来源：国家发展和改革委员会网站，http://www.sdpc.gov.cn/zcfb/zcfbtz/tz2006/default.htm。

2006 年，政府为了加快实施“走出去”战略，推动境外投资有效、有序、协调、健康发展，并指导境外的产业投资方向，国家发改委根据中国国民经济和社会发展规划，按照投资体制改革和产业政策的要求，会同商务部、外交部、财政部、海关总署、国家税务总局及国家外汇管理局七部门首次制定并发布了《中国境外投资产业指导政策》（以下简称《指导政策》）及与其对应的《中国境外投资产业引导目录》（以下简称《引导目录》）。

《指导政策》将境外投资的产业项目分为鼓励、允许和禁止三大类。其中列为鼓励类产业项目的有以下三种：一是能够获得国内短缺以及国民经济发展所急需的资源或原材料；二是能够带动国内具有比较优势的产品、设备和技术等出口和劳务输出；三是能够明显提高我国技术研究开发能力，以及能够利用国际领先技术、先进管理经验和专业人才。《指导政策》指出各相关职能部门对鼓励类产业项目的境外投资中有关宏观调控、多双边经贸政策、外交、财政、税收外汇、海关、资源信息、信贷、保险，以及双多边合作和外事工作等方面应给予相应的政策支持。为落实《指导政策》的可操作性，上述部门还分别对鼓励、允许和禁止三大类产业项目制定了详细的《引导目录》。

应该说《指导政策》的出台为鼓励和支持中国各类企业的对外投资，充分利用国际国内两个市场及优化资源配置方面发挥了重要作用。但随着时间的推移，国际与国内的政治、经济及社会环境已发生相当大的变化。因此，《指导政策》也应不断完善与调整以适应这些变化。在产业全球化时代，必然要求 OFDI 的产业投资不仅要与国家整体产业的调整政策相协调，而且还要与国际直接投资产业布局相吻合。即使在发达的市场经济国家，政府对本国企业 OFDI 产业投资的引导在日渐加强。因此，政府应对当前的《指导政策》从以下几方面加以完善：一是始终与国家产业政策的宏观调控保持一致；二是根据中国各产业的国际竞争力状况及其在国内的产业地位变化调整产业指导政策；三是根据国际经济环境及产业分工体系的变化加以调整；四是制定与完善不同层次的产业配套政策。这样既有利于发挥 OFDI 对母国的产业效应，也是增强中国跨国企业国际市场竞争力的必要保证。

2. 制定与完善《对外投资国别产业引导目录》①

2004 年，为贯彻落实党的十六大关于“鼓励和支持有比较优势的各种所有制企业对外投资”及“完善对外投资服务体系”的精神，商务部联合外交部根据国务院关于“加强对境外投资的协调和指导”的指示，制定并发布了《对外投资国别产业引导目录（一）》。由于是第一次制定该目录，因此，该引导目录涉及的国家或地区较少、内容也较宽泛。之后，随着国家《境外投资产业指导政策》的出台及国内外投资环境的发展变化，商务部会同相关部门先后出台了 2005 年的《对外投资国别产业引导目录（二）》、2007 年的《对外投资国别产业引导目录（三）》》。随着内容不断地更新、调整和补充，引导目录的形成制度及内容也逐步趋于完善。尤其是 2011 年《对外投资国别产业引导目录（四）》，其涉及的国家和地区之广、产业内容之细、指导性之强是前所未有的。它包括东道国的产业发展目标与特点；优先或重点发展的产业；限制或鼓励进入等相关的产业政策；当前中资企业所集中的产业领域等。2018 年，为应对国际形势的突变，国家发改委即时发布《境外投资敏感行业目录》。该行业目录为适应国内外的环境不断变化而做出更新与完善，对中国企业“走出去”起到很关键的指导性作用。当然，今后还应充分发挥各职能部门、行业协会及中介等相关组织在引导目录形成时的信息来源作用；对一些较大的东道国（如印度、加拿大及美国等）还可以进一步细化到区域产业导向；增加与东道国相关的各种产业风险提示或预警等方面的内容。

（二）优化金融、财税等配套政策

1. 政府放宽金融配套政策，扩大跨国企业的融资渠道

对符合国家宏观利益及产业发展方向的对外投资企业或项目，政府应赋予更多的信贷优惠权，允许其利用各种方式在国际市场上融资，允许企

① 资料来源：商务部网站，http：//www. mofcom. gov. cn。

业自由调配内部资金，放宽对企业的利润及外汇管制。借鉴发达国家或新兴国家的做法，对选择不同的产业及不同区域开展对外投资的跨国企业提供 80% ~100% 梯度状的优惠贷款。或由相关的政策性银行、境外投资发展基金等金融机构给选择符合国家战略方向的产业开展对外投资的企业予以重点支持，为它们在境外获得国际租赁、银团贷款等提供担保及其他金融服务。

2. 在财政税收方面，视不同产业给以不同的税收优惠或减免

借鉴当初引进外资的做法，给不同行业的对外投资企业实行一定期限的所得税优惠或减免，以充实企业的资本金。对因在境外投资所带动的各种机器设备、中间产品及原材料等出口实行出口退税政策，对返销产品尤其是资源类产品应免征进口税。与此同时，应抓紧与已发生投资的国家签订避免双重征税的协定，并尽快落实，以避免中国对外投资的企业因被国内外政府的双重征税增加负担。商务部相关数据显示，截至 2018 年底中国 OFDI 已覆盖全球 188 个国家或地区，而已签订避免双重征税协定的国家 108 个。[①] 除此之外，还可借鉴发达国家通常采用的税收饶让、税收抵免、税收延期等各种方式鼓励企业依据国家制定的 OFDI 战略和产业政策积极开展对外投资活动。

（三）完善对外投资的保障体系

1. 尽快构建中国 OFDI 的法律体系

当前中国企业开展 OFDI 主要依据国务院各相关部门出台的规定、办法及通知等规范性文件进行，至今还没有一部系统化的《对外投资法》。而发达国家或新兴工业国家对外投资的成功经验已经表明，建立一套符合本国与国际投资环境的法律体系是顺利开展对外投资及保护国家利益不受损害的根本保证。随着中国对外投资的增多及范围的扩大，对外投资各种风险与日俱增，构建一部既有中国特色又与国际投资法接轨的《对外投资法》已势在必行。应将现有的对外投资政策、办法、条例等纳入法律的轨

① 资料来源：商务部网站，http：//www. mofcom. gov. cn。

道，规范和管理中国的对外投资活动。该法律应就中国对外投资的主体、审批程序、资金融通、经营范围、产业政策、技术转让、收益分配、企业内部管理及争议处理等问题作出法律界定。同时，尽快制定法律的实施细则及其他相关的单行法规，如《对外投资企业所得税法》、《对外合资经营企业法》及《对外投资国有资产管理法》等配套法律体系。

2. 建立与完善对外投资保险制度

对外投资与国内投资相比面临的不确定因素更多、风险也更大。例如，对外投资除了要面对正常的经营性风险外，还要面对东道国政府的违约、没收、资产被征用、战争或内乱、恐怖主义等各种政治性风险。借鉴发达国家的做法，建立对外投资保险制度，通过特设或指定的保险机构为投资者在东道国因政治风险所遭受的损失提供直接保险补偿，使其在境外的投资利益得到有力保障，提高企业开展对外投资的积极性。

2001 年末，中国正式加入世界贸易组织。由此，国务院批准由中国人民保险公司和中国进出口银行各自代办的信用保险业务合并成立专门的国家信用保险机构——中国出口信用保险公司（简称中国信保），由其作为中国国内唯一承办出口信用保险业务的政策性保险公司，也是当前唯一为境外投资所遇的政治风险（包括汇兑限制、征收、战争及政治暴乱与政府违约四大类风险）提供保险的机构。① 由于中国的境外投资保险制度仍然处于探索阶段，因此，有关中国境外保险的模式选择、承保机构的运行与管理均在争议之中。在境外投资保险的具体内容方面，包括承保范围、对象、费率、期限及代位求偿权与理赔条款等有待进一步细化或完善。例如，征收险，我国的界定比较简单且操作性不强。在当前直接征收风险在降低，而间接征收风险日益突出的情况下，应对间接征收给予界定清楚。关于汇兑险，有必要制定业务细则或在保险合同中明确东道国政府造成投资者汇兑困难的积极或消极行为。关于战乱险，由于传统的战争风险转向

① 资料来源：中国出口信用保险公司网站，http：//www.sinosure.com.cn/Sinosure/cpyfw/tzbx/gytzbx/gytzbx.html。

和平环境中的政治暴力风险，因此有必要将骚乱、敌对等行为等也扩展为战乱险的范围；还有平均超过 1.5% 费率所产生的过高保费，几乎吞噬了企业从进出口银行获得的大部分贷款优惠，使许多境外投资企业因此望而却步。

另外，中国出口信用保险公司的投保指南主要以投保条件、投保程序的内容为主，对于代位求偿权、理赔、争端解决程序并没有进行明确规定。而这些内容是整个境外投资保险制度的核心与关键，应当在国内立法中得到体现，并与双边投资保护协定及国际条约形成衔接。同时中国应借鉴多边投资担保机构（即 MIGA）与国外的成功经验，建立起完整的海外投资保险相关的法律体系，帮助境外企业规避政治风险，使投保人的权利能切实得到保障。

3. 尽快与东道国建立双边或多边保护机制

对外投资活动通常涉及两个以上的国家，仅依靠国内保险制度难以全面保护本国对外投资者的经济利益，建立与完善双边或多边保护制度是解决此问题的关键。通过与东道国签订双边投资保护协定，在双边保险制度下对外投资企业因政治风险而遭受损失时索赔更有保障。因为，中国企业在境外的投资一旦受到不公正的待遇，我们可以依据双边投资保护协定中的对等原则，有权对东道国在华企业进行相应的惩罚，以此起到制约东道国及保护中国对外投资者的权益。据商务部统计，截至 2018 年底中国与东道国政府已签订双边投资保护协定的国家为 131 个，占所有投资国的 69.7%，可见这项任务仍然很艰巨。①

除此之外，中国对外投资企业还应积极利用 MIGA 的功能。MIGA 是将投资保护协定与投资保险结合在一起，向跨国投资者提供政治风险的担保，其中包括资产征收、货币转移限制、违约、战争和内乱等风险的担保，并向成员国政府提供投资促进服务。跨国投资者一旦遇到保险合同中所涵盖的不测事件，投资者即可依据约定程序，在最短的时间内获得损害

① 资料来源：商务部网站，http：//www.mofcom.gov.cn。

赔偿，因此，这种多边投资担保机制已被许多国家的跨国投资者采用。但是，中国作为 MIGA 的最早缔约国，我们的跨国企业却很少意识到利用该机构及公约中的相关条款来对抗境外投资的政治风险，导致近年来境外投资因战争所带来的巨大损失。因此，政府相关部门应加大对境外投资者宣传力度，提高他们对多边投资保护机制的认识，熟悉整个保险理赔程序，必要时还应帮助企业实现理赔诉求。

结　论

全书围绕着“中国 OFDI 的产业投资效率问题”的研究至此基本结束。本书的研究在 2008 年金融危机爆发后的国际环境突变，以及 2012 年党中央在十八大后提出中国经济将长期进入新常态，经济增速放缓，产能过剩、资源短缺、产业技术升级及结构调整等各种矛盾进一步凸显的大背景下展开。本书在借鉴和吸收前人研究成果的基础上，从产业的视角切入中国 OFDI 的研究。以理论依据分析→客观条件分析→动因导向分析→产业现状分析→产业效率分析为研究主线，其目的是：在理论上探索出适合中国 OFDI 的产业结构调整依据；在实践中找到 OFDI 产业结构调整的基准与政策优化的路径，最终达到既实现微观投资主体的经济利益，又实现国内产业技术进步、产业结构升级及缓解资源供给矛盾等宏观经济发展的总体目标。全书具体的研究成果及其主要结论可以归纳如下：

第一，从产业角度切入对中国 OFDI 的问题研究，对优化中国对外投资的产业结构，更好地实现国家宏观与微观企业的双重目标具有十分重要的现实意义。

2008 年金融危机后，国际经济形势急转，国际贸易环境恶化，拉动中国经济 GDP 增长“三驾马车”中的出口贸易受到重挫，调结构、转变增长方式已迫在眉睫。与此形成鲜明对比的是，2012 年党的十八大后中央提出“一带一路”倡议，使中国对外直接投资（OFDI）迎来了前所未有的历史机遇。2018 年中国 OFDI 流量 1430.4 亿美元（略低于日本的 1431.6 亿美元），成为全球第二大对外投资国。截至 2018 年末，中国 OFDI 存量达1.98万亿美元，位居全球第3，中国的对外投资已到了从量转向质的阶段。另外，产业全球化时代必然要求一国产业结构置于全球范围内布局，中国的产业梯度位居世界中等地位，对外投资的余地较宽，企业逆梯度投资可以发挥后发优势，顺梯度投资可以发挥比较优势。而中观层面的产业正好是国家宏观与企业微观的接点，如果企业遵循国家产业政策的客观要求，在OFDI产业政策的框架下完成企业对外投资，则既能实现企业对外投资的经济利益，又能借助OFDI实现国内产业技术的进步与结构调整，推动增长方式转变，确保经济可持续发展等国家的宏观效益。

第二，产业比较优势理论与产业后发优势理论应作为当前中国OFDI产业结构调整的主要理论基础或依据。

在产业视角下对西方国家OFDI的主要理论进行梳理时发现，针对OFDI中的产业问题的理论研究却是该体系中的较弱环节。尤其是发达国家，由于跨国公司具有技术发达、管理先进、产业梯度高及资本充裕等各种绝对优势，OFDI的企业投资可以替代产业投资，因此，OFDI中产业投资的理论研究更是被忽略。总体而言，在当前国际直接投资理论中，主要是从微观或宏观层面研究跨国投资问题，构建了一个个跨国投资的企业模型或区位模型，即回答了“谁去投资”及“到何处投资”，而对“投资什么”（或何种产业）的理论解释较少。其中边际产业扩张论、小规模技术理论及技术创新和产业升级理论等是对产业投资理论探讨的先行者，当然也成为中国OFDI产业投资理论依据的源泉。但是，根据当前国际环境的变化及中国经济发展的水平与要求，在借鉴当前各种国际直接投资理论的研究成果下，重点引入比较优势与后发优势的理论原理，形成产业比较优势理论与产业后发优势理论才是当前中国OFDI产业投资的主要理论基础或依据这一观点。

第三，中国OFDI产业投资面临的外在客观条件是：后危机时代的到来、产业全球化布局及国际产业转移的新趋势；内在客观条件是：宏观上综合国力空前提高，而国内经济结构深层次矛盾又日益凸显；微观上企业的国际竞争优势日益增强，而许多企业又面临着“被”国际化；中观（产业）

上中国制造业及服务业在国际竞争中位居世界主要经济体的中下水平。

发达国家或地区的经济增长疲软、希腊债务危机蔓延又引起欧债危机及各国为应对危机采取财政紧缩措施等成为后危机时代的全球经济特征。这为中国对外直接投资进行产业结构调整迎来了历史性的机遇与挑战。金融危机引发全球经济的衰退后，许多国家在加强贸易保护的同时，对外来的直接投资却放低了门槛，这从近三年中国的汽车制造业、采矿业及金融业频频发生的对外并购案中足以证明。另外，产业以价值链方式在全球范围内重新布局、国际外包及离岸化转移成为当今服务业国际转移的新方式，这为中国企业“走出去”拓展了外在空间。

经济总量跃居世界第二、科技实力增强与技术进步加快、国内资本实力增强、流动性充足及国际融资能力提高等综合国力空前提高为中国开展对外投资提供了坚强的后盾。企业的技术、管理、规模与资本等国际竞争优势日益增强，为企业在全球化背景下由被动应对转为主动出击奠定了基础。另外，在产业方面：作为中国主导产业的制造业，其国际竞争优势在于产品市场竞争力强、自主创新能力较强及劳动成本低三方面，而生产效率、员工动力、创新网络及企业制度等方面处于竞争劣势地位；服务业发展滞后的“软肋”在于信息技术基础设施较弱及服务业的效率及创新能力、服务业就业人口比例、服务业人才素质、人均 GDP、城市化水平等普遍偏低，而仅有中国开放度高、国际市场竞争力较强等少数因素是中国服务业发展的优势所在。这些正是中国 OFDI 进行产业投资时所面临的内在客观条件。

第四，中国 OFDI 的主观需求（或动因）具有多元性，主要可概括为寻求市场、寻求战略资源、寻求自然资源及寻求生产效率四大类型。由此，决定了产业投资目标的多向性。

由于发展中国家大多数企业的 OFDI 属于非优势型，政府出于国家利益的考虑经常对企业的对外投资行为进行引导，以实现国家经济发展的后发优势，因此，其跨国投资的动因往往是多元的。中国属于发展中国家，企业 OFDI 在这个综合动因模型下展开。根据复旦大学（1989 年）、罗兰贝格（2003 年）、UNCTAD（2006 年）、中国贸促会（2010 年）及本书课题组（2017 年）调查统计，中国企业 OFDI 的前四大动因类型是寻求境外市场类、寻求战略资源类、寻求自然资源类、寻求生产效率类。基于这四大动因，结合中国产业地位的划分，可以将中国企业 OFDI 的产业导向分成如下四种：一是先导产业，战略资源导向型对外投资，实现产业跨越式发展；二是主导产业，市场与效率导向型对外投资，发挥比较优势，实现过剩产业转移；三是支柱产业，市场与战略资源导向型对外投资，实现带动出口、加快产业的技术升级；四是瓶颈产业，自然资源导向型投资，确保国民经济正常运行，支持产业结构优化升级。

第五，对当前中国 OFDI 的产业投资现状分析后发现：中国 OFDI 的总量急增，而结构失衡；部分产业投资与区位错配。

联合国贸发会议（UNCTAD）发布的《2019 世界投资报告》显示，2018 全球对外直接投资流出流量 1.01 万亿美元，年末存量 30.98 万亿美元，以此为基数，2018 年中国对外直接投资的流量占全球的 14.1% 位居全球第二，存量占全球的 6.4% 居全球第三。但对其结构分析后发现存在如下的失衡：一是投资区位结构失衡。即区位分布广，但集中度高。到 2018 年底，投资区位分布全球 188 个国家或地区，而存量排前 5 位是：中国香港（占 55.5%）、开曼群岛（占 13.1%）、英属维尔京群岛（占 6.6%）、美国（占 3.8%）与新加坡（占 2.5%），它们的存量占总存量达 81.5%。二是投资主体结构失衡。尽管主体数量急剧上升，呈多元化趋势，全面覆盖各种所有制企业，但截至 2018 年末，中国 OFDI 存量中（金融业除外）国有企业仍占 48% 近半壁江山。三是产业或行业结构失衡。即产业或行业分布日趋广泛，但集中倾向明显。尽管当前对外投资覆盖三大产业的大多数行业，但到 2018 年末，中国 OFDI 的行业存量排前六位的租赁和商务服务业、批发和零售业、金融业、信息传输软件和信息技术服务业、制造业及采矿业六大行业总计占整个对外投资存量的 84.6%，其他所有行业仅占 15.4%。同时，这种过分偏重贸易型的第三产业及资源开发与初级制造业的对外投资产业结构导致中国对外投资与国内产业结构调整及技术升级等关系的断裂。

另外，作为中国主导产业的制造业，其对外产业投资与区位选择存在错配现象，难以发挥产业的区位优势或实现边际产业的转移。横向比较发现，截至2018年末中国制造业的对外投资存量中，仅中国香港、欧盟及美国就分别占有41.4%、14.7%、9.7%的比重，三者之和达到65.8%。在这些发达国家或地区，中国制造业所具有的适用技术、小规模生产等比较优势难以得到发挥。

第六，通过对当前OFDI的产业效率测算发现，中国当前OFDI的产业投资促进了国内就业、产业技术及结构优化的正效应发生，只是不同产业的OFDI所推动效应产生的路径或程度相异。另外，当前中国不必担心随着部分产业转移，会出现就业替代或产业“空心化”等负面效应问题。

利用2003～2018年中国对外产业投资数据，对中国制造业及服务业OFDI的母国就业效应展开实证分析，发现中国制造业的OFDI总体而言对优化国内就业结构是有效的，并且高技术制造行业的OFDI最有效，低技术制造行业次之，中等技术制造行业最弱，另外，制造业顺梯度比逆梯度的OFDI更有效；服务业OFDI方面，中国服务业的OFDI总体上对促进国内的就业规模是有效而对优化就业结构是无效的，说明服务业的走出去大部分仍停留在传统领域，而物流、投资管理、咨询等现代服务业占比太小。利用2011～2018年中国OFDI的产业或行业数据对促进母国产业技术进步的效率进行测算，发现OFDI对国内产业技术进步基本无效，但对信息传输软件和信息技术服务业等战略资源获取型的高技术型行业稍有效一些。通过对2003～2018年间中国OFDI的采矿业、制造业等六大行业数据与国内产业结构之间展开灰关联分析，得知信息传输软件和信息技术服务业、采矿业、批发和零售业是对国内产业正效应作用最强的前三大行业。进一步利用GM（1，1）模型对未来5年进行动态预测发现，随着“一带一路”倡议的进一步实施，未来制造业走出去对国内产业结构优化效应将日益显现。

第七，中国OFDI的产业投资应遵循五大基准。即产业比较优势基准、产业后发优势基准、产业市场扩张基准、产业发展安全基准及产业结构调整基准。并在由五大基准所构成的“金字塔”模型约束下展开。

OFDI 产业投资基准是一国在 OFDI 时进行对外投资的基本准则。它具有方向性、战略性的地位，是国家正确制定 OFDI 政策，企业正确制定跨国经营战略的前提与基础。本书在对中国企业 OFDI 产业投资的理论依据、客观条件及主观需求作出了充分分析，找出当前产业投资所存在的问题以及与需求所产生的差距后，确立产业比较优势、产业后发优势、产业市场扩张、产业发展安全及产业结构调整五大基准作为当前中国 OFDI 产业投资的基准。

这五大基准并非孤立的，而是相互关联、相互影响的综合体。根据它们之间的逻辑关系可以构成一个类似“金字塔”的模型。产业比较优势基准强调边际产业的转移，引导国内产业的“退出”；产业后发优势基准要求获取境外先进技术资源与管理经验，提升母国产业技术水平，支持产业“进入”；只有遵循产业市场扩张基准才能使产业优势转化为市场优势，进而达到对外投资的目标；而产业发展安全基准是其他所有基准的必要前提；前四大基准最后都应收敛于产业结构调整基准，即对它们形成最终的约束。根据产业地位及企业动因的不同，它们所遵循的基准侧重也相异，由此形成了以下基准的应用框架：一是比较优势基准：适用于主导产业内市场与效率寻求型企业；二是后发优势基准：适用于先导产业及支柱产业内战略资源寻求型企业；三是市场扩张基准：适用于主导产业及支柱产业内市场寻求型企业；四是发展安全基准：适用于瓶颈产业内自然资源寻求型企业。

第八，中国 OFDI 产业投资的具体策略与政策优化从三个维度展开。企业维度：投资主体多元化与投资方式创新；产业维度：产业投资与产业地位、区位相匹配；政府维度：构建组织与信息平台，完善政策与法律保障体系。

企业维度：推动投资主体行业多元化，使之与产业投资导向及基准相吻合；推动主体性质多元化，改变国有企业（特别是中央企业）独大现象，引入民营成分或民营企业，消除东道国对投资主体身份的顾虑，避免当前垄断国企在对外投资中因政治风险而频频受挫。另外，在“一带一路”倡议下通过建立境外经济贸易合作区、联合并购等进入新模式，提高对外投资的成功率。

产业维度：一是 OFDI 的产业投资应与国内产业地位匹配。先导产业应在政府的培育与扶持下，遵循后发优势基准，率先走出去；主导产业与支柱产业在政府鼓励下，遵循比较优势基准，主动积极走出去；瓶颈产业，按照产业发展安全基准，从长远利益出发，有选择性地继续拓展能源、采矿等产业的对外投资。二是 OFDI 的产业投资应与国外区位匹配，以发挥产业的区位比较优势或后发优势。亚洲：经济多元性下的全方位 OFDI；美洲与欧洲：技术密集型产业与传统制造产业并重投资；非洲：转移边际产业与开展瓶颈产业的 OFDI。

政府维度：一是构建与培育相关组织部门。政府应组建专门的对外投资管理机构，加强对外投资的统一协调与宏观管理、加强商会或行业协会的组织与协调功能、培育具有国际视野的中介服务机构。二是构建对外投资的信息共享平台。企业对外投资涉及政治、经济、法律、文化、社会习俗及引进外资政策与中国的外交及经贸合作等各种信息，这些信息的来源渠道及部门繁杂，仅靠企业自身力量不可能做到。通过政府构建的信息共享平台，企业充分了解东道国相关信息，是企业顺利开展 OFDI 的前提条件。三是完善产业政策与法律保障体系。政府要完善 OFDI 的产业政策、优化金融、财税等配套政策、完善对外投资保障体系。

总之，限于篇幅及研究者的学识水平，本书尽管在前人研究的基础上做了一些创新，并取得了一定的研究成果，但其不足及有待进一步展开研究的问题还有很多。例如，理论方面，中国 OFDI 产业投资的理论依据研究就大有提高与完善之处；实证方面，随着 OFDI 统计数据的完善，可以进一步采用基于大样本数据的计量分析工具展开实证研究，以提供更精确与更可靠的结论；研究视角方面，如产业投资与区位如何配对、产业投资与进入方式如何关联等都足以形成单独的研究课题。以上这些问题都是今后我们不断努力的研究方向。

参考文献

[1] Al - Azzawi S, 2012, Innovation, Productive and Foreign Direct Investment - induced R&D Spillovers, Journal of International Trade & Economic Development, Vol. 21, No. 5, pp. 615 - 653.

[2] Aleksandra R, 2010, Location Factors of FDI and the Growing Services Economy: Evidence for Transition Countries, Economics of Transition, Vol. 18, Iss. 4, pp. 741 - 761.

[3] Andrew C, Davis N, Faye, M., 2004, Industry Targeting with Foreign Investment Promotion, Oxford Investment Research..

[4] Aristidis B, 2006, Determinants of Greek FDI Outflows in the Balkan Region: The Case of Greek Entrepreneurs in Bulgaria, Eastern European Economics, Vol. 44, No. 3, pp. 79 - 96.

[5] Arora R U, 2012, Finance and inequality: A study of Indian states. Applied Economics, Vol. 44, No. 34, pp. 4527 - 4538.

[6] Bajo - Rubio, 2015, Diaz - Mora. On the Employment Effects of Outward FDI: The case of Spain, 1995 - 2011, Applied Economics, Vol. 47, No. 21, pp. 2127 - 2141.

[7] Barrell R, Pain, N, 1999, Trade Restraints and Japanese Direct Investment Flows, European Economic Review, Vol. 43, Iss. 1, pp. 29 - 45.

[8] Barro R J, Martin, X, 1995, Economic Growth, Newyork: McGraw - Hill, Inc.

[9] Barry Bluestone and Bennett Harrison, 1982, The Deindustrialization of American. Plant Closings Community Abandonment and the Dismantling of Basic Industry, pp. 4 – 5.

[10] Batholomew W, Kochanowski J P, 1986, The Decline of Manufacturing in the Midwest: A Short – Run or Long – Run Problem, Indiana Business Review, Jan – feb, pp. 7 – 12.

[11] Bayoumi T , Lipworth, G, 1998, Japanese Foreign Direct Investment and Regional Trade, Journal of Asian Economics, Vol. 9, Iss. 4, pp. 581 – 607.

[12] Benjamin N, Schwellnus C, 2010, Does FDI in Manufacturing cause FDI in Business Services? Evidence from French Firm – Level Data, Canadian Journal of Economics, Vol. 43. Iss. 1, pp. 180 – 203.

[13] Berman, Bound, Griliches. Changes 1994, in the demand for skilled labor within US manufacturing: Evidence from the annualsurvey of manufacturers. The Quarterly Journal of Economics,: 367 – 397.

[14] Blomkvist K, 2013, Drogendijk R. The Impact of Psychic Distance on Chinese Outward Foreign Direct Investments. Management International Review, Vol. 53, No. 5, pp. 659 – 686.

[15] Blonigen B, 1997, Firm – Specific Assets and the Link Between Exchange Rates and Foreign Direct Investment, The American Economic Review, Vol. 87, No. 3, pp. 447 – 465.

[16] Blonigen B, 2001, In Search of Substitution Between Foreign Production and Exports, Journal of International Economics, Vol. 53, No. 2, pp. 81 – 104.

[17] Bouquet C, Hebert L, Delios A, 2004, Foreign Expansion in Service Industries Separability and Human Capital Intensity, Journal of Business Research, Vol. 57, Iss. 1, pp. 35 – 46.

[18] Branstetter L, 2000, Is Foreign Direct Investment a Channel of

Knowledge Spillovers? Evidence from Japan's FDI in the United States, NBER Working Paper, No. 8015.

[19] Brezis K, 1993, Leapfrogging in International Competition: A Theory of Cycles in National Technological Leadership, The American Economic Review, Vol. 83, No. 5, pp. 1211 – 1219.

[20] Buckley P, Casson, M., 1976, The Future of the Multinationa Enterprises, London: Macmillan.

[21] Cantwell J, Tolentino, Paz Estrella, 1990, Technological Accumulation and Third World Multinationals, Discussion Papers in International Investment and Business Studies, No. 139, Reading: University of Reading.

[22] Caves R E, 1971, International Corporation: The Industrial Economics of Foreign Investment, Economics, Vol. 38, No. 149, pp. 1 – 27.

[23] Chen J, Ku Y H, 2000, The Effect of Foreign Direct Investment on Firm Growth: the Case of Taiwan's Manufacturers, Japan and the World Economy, Vol. 128, Iss. 2, pp. 153 – 172.

[24] Clegg J, Lin H M, Voss H, et al., 2016, The OFDI Patterns and Firm Performance of Chinese Firms: The Moderating Effects of Multinationality Strategy and External Factors. International Business Review, Vol. 25, No. 4, pp. 971 – 985.

[25] Coase R H, 1973, The Nature of the firm, Economica, Vol. 4, Iss. 16, pp. 386 – 405.

[26] Cozza R C, Rabellotti, Sanfilippo M, 2015, The impact of outward FDI on the performance of Chinese firms. China Economic Review, Vol. No. 36, pp. 42 – 57.

[27] Cui U, Meyer K E, Hu H W, 2014, What Drives Firms' Intent to Seek Strategic Assets by Foreign Direct Investment? A Study of Emerging Economy Firms. Journal of World Business, Vol. 9, No. 4, pp. 488 – 501.

[28] Culem C, 1988, The Locational Determinants of Direct Investment

Among Industrialized Countries, European Economic Review, Vol. 32, Iss. 4, pp. 885 -904.

[29] David W, Ashoka Mody, 1992, International Investment Location Decisions: the Case of U. S. Firms. Jouranl of International Economicsc, Vol. 33, Iss. 1 -2, pp. 57 -76.

[30] Don P C, 2011, FDI, Technology Spillovers, Growth and Income Inequality: A Selective Survey, Global Economy Journal, Vol. 11, Iss. 2, pp. 1 -44.

[31] Dunning J H, 2007, Restructuring the Regional Distribution of FDI: The Case of Japanese and US FDI, Japan and the World Economy, Vol. 19, Iss. 2, pp. 26 -47.

[32] Dunning J H, 1981, International Production and the Multinational Enterprise, London: Geoge Allen & Unwin Ltd.

[33] Dunning J H, 2001, The Eclectic Paradigm of International Production: Past, Present and Future, International Journal of Economics and Business, Vol. 8, Iss. 2, pp. 173 -190.

[34] Dunning J H, 1973, The Determinants of International Production, Oxford Economic Papers, Vol. 25, No. 3, pp. 289 -336.

[35] Dunning J H, 1995, Reappraising the Eclectic Paradigm in an Age of Alliance Capitalism, Journal of International Business Studies, Vol. 26, No. 3, pp. 461 -491.

[36] Elango B, Sambharya R, 2004, The Influence of Industry Structure on the Entry Mode Choice of Overseas Entrants in Manufacturing Industries, Journal of International Management, Vol. 10, Iss. 1, pp. 107 -124.

[37] Falzoni A M, Grasseni M, 2005, Home Country Effects of Investing Abroad: Evidence from Quantile Regressions, CESPRI Working Paper, No. 170, pp. 1 -37.

[38] Feldstein M, 1994, Tax Policy and International Capital Flows, Re-

view of World Economics, Vol. 130, No. 4, pp. 675 –697.

[39] Goldsmith R W, 1951, A Perpetual Inventory of National Wealth, In Studies in Income and wealth. ed., M. R. Gainburgh, Princeton, NO. 14, pp. 5 –61.

[40] Griffith R, 2003, Technology Sourcing by UK Manufacturing Firms: An Empirical Analysis Using Firm – Level Patent Data, Working Paper, Institute for Fiscal Studies, London, pp. 1 –38.

[41] Grossman G, Helpman E, 1989, Product Development and International Trade, Journal of Political Economy, Vol. 97, No. 6, pp. 1261 –1283.

[42] Grossman G, HelPrnan E, 1990, ComParative Advantage and Long – run Economic Growth, The American Economic Review, Vol. 80, No. 4, pp. 796 –815.

[43] Guerin S S, 2014, Dhyne E. Outward Foreign Direct Investment and Domestic Performance: In Search of a Causal Link. Working Paper Research.

[44] Harrison A E, McMillan M S, 2011, Outsourcing Jobs? Multinationals and US Employment. The Review of Economics and Statistics, Vol. 93, No. 3, pp. 857 –875

[45] Head K, Ries J, 2001, Overseas Investment and Firm Exports, Review of International Economics, Vol. 9, Iss. 1, pp. 108 –122.

[46] Heckscher E, 1919, The Effects of Foreign Trade on the Distribution of Income, Ekonomisk Tidskrift, pp. 497 –512. in Readings in the Theor of International Trade, American Economic Association, Philadelphia, Blakiston, 1949, 272 –300.

[47] Heitger B, Stehn J, 1990, Japanese Direct Investments in the EC – Response to the Internal Market, JCMS: Journal of Common Market Studies , Vol. 29, Iss. 1, pp. 1 –15.

[48] Helpman, Itskhoki, 2015, Trade Liberalization and Labor Market

Dynamics with Heterogeneous Firms.

[49] Herzer D, 2012, How Does Foreign Direct Investment Really Affect Developing Countries Growth? . Review of International Economics, Vol. 20, No. 2, pp. 396 – 414.

[50] Hurst L, 2011, Comparative Analysisof the Determinants of China's State – owned Outward Direct Investment in OECD and Non – OECD Countries. China & World Economy.

[51] Hymer S H, 1960, The international Operations of National Firms: A Study of Direct Foreign Investment, Cambridge: MIT Press.

[52] Jaffe A, 1993, Geographic Localization of Knowledge Spillovers as Evidenced by Patent Citations, The Quarterly Journal of Economics, Vol. 1088, Iss. 3, pp. 577 – 598.

[53] Jang Y J, 2012, Comparative Advantage, Outward Foreign Direct Investment and Average Industry Productivity: Theory and Evidence. Electronic Journal, Vol. 31, No. 2, pp. 1 – 24.

[54] Jasay A E, 1960, The Social Choice Between Home and Oversea Investment. Economic Journal, Vol. 33, No. 7, pp. 277 – 285.

[55] Kang, Jiang, 2012, FDI Location Choice of Chinese Multinationals in East and Southeast Asia: Traditional Economic Factors and Institutional Perspective. Journal of World Business, Vol. 47, No. 1, pp. 45 – 53.

[56] Kevin G C, 1999, Outward Foreign Direct Investment: A Novel Dimension of China's Integration inio the Regional and Global Economy, The China Quarterly, Vol. 160, pp. 856 – 880.

[57] Khan F A, 2014, Hudson J. Initial human capital or the rule of law: what matters for the income convergence of poor countries?, Applied Economics, Vol. 46, No. 2, pp. 179 – 189.

[58] Kindleberger C P, 1969, American Business Abroad: Six Lectures on Direct Investment, Yale University Press.

[59] Kneller R, Pisu M, 2007, Industrial Linkage and Export Spillovers from FDI, The World Economy, Vol. 30, Iss. 1, pp. 105 – 134.

[60] Kogut B, 1991, Technological Capabilities and Japanese Foreign Direct Investment in the United States, The Review of Economics and Statistics, Vol. 73, No. 3, pp. 401 – 413.

[61] Kojima K, 1978, Direct Foreign Investment: A Japanese Model of Multinational Business Operation, London: Croom Helm.

[62] Kolstad I, Wiig A, 2012, What determines Chinese outward FDI. World Business, Vol. 7, No. 1, pp. 26 – 34.

[63] Lecraw D J, 1993, Outward Direct Investment by Indonesian Firms: Motivation and Effects, Journal of International Business Studies, Vol. 24, No. 3, pp. 589 – 600.

[64] Levy M, 1966, Modernization and the Structure of Societies: A Setting for International Affairs, Princeton University Press.

[65] Li J, Strange R, Ning L, 2016, Outward Foreign Direct Investment and Domestic Innovation Performance: Evidence from China, International Business Review, Vol. 25, No. 5, pp. 1010 – 1019.

[66] Li L, Liu X, Yuan D, Yu M, 2017, Does outward fdi generate higher productivity for emerging economy MNES – Micro – level evidence from Chinese manufecturing firms. International Business Review.

[67] Lichtenberg F B, 2001, Does Foreign Direct Investment Transfer Technology Across Borders? The Reviews of Eeonomies and Statistics, Vol. 83, No. 3, pp. 490 – 497.

[68] Lipsey R E, Ramstetter E D, Blomstrom M., 2000, Outward FDI and Parent Exports and Employment: Japan, the United States and Sweden. NBER Working Paper Vol. 76, No. 23.

[69] Lipsey R E, 2002, Home and Host Country Effect of FDI, NBER Working Paper, pp. 333 – 382.

[70] Lipsey R E, Weiss, M T, 1981, Foreign Production and Exports in Manufacturing Industries, The Review of Economics and Statistics, Vol. 63, No. 4, pp. 488 - 494.

[71] Mark H, 1999, The Dynamics of Changing Comparative Advantage in the Asia - Pacific Region, Journal of The Asia Pacific Economy, Vol. 4, Iss. 3, pp. 446 - 467.

[72] Mark Y W, 2002, The Motivations behind China's Government - Initiated Industrial Investments Overseas, Pacific Affairs, Vol. 75, No. 2, pp. 187 - 206.

[73] Markusen, J R, 1995, Multinational Firms and the New Trade Theory, NBER Working Paper, No. 5036.

[74] Minoru Ito, 2006, Hollowing - out of the Japanese manufacturing industry and regional employment development, Working paper, Japan Institute for Labor Policy and Training.

[75] Modic S J, Trautlein D H, 1985, Perils of Deindustrialization (Part 1) Where Have All the Factories Gone? . Industry Week, No. 226, pp. 25 - 29.

[76] Mudambi R, 2002, Diversification and Market Entry Choices in the Context of Foreign Direct Investment, International Business Review, Vol. 11, Iss. 1, pp. 35 - 55.

[77] Neven D, Siotis, G, 1996, Technology Sourcing and FDI in the EC: an Empirical Evaluation, International Journal of Industrial Organization, Vol. 14, Iss. 5, pp. 543 - 560.

[78] Nicolaides P, Thomson S, 1991, Can Protectionism Explain Direct Investment? JCMS, Vol. 29, Iss. 6, pp. 635 - 643.

[79] Nuno C, M Paula, Proenca I, 2009, FDI spillovers at regional level: Evidence from Portugal. Papers in Regional Science, Vol. 88, Iss. 3, pp. 591 - 607.

[80] Ohlin B, 1933, Interregional and International Trade, Cambridge: Harvard University Press.

[81] Ozawa, T, 1979, International Investment and Industrial Structure: New Theoretical Implications from the Japanese Experienee, Oxford Economics Paper, Vol. 31, No. 1 pp. 72 –92.

[82] Ozawa, T, 1992, Foreign Direct Investment and Economic Development, Transnational Corporations, Vol. 1, No. 1, pp. 27 –54.

[83] Padilla – Perez R, Nogueira C G, 2016, Outward FDI from small developing economies: Firm level strategies and home – country effects. International Journal of Emerging Markets, Vol. 11, No. 4, pp. 693 –714.

[84] PIetrobelli C5 Rabellotti R, Sanfilippo M, 2013, What Drives Chinese Multinationals to Italy. Geography, Institutions and Regional Economic Perfomiance. Springer Berlin Heidelberg, pp. 397 –414.

[85] Pradhan J P, 2004, The Determinants of Outward Foreign Direct Investment: a Firm – Level Analysis of Indian Manufacturing, Oxford Development Studies, Vo. 32, Iss. 4, pp. 619 –639.

[86] Quer D, Claver E, Rienda L, 2012, Political risk, cultural distance, and outward foreign direct investment: Empirical evidence from large Chinese firms. Asia Pacific Journal of Management, Vol. 29, No. 4, pp. 1089 –1104.

[87] Ramasamy B, Yeung M, Laforet S, 2012, China's outward foreign direct investment: Location choice and firm ownership. Journal of World Business, Vol. 47, No. 1, pp. 17 –25.

[88] Raymond, V, 1966, International Investment and International Trade in the Product Cycle, The Quarterly Journal of Econonics, Vol. 80, No. 2, pp. 190 –207.

[89] Raymond V, 1974, Location of Economic Activity, in John H. Dunning (ed). Economic Analysis and the Multinational Enterprises.

[90] Richardon, J D, 1971, On "Going Aboard": the Firm's Initial foreign Investment Decision, Quarterly Review of Economies and Business, Vol. 11, No. 4, pp. 7 -22.

[91] Ryutaro K, Wakasugi R, 1991, Japan's Foreign Direct Investment, Annals of the American Academy of Political and Social Science, Vol. 513, pp. 48 -61.

[92] Safarian A M, 2003, Internalization and the MNE: a Note on the Spread of Ideas, Journal of International Business Studies, Vol. 34, No. 2, pp. 116 -124.

[93] Sauvant K P, 2006, New Resource of FDI: the BRICs Outward FDI from Brazil, Russia, India and China. In: Subhash Jain, Competing with the BRICs, Forthcomin.

[94] Shi W, Sun S L, Yan D, & Zhu Z, 2017, Institutional fragility and outward foreign direct investment from China. Journal of the Operational Research Society. Vol. 48, pp. 452 -476.

[95] Silanes L D, 1996, Trade Policy Subtleties with Multinational Firms. European Economic Review, Vol. 40, No. 8, pp. 1605 -1627.

[96] Singh N, 2016, Outward FDI type and ownership mode: the effect on home county exportsf , Journal of International Business, Vol. 3, No. 2, pp. 11 -34.

[97] Sizhong S, 2009, How Does FDI Affect Domestic Firms' Exports? Industrial Evidence, The World Economy, Vol. 32, Iss. 8, pp. 1203 -1222.

[98] Sizhong S, 2010, Heterogeneity of FDI Export Spillovers and Its Policy Implications: The Experience of China, Asian Economic Journal, Vol. 24, Iss. 4, pp. 289 -303.

[99] Spilimbergo Antonio, 1998, Deindustrialization and Trade. Review of International Economies, Vol. 6, No. 3, pp. 450 -460.

[100] Stevens V, 1992, Interactions between Domestic and Foreign Invest-

ment, Journal of International Money and Finance, Vol. 11, Iss. 1, pp. 40 -62.

[101] Swenson D L, 2005, Overseas Assembly and Country Sourcing Choices, Journal of International Economics, Vol. 66, Iss. 1, pp. 107 -130.

[102] UNCTAD, 2006, World Investment Report, NewYork and Geneva.

[103] Van R, 1996, Catching up and Slowing Down: learning and Growth Patterns in Open Economy, Journal of International Economics, Vol. 41, Iss. 1 -2, pp. 95 -111.

[104] Verbeke A, Kano L, 2015, The new internalization theory and multinational enterprises from emerging economies: a business history perspective. Business History Review.

[105] Von K, 2003, From Middle Kingdom to Global Market: Expansion Strategies and Success Factors for China's Emerging Multinationals, Shanghai: Roland Berger Strategy Consultants.

[106] Waldkirch Andreas, Tekin -Koru Aya, 2010, "North American Integration and Canadian Foreign Direct Investment," The B. E. Journal of Economic Analysis & Policy, De Gruyter, Vol. 10, No. 1, pp. 1 -40, August.

[107] Wang, 2012, What drives outward FDI of Chinese firms? Testing the explanatory power of three theoretical frameworks. International Business Review, Vol. 21, No. 3, pp. 425 -438.

[108] Wei Y, Zheng N, Liu X, 2014, Expanding to outward foreign direct investment or not? A multi dimensional analysis of entry mode transformation of Chinese private exporting firms, International Business Review, Vol. 23, No. 2, pp. 356 -370.

[109] Wu H, Chen J, Liu Y, 2017, The impact of OFDI on firm innovation in an emerging country. International Journal of Techno logy Management, Vol. 74, No. 1 -4, pp. 167 - 184.

[110] Xia Ortiz, Wang H, 2016, Reverse technology spillover effects of outward FDI to PR China: a threshold regression analysis, Applied Economies

Quarterly, Vol. 62, No. 1, pp. 51 –67.

[111] You K, Solomon O H, 2015, China's outward foreign direct investment and domestic investment: An industrial level analysis. China Economic Review, No. 34, pp. 249 –260.

[112] Zhang H Y, Van Den Blucke, 1994, International Management Strategies of Chinese Multinational Firms, Discussion Paper, University of Antweap, pp. 141 –164.

[113] Zhong X Z, Honglin K, 2010, FDI and Industrial Productivity in China: Evidence from Panel Data in 2001 –2006, Review of Development Economics, Vol. 14, No. 3, pp. 656 –665.

[114] Zukweon K, 2000, The Comparision of Geographic and Industrial patterns Japanese and US Foreign Direct Investment from the 1970s to the1990s: Toward Convergence? Thesis (Ph. D.) –Rutgers University.

[115] 白洁:《对外直接投资的逆向技术溢出效应》,《世界经济研究》2009 年第 8 期。

[116] 白雪梅等:《浅议地区间产业结构差异的测度指标》,《江苏统计》1995 年第 12 期。

[117] 白远:《中国企业对外直接投资风险论》,中国金融出版社,2012 年。

[118] 卜伟、易倩:《OFDI 对我国产业升级的影响研究》,《宏观经济研究》2015 年第 10 期。

[119] D. F. 西蒙:《世界经济体系中的中国》,《国外社会科学》1993 年第 3 期。

[120] 蔡冬青、刘厚俊:《对外直接投资与区域比较优势动态转变》,《财经科学》2017 年第 1 期。

[121] 蔡冬青、周经:《对外直接投资反向技术外溢的国际经验——基于母国吸收能力的考察》,《财经科学》2014 年第 3 期。

[122] 藏新等:《日本、韩国对华直接投资规模、产业和影响的实证比

较》，《国际贸易问题》2006 年第 10 期。

［123］陈静、叶文振：《产业结构优化水平的度量及其影响因素分析》，《中共福建省委党校学报》2003 年第 1 期。

［124］陈漓高等：《对外直接投资的产业选择：基于产业地位划分法的分析》，《世界经济》2007 年第 10 期。

［125］陈丽丽、龚静：《中国对外直接投资偏好于东道国服务业发展吗？基于 170 个国家（地区）面板数据的实证分析》，《投资研究》2013 年第 3 期。

［126］陈琳、朱明瑞：《对外直接投资对中国产业结构升级的实证研究：基于产业间和产业内升级的检验》，《当代经济科学》2015 年第 6 期。

［127］陈伟光、郭晴：《中国对“一带一路”沿线国家投资的潜力估计与区位选择》，《宏观经济研究》2016 年第 9 期。

［128］成思危：《中国境外投资的战略与管理》，民主与建设出版社，2001 年。

［129］程惠芳：《对外直接投资比较优势研究》，上海三联书店，1998 年。

［130］程惠芳等：《FDI、产业结构与国际经济周期协动性研究》，《经济研究》2010 年第 9 期。

［131］楚建波等：《发展中国家 FDI 理论的新探索——“跨国投资门槛论”》，《中央财经大学学报》2003 年第 7 期。

［132］崔卫杰：《战略性新兴产业国际市场开拓的现状、问题与对策》，《国际贸易》2010 年第 10 期。

［133］崔岩等：《日本服务业与制造业 FDI 状况及其影响因素的实证比较》，《国际贸易问题》2008 年第 4 期。

［134］戴翔：《“走出去”促进我国本土企业生产率提升了吗？》，《世界经济研究》2016 年第 2 期。

［135］董奋义等：《背景值和初始条件同时优化的 GM（1，1）模型》，《系统工程与电子技术》2007 年第 3 期。

［136］董有德、孟醒：《OFDI、逆向技术溢出与国内企业创新能力——基于我国价值链数据的检验》，《国际贸易问题》2014 年第 9 期。

［137］段秀芳：《中国对中亚国家直接投资现状及对策思考》，《投资研究》2010 年第 4 期。

［138］樊纲：《警惕中国产业空心化》，《市场报》2003 年 1 月 8 日。

［139］范欢欢等：《我国对外直接投资对国内产业结构的影响》，《科技管理研究》2006 年第 11 期。

［140］范硕、何彬：《中国对“一带一路”沿线国家投资模式研究——基于动态空间面板模型的实证检验》，《亚太经济》2017 年第 6 期。

［141］冯梅：《全球产业转移与提升我国产业结构水平》，《管理世界》2009 年第 5 期。

［142］高野邦彦：《关于产业空洞化》，《（日本）世界经济》1987 年第 2 期。

［143］关下稔：《跨国公司经济学——现代资本主义的世界经济模型序论》，《世界经济译丛》1990 年第 5 期。

［144］郭飞、黄雅金：《全球价值链视角下 OFDI 逆向技术溢出效应的传导机制研究——以华为技术有限公司为例》，《管理学刊》2012 年第 3 期。

［145］郭克莎等：《走向世界的中国制造业》，经济管理出版社，2007 年。

［146］郭铁民等：《中国企业跨国经营》，中国发展出版社，2003 年。

［147］韩沈超：《产业结构距离对中国 OFDI 的影响——基于国别（地区）面板数据的检验》，《当代财经》2018 年第 10 期。

［148］何小钢：《日本在“一带一路”沿线国家投资经验教训对中国的启示》，《国际贸易》2017 年第 11 期。

［149］洪联英：《我国境外经贸合作区建设与企业“走出去”战略》，《国际经贸探索》2011 年第 3 期。

［150］胡翠平：《中国企业顺向与逆向 OFDI 的动因及影响因素对比分析》，《国际经贸探索》2015 年第 5 期。

［151］胡立君、薛福根、王宇：《后工业化阶段的产业空心化机理及治理——以日本和美国为例》，《中国工业经济》2013年第8期。

［152］黄顺武：《中国对外直接投资的产业选择基准》，《现代商业》2008年第3期。

［153］黄宪、张羽：《转型背景下中国OFDI结构演化分析——基于企业投资动机和东道国需求结构的双重视角》，《国际贸易问题》2018年第1期。

［154］（英）J. H. 邓宁：《重估外国直接投资的利益》，《国际贸易问题》1993年第10期。

［155］吉粉华：《我国对外直接投资产业——区位矩阵模型》，《生产力研究》2007年第18期。

［156］贾妮莎、韩永辉、邹建华：《中国双向FDI的产业结构升级效应》，理论机制与实证研究，《国际贸易问题》2014年第11期。

［157］贾妮莎、申晨：《中国对外直接投资的制造业产业升级效应研究》，《国际贸问题》2016年第8期。

［158］江世银：《区域产业结构调整与主导产业选择研究》，上海三联书店，2004年。

［159］江小涓：《“十五”我国对外投资的规模与重点选择》，《中国经贸导刊》2003年第2期。

［160］江小涓：《“十五”我国对外投资趋势研究：全球背景、投资规模与重点选择》，《管理世界》2001年第1期。

［161］江小涓等：《对外直接投资理论及其对中国的借鉴意义》，《经济研究参考》2002年第73期。

［162］姜亚鹏、王飞：《中国对外直接投资母国就业效应的区域差异分析》，《上海经济研究》2012年第7期。

［163］蒋殿春：《东道国市场进入壁垒：对外直接投资的一种战略意义》，《南开经济研究》2000年第6期。

［164］蒋冠宏、蒋殿春、蒋昕桐：《我国技术研发型外向FDI的“生产

率效应”——来自工业企业的证据》，《管理世界》2013 年第 9 期。

［165］蒋冠宏：《中国企业对“一带一路”沿线国家市场的进入策略》，《中国工业经济》2017 年第 9 期。

［166］揭水晶、吉生保、温晓慧：《OFDI 逆向技术溢出与我国技术进步——研究动态及展望》，《国际贸易问题》2013 年第 8 期。

［167］金芳：《中国国际直接投资地位上升中的失衡特征及其纠正》，《世界经济研究》2016 年第 2 期。

［168］靖学青：《产业结构高级化与经济增长对长三角地区的实证分析》，《南通大学学报》2005 年第 5 期。

［169］康伊明：《从中国对外直接投资的动因看产业目标选择》，《发展》2004 年第 1 期。

［170］蓝庆新：《近年来我国资源类企业海外并购问题研究》，《国际贸易问题》2011 年第 8 期。

［171］李博：《产业结构优化升级的综合评测和动态监测研究》，华中科技大学出版社，2013 年。

［172］李稻葵等：《欧洲债务危机：预判与对策》，《经济学动态》2010 年第 7 期。

［173］李东阳：《国际直接投资与经济发展》，经济科学出版社，2002 年。

［174］李逢春：《对外直接投资的母国产业升级效应——来自中国省际面板的实证研究》，《国际贸易问题》2012 年第 6 期。

［175］李逢春：《对外直接投资与投资国产业升级——基于中国的实践分析》，人民出版社，2014 年。

［176］李洪亚：《产业结构变迁与中国 OFDI：2003 ~ 2014 年》，《数量经济技术经济研究》2016 年第 10 期。

［177］李辉：《发展中国家对外直接投资决定因素研究》，中国人民大学出版社，2008 年。

［178］李金珊等：《中国对发达国家直接投资动因与障碍分析——以比

利时为例》,《财贸经济》2011 年第 2 期。

［179］李敬等:《发展中国家企业对外直接投资的综合动因分析》,《新疆社会科学》2007 年第 4 期。

［180］李磊、白道欢、冼国明:《对外直接投资如何影响了母国就业?——基于中国微观企业数据的研究》,《经济研究》2016 年第 8 期。

［181］李梅、柳士昌:《对外直接投资逆向技术溢出的地区差异和门槛效应——基于中国省际面板数据的门槛回归分析》,《管理世界》2012 年第 1 期。

［182］李勤昌、许唯聪:《中国对"一带一路"全域 OFDI 的区位选择——基于空间效应视角》,《宏观经济研究》2017 年第 8 期。

［183］李青:《海外专利布局对中国对外直接投资的影响——基于 2002 ~ 2014 年国别面板数据的实证研究》,《管理评论》2017 年第 5 期。

［184］李慎明:《全球化背景下的中国国际战略》,人民出版社,2011 年。

［185］李一文:《后危机时代中国企业海外投资面临的机遇、风险与对策》,《经济学动态》2010 年第 7 期。

［186］李月芬:《中国何以成为世界头号反倾销目标》,《世界经济与政治》2006 年第 4 期。

［187］李子伦:《产业结构升级含义及指数构建研究——基于因子分析法的国际比较》,《当代经济科学》2014 年第 1 期。

［188］梁继宗等:《"空心化"是中国近年来经济发展中的主要病症》,《经济改革》1989 年第 6 期。

［189］刘海云、廖庆梅:《中国对外直接投资对国内制造业就业的贡献》,《世界经济研究》2017 年第 3 期。

［190］刘海云、聂飞:《中国 OFDI 动机及其对外产业转移效应——基于贸易结构视角的实证研究》,《国际贸易问题》2015 年第 10 期。

［191］刘海云、聂飞:《中国制造业对外直接投资的空心化效应研究》,《中国工业经济》2015 年第 4 期。

[192] 刘海云、喻蕾：《中国对外直接投资的产业空心化效应研究——基于东部地区工业数据的实证分析》，《经济与管理研究》2014 年第 9 期。

[193] 刘红忠：《中国对外直接投资的实证研究及国际比较》，复旦大学出版社，2001 年。

[194] 刘宏杰：《中国能源（石油）对外直接投资研究》，人民出版社，2010 年。

[195] 刘明霞：《创造性资产寻求型 FDI：发展中国家跨国公司的新趋势和新挑战》，《财贸经济》2009 年第 4 期。

[196] 刘青、陶攀、洪俊杰：《中国海外并购的动因研究——基于广延边际与集约边际的视角》，《经济研究》2017 年第 1 期。

[197] 刘思峰等：《灰色系统理论及其应用》，北京科学出版社，2004 年。

[198] 刘伟全：《中国 OFDI 逆向技术溢出与国内技术进步研究：基于全球价值链的视角》，经济科学出版社，2011 年。

[199] 刘震：《“一带一路”背景下我国企业顺梯度 OFDI 的经济效应》，《经济管理》2017 年第 12 期。

[200] 鲁桐：《WTO 与中国企业国际化》，中共中央党校出版社，2002 年。

[201] 鲁桐：《中国企业国际化实证研究——以工业企业为例》，中国社会科学院，2001 年。

[202] 吕明元：《产业结构升级与经济发展方式转型关系的实证研究与国际比较》，中国经济出版社，2015 年。

[203] 吕政等：《国际产业转移与中国制造业发展》，经济管理出版社，2006 年。

[204] 马春光：《国际企业管理》，对外经济贸易大学出版社，2002 年。

[205] 马光明：《促进对外直接投资应对当前贸易保护主义——中国

与 20 世纪 80 年代日本的比较研究》，《财贸经济》2010 年第 6 期。

［206］马坤：《中国对外直接投资潜力研究》，经济科学出版社，2010 年。

［207］马淑琴、张晋：《中国 ODI 能导致产业空心化吗？——以浙江和广东为例》，《经济问题》2012 年第 7 期。

［208］马亚明等：《技术优势与对外直接投资：一个关于技术扩散的分析框架》，《南开经济研究》2003 年第 4 期。

［209］毛其淋、许家云：《中国企业对外直接投资是否促进了企业创新》，《世界经济》2014 年第 8 期。

［210］毛蕴诗：《公司经济学》，东北财经大学出版社，2002 年。

［211］［美］坎特罗主编：《日出日落：向工业废弃的神话发起挑战》，New York John Wiley & Sons，1985 年。

［212］［美］刘易斯·威尔斯：《第三世界跨国公司》，上海翻译出版社，1986 年。

［213］［美］迈克尔·波特：《国家竞争优势》，华夏出版社，2002 年。

［214］［美］迈克尔·波特：《竞争优势》，华夏出版社，2005 年。

［215］聂名华：《中国境外直接投资的变动特征与发展对策》，《国际贸易》2009 年第 4 期。

［216］聂名华：《中国境外直接投资研究》，百家出版社，2001 年。

［217］聂名华：《中国企业对外直接投资风险分析》，《经济管理》2009 年第 8 期。

［218］欧阳峣：《基于“大国综合优势”的中国对外直接投资战略》，《财贸经济》2006 年第 5 期。

［219］欧阳峣：《民营企业对外直接投资——理论、战略、模式》，商务印书馆，2007 年。

［220］潘冬青、尹忠明：《对开放条件下产业升级内涵的再认识》，《管理世界》2013 年第 5 期。

［221］潘文卿等：《产业结构高度化与合理化水平的定量测算》，《开发研究》1994 年第 1 期。

［222］潘颖等：《中国对外直接投资与产业结构升级关系的实证研究》，《统计与决策》2010 年第 2 期。

［223］潘悦：《国际产业转移的四次浪潮及其影响》，《现代国际关系》2006 年第 4 期。

［224］庞明川：《技术追随、策略互动与市场趋势力：发展中国家的对外直接投资》，《财贸经济》2009 年第 12 期。

［225］裴长洪等：《国家特定优势：国际投资理论的补充解释》，《经济研究》2011 年第 11 期。

［226］彭扶民等：《中国银行业海外并购战略的路径选择探析》，《投资研究》2010 年第 8 期。

［227］［日］南亮进：《日本的经济发展》，经济管理出版社，1992 年。

［228］盛思鑫、曹文栋：《中国对外直接投资情况的再评估》，《宏观经济研究》2015 年第 4 期。

［229］时寒冰：《时寒冰说：未来二十年，经济大趋势》，上海财经大学出版社，2014 年。

［230］宋林、谢伟、郑雯：《“一带一路”战略背景下我国对外直接投资的效率研究》，《西安交通大学学报（社会科学版）》2017 年第 4 期。

［231］宋维佳：《基于产业结构调整视角的我国对外直接投资研究》，《社会科学辑刊》2008 年第 2 期。

［232］宋维佳：《区位选择视角的我国企业对外直接投资研究》，《东北财经大学学报》2008 年第 2 期。

［233］宋伟良：《论中国对外直接投资的产业选择》，《经济社会体制比较》2005 年第 3 期。

［234］宋亚菲：《中国企业跨国直接投资研究》，东北财经大学出版社，2001 年。

［235］宋勇超：《中国对外直接投资目的效果检验——以资源寻求型OFDI为视角》，《经济问题探索》2013年第8期。

［236］孙建中：《资本国际化运营——中国对外直接投资发展研究》，经济科学出版社，2000年。

［237］孙庆：《后金融危机下我国对外资源型投资策略分析》，《投资研究》2010年第11期。

［238］唐衍伟等：《中国石油进口参与国际定价的现状、趋势及策略分析》，《资源科学》2007年第1期。

［239］提奥多尔·拉维特（Theodre Levt，1985）提出全球化概念，作者间接引自［美］坎特罗：《日出日落：向工业废弃的神话发起挑战》，John Wiley & Sons，1985年。

［240］田伯平：《后金融危机时代：世界经济的艰难复苏》，《世界经济与政治论坛》2009年第6期。

［241］W. 刘易斯：《经济增长理论》，上海三联书店、上海人民出版社，1994年。

［242］汪琦：《对外直接投资对投资国的产业结构调整效应及其传导机制》，《世界经济与政治论坛》2004年第1期。

［243］王方方、赵永亮：《中国对外直接投资区位分布——贸易引致型vs. 水平型》，《世界经济研究》2013年第2期。

［244］王丽、张岩：《对外直接投资与母国产业结构升级之间的关系研究——基于1990~2014年OECD国家的样本数据考察》，《世界经济研究》2016年第11期。

［245］王茂军、徐永平：《中国在美洲OFDI的基本特征与决定因素》，《地理学报》2017年第8期。

［246］王述英等：《论产业全球化和我国产业走向全球化的政策选择》，《世界经济与政治》2001年第10期。

［247］王恕立、向姣姣：《对外直接投资逆向技术溢出与全要素生产率：基于不同投资动机的经验分析》，《国际贸易问题》2014年第9期。

［248］王文治：《跨国公司垂直技术转移、后向联系与东道国产业的发展》，《世界经济研究》2009年第11期。

［249］王晓红：《推动新时期我国对外直接投资的战略思维》，《生产力研究》2017年第6期。

［250］王晓红等：《改革开放30年我国对外直接投资的回顾与展望》，《国际贸易》2008年第9期。

［251］王英、周蕾：《我国对外直接投资的产业结构升级效应——基于省际面板数据的实证研究》，《中国地质大学学报（社会科学版）》2013年第6期。

［252］王英：《对外直接投资与中国产业结构调整》，科学出版社，2010年。

［253］王英等：《对外直接投资对我国产业结构的影响：基于灰关联的分析》，《世界经济研究》2008年第4期。

［254］王英等：《中国ODI反向技术外溢效应的实证分析》，《科学学研究》2008年第2期。

［255］王永钦、杜巨澜、王凯：《中国对外直接投资区位选择的决定因素：制度、税负和资源禀赋》，《经济研究》2014年第12期。

［256］王玉宝：《论中国对外直接投资的产业选择》，《生产力研究》2009年第6期。

［257］王玉梁：《中国：走出去》，中国财经出版社，2005年。

［258］王岳平：《中国工业结构调整与升级：理论、实证和政策》，中国计划出版社，2001年。

［259］卫武等：《中国环境下的跨国企业市场与非市场战略、策略以及战术间的关系》，《财贸经济》2009年第7期。

［260］卫迎春等：《我国制造业国际市场竞争力的发展趋势及其决定因素的实证分析》，《国际贸易问题》2010年第3期。

［261］魏权龄：《评价相对有效性的DEA方法》，中国人民大学出版社，1987年。

[262] 吴凡等:《中国企业海外投资的战略思考》,《投资研究》2010年第9期。

[263] 吴思:《我国企业跨国品牌资源的并购与整合:现状、问题与对策》,《国际贸易问题》2011年第11期。

[264] 吴先明、黄春桃:《中国企业对外直接投资的动因:逆向投资与顺向投资的比较研究》,《中国工业经济》2016年第1期。

[265] 夏辉等:《服务型跨国公司全球模块化与服务业国际转移及其对中国的启示》,《财贸经济》2011年第3期。

[266] 小岛清:《对外贸易论》,南开大学出版社,1987年,第444页。

[267] 肖黎明:《中国境外投资与国家经济利益》,经济科学出版社,2007年。

[268] 肖兴志、彭宜钟、李少林:《中国最优产业结构:理论模型与定量测算》,《经济学季刊》2012年第4期。

[269] 谢光亚、杜君君:《中国OFDI与国内产业结构优化升级关联度分析——基于行业选择与国别选择的灰色关联分析》,《湖南大学学报(社会科学版)》2015年第5期。

[270] 谢康:《跨国公司与当代中国》,立信会计出版社,1997年。

[271] 邢建国:《对外直接投资:战略抉择》,经济科学出版社,2003年

[272] 邢建国:《发展中国家国际直接投资产业选择》,《经济研究》1997年第3期。

[273] 邢建国:《我国现阶段对外直接投资产业选择初探》,《中国软科学》1998年第2期。

[274] 徐松等:《我国对外直接投资产业选择实证分析及优化措施》,《技术经济》2007年第8期。

[275] 许南、李建军:《产品内分工、产业转移与中国产业结构升级》,《管理世界》2012年第1期。

［276］阎大颖：《中国企业对外直接投资的区位选择及其决定因素》，《国际贸易问题》2013 年第 7 期。

［277］杨丹辉等：《私募基金参与跨国并购：趋势与对策》，《国际贸易》2009 年第 1 期。

［278］杨继红等：《我国中小企业对外直接投资的产业选择》，《生产力研究》2007 年第 10 期。

［279］杨建清、周志林：《我国对外直接投资对国内产业升级影响的实证分析》，《经济地理》2013 年第 4 期。

［280］杨希燕等：《我国对外直接投资产业选择的适用理论和参照基准》，《当代财经》2004 年第 2 期。

［281］杨秀云、袁晓燕：《产业结构升级和产业转移中的产业空洞化问题》，《西安交通大学学报（社会科学版）》2012 年第 2 期。

［282］姚战琪：《全球价值链背景下中国制造业与服务业对外投资关系研究》，《河北经贸大学学报》2018 年第 4 期。

［283］叶刚：《遍及全球的跨国公司》，复旦大学出版社，1989 年。

［284］尹小剑：《对外直接投资与产业结构优化的灰关联分析与趋势预测》，《世界经济与政治论坛》2010 年第 5 期。

［285］尹小剑：《发展中国家的 FDI 理论比较研究》，《北方经济》2009 年第 14 期。

［286］尹小剑：《国际 FDI 理论比较研究综述——兼论对我国 FDI 的启示》，《前沿》2010 年第 17 期。

［287］尹小剑：《外向 FDI 对中国产业技术进步是有效的吗?》，《华南农业大学学报（社会科学版）》2011 年第 1 期。

［288］尹忠明、李东坤：《中国对外直接投资与国内全要素生产率提升——基于全面提高开放型经济发展水平的视角》，《财经科学》2014 年第 7 期。

［289］［英］J. H. 邓宁：《重估外国直接投资的利益》，《国际贸易问题》1993 年第 10 期。

［290］［英］大卫·李嘉图：《政治经济学及赋税原理》，商务印书馆，1976 年。

［291］［英］亚当·斯密：《国民财富的性质和原因的研究》，商务印书馆，1996 年。

［292］于刃刚：《主导产业论》，人民出版社，2003 年。

［293］余官胜、李会粉：《横向、纵向抑或两者兼具——中国企业对外直接投资动机实证研究》，《财贸研究》2013 年第 5 期。

［294］袁钢明：《跨国投资与中国》，中国财政经济出版社，1994 年。

［295］曾道先：《改善对中外合资企业宏观管理》，《中外管理导报》1992 年第 2 期。

［296］张春萍：《中国对外直接投资的产业升级效应研究》，《当代经济研究》2013 年第 3 期。

［297］张建刚：《中国能源行业对外直接投资发展对策与建议》，《国际贸易》2011 年第 4 期。

［298］张军：《中国省际物质资本存量估算：1952－2000》，《经济研究》2004 年第 10 期。

［299］张述存：《“一带一路”战略下优化中国对外直接投资布局的思路与对策》，《管理世界》2017 年第 4 期。

［300］张亭、刘林青：《中美产业升级的路径选择比较——基于产品空间理论的分析》，《经济管理》2016 年第 8 期。

［301］张为付：《国际直接投资（FDI）比较研究》，人民出版社，2008 年。

［302］张相文、郭宝忠、张超：《制度因素对 FDI 溢出效应的影响——基于中国工业企业数据库的实证研究》，《宏观经济研究》2014 年第 8 期。

［303］张亚斌：《“一带一路”投资便利化与中国对外直接投资选择——基于跨国面板数据及投资引力模型的实证研究》，《国际贸易问题》2016 年第 9 期。

［304］张燕：《中国对外直接投资产业选择——基于产业升级的理论和实证研究》，天津大学出版社，2010 年。

［305］张燕等：《从对外贸易角度看中国产业升级的路径——基于投入产出法的实证分析》，《世界经济研究》2007 年第 12 期。

［306］张远鹏、李玉杰：《对外直接投资对中国产业升级的影响研究》，《世界经济与政治论坛》2014 年第 6 期。

［307］张志元：《国际直接投资新理论介评》，《世界经济研究》1998 年第 3 期。

［308］张宗斌等：《中日两国对外直接投资比较研究》，《世界经济与政治》2006 年第 3 期。

［309］赵蓓文：《经济全球化新形势下中国企业对外直接投资的区位选择》，《世界经济研究》2015 年第 5 期。

［310］赵春明等：《从国际经验看中国对外直接投资的产业和区位选择》，《世界经济》2002 年第 5 期。

［311］赵乃康：《中国对外直接投资产业选择的基准》，《统计与决策》2005 年第 12 期。

［312］赵伟等：《外向 FDI 与中国技术进步：机理分析与尝试性实证》，《管理世界》2006 年第 7 期。

［313］赵彦云等：《中国产业竞争力研究》，经济科学出版社，2009 年。

［314］郑吉昌等：《全球服务产业转移与国际服务贸易发展趋势——基于改革开放 30 年发展的分析》，《财贸经济》2009 年第 8 期。

［315］钟昌标：《我国实施“走出去”战略的产业选择和区位选择》，《管理世界》2001 年第 3 期。

［316］周新生：《中国对外直接投资的边际产业选择》，《国际贸易》2009 年第 3 期。

［317］周新生：《中国对外直接投资的产业选择战略》，《国际经济合作》2007 年第 3 期。

[318] 周振华：《我国经济发展面临产业空洞化的挑战：机理分析与应对思路》，《经济研究》1998 年第 6 期。

[319] 朱方明等：《国家利益与中国企业国际化发展》，《财贸经济》2009 年第 4 期。

[320] 朱彤、崔昊：《对外直接投资、逆向技术溢出与中国技术进步》，《世界经济研究》2012 年第 10 期。

[321] 宗芳宇、路江涌、武常岐：《双边投资协定、制度环境和企业对外直接投资区位选择》，《经济研究》2012 年第 5 期。

[322] 邹玉娟等：《我国对外直接投资与技术提升的实证研究》，《世界经济研究》2008 年第 5 期。

后 记

本书是在本人主持的国家社会科学基金项目（编号：14BJY087）《我国对外产业投资的效率问题研究》的结题报告之上修改、补充并完善而形成的。由于该项目涉及的许多国际数据及文献难以获得，导致项目研究历时5年之久，直到本人受国家留学基金管理委员会的资助于2017年7月~2018年8月前往美国Fordham University访学时才使研究得以顺利推进并最终结项。在美国期间，本人一方面拜访了许多在美投资的中资企业，取得了不少一手资料，如海尔、搜房网、海航、安邦、复星国际、中国银行纽约分行、工商银行纽约分行、福耀玻璃、联想、华为、万达及绿地等；另一方面，取得了许多关键的国际数据库及文献，如历年《世界投资报告》与《世界竞争力年鉴》等。在此，对国家哲学社会科学规划办公室予以立项及国家留学基金委管理员会予以资助表示感谢。

江西省发展改革委员会外资处相关人员给予了本书许多行业指导及提供了大量的行业参考信息。学生杜永翠、黄丹妮、唐逸及刘燕榕等在整理数据、查阅文献、审稿校稿、前言翻译及市场调查等方面做了大量的工作。在此，对他们为课题的研究与结题所提供的帮助及付出的辛勤劳动一并表示感谢。

江西师范大学财政金融学院对本书的出版给予了资助，在此表示感谢。

对著作中引述过的文献作者表示感谢。由于本人学识有限，文中的不足之处在所难免，恳请读者批评指正，当然文责自负。

尹小剑

2020年6月于江西师大青蓝湖畔